RECUEIL DE RAPPORTS

LES PROGRÈS DES LETTRES ET DES SCIENCES

EN FRANCE.

PARIS,

LIBRAIRIE DE L. HACHETTE ET Cie,

BOULEVARD SAINT-GERMAIN, N° 77.

RECUEIL DE RAPPORTS

SUR

LES PROGRÈS DES LETTRES ET DES SCIENCES

EN FRANCE.

EXPOSÉ DE LA SITUATION

DE

LA MÉCANIQUE APPLIQUÉE,

PAR

MM. CH. COMBES, ED. PHILLIPS ET ED. COLLIGNON.

PUBLICATION FAITE SOUS LES AUSPICES

DU MINISTÈRE DE L'INSTRUCTION PUBLIQUE.

  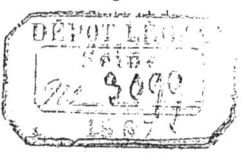

PARIS,

IMPRIMÉ PAR AUTORISATION DE SON EXC. LE GARDE DES SCEAUX

A L'IMPRIMERIE IMPÉRIALE.

M DCCC LXVII.

AVANT-PROPOS.

Invité par Son Exc. M. le Ministre de l'instruction publique à écrire, pour l'Exposition universelle, le compte rendu des progrès récents de la mécanique appliquée et de l'état actuel de cette branche de la science, j'ai réclamé, pour l'accomplissement de cette tâche difficile, à laquelle je n'étais pas libre de consacrer le temps nécessaire, le concours de mes amis, MM. Ed. Phillips et Ed. Collignon.

Le plan de ce travail a été concerté entre nous, mais l'ouvrage a été entièrement composé par M. Collignon. Nous avons, M. Phillips et moi, revu le manuscrit et les épreuves, où nous n'avons introduit que quelques additions et quelques changements de peu d'étendue. Le nom de M. Collignon devrait donc figurer seul en tête de cet ouvrage. Celui de M. Phillips et le mien y sont joints, sur la demande de notre jeune collaborateur. Mais, en nous rendant au désir qu'il nous a exprimé, nous nous sommes réservé de déclarer que nous entendions seulement témoigner par là que nous acceptions la responsabilité d'une œuvre à laquelle nous avons pris une si petite part, sans vouloir rien enlever à son véritable auteur du mérite et de l'honneur qui lui appartiennent.

Ch. Combes.

EXPOSÉ DE LA SITUATION

DE

LA MÉCANIQUE APPLIQUÉE.

INTRODUCTION.

Nous essayons, dans les pages suivantes, de présenter le tableau de l'état actuel de la mécanique et d'en signaler les plus récents progrès. Pour remplir complétement un programme aussi étendu, il faudrait examiner une à une les différentes industries, puisqu'il n'en est aucune qui n'emprunte à la mécanique quelque secours; il faudrait, de plus, suivre la science dans toutes les conséquences que les analystes ont su en tirer.

A peine pourrait-on déterminer d'avance le nombre de volumes que remplirait une pareille encyclopédie. Notre but est moins ambitieux : nous nous bornerons à faire rapidement la revue des diverses branches de la mécanique moderne, en y joignant un exposé sommaire des applications les plus importantes qu'on en ait faites à l'industrie. Notre travail sera divisé en quatre grands chapitres : le premier aura pour objet la mécanique générale; le second, la mécanique des fluides; le troisième, l'élasticité et la résistance des solides; le quatrième et dernier, la théorie mécanique de la chaleur. Le caractère pratique de la science devra ressortir de cet examen.

Ce caractère pratique est en effet commun aujourd'hui à toutes les sciences positives. Chacune rassemble des éléments qui ne tardent pas, en général, à être mis en usage par l'industrie. De l'union de plus en plus intime entre la pratique et la science spéculative, résulte un concours d'efforts dont il est permis d'attendre les conséquences les plus heureuses. Tantôt l'industrie profite des progrès de la science; tantôt les rôles sont intervertis, et l'industrie met la science sur la voie de quelque vérité jusqu'alors inaperçue. L'union de la pratique et de la théorie a ainsi des avantages pour la science même, avantages que méconnaissent parfois les défenseurs trop exclusifs des études abstraites et désintéressées. Pour le savant, cette union prévient le pénible isolement où, dans les temps passés, tant de puissants génies se sont trouvés condamnés à vivre; rappelant sans cesse à la pensée les lois précises du monde réel, elle prévient les égarements auxquels de très-grands esprits ne savent pas toujours résister par leurs propres forces. Pour le vulgaire, l'union de la pratique et de la théorie, en rendant la science abstraite plus accessible, met l'instruction à la portée d'un plus grand nombre d'individus; sous l'influence de cette union naît et s'organise dans tous les centres de population l'enseignement professionnel. Qui peut prévoir l'étendue des résultats moraux de cette courageuse lutte entreprise contre l'ignorance, ce redoutable fléau des sociétés modernes?

La mécanique a beaucoup à gagner à cette diffusion de plus en plus grande des connaissances humaines; car il reste encore sur ce point bien des préjugés à détruire, bien des notions fausses à redresser. La justesse du sentiment mécanique est très-rare parmi les hommes, et les vrais principes de la science, si satisfaisants pour celui qui les possède, sont assez éloignés de l'évidence intuitive pour avoir échappé à toute la sagacité des géomètres antiques. C'est aux grands génies du xviiᵉ siècle, à Galilée, à Huyghens, à Newton, que revient la gloire d'avoir enfin trouvé le mot de l'énigme qui jusque-là paralysait tous les efforts. Les progrès modernes de la science sont dus à cette sorte de révélation qui a ouvert à l'esprit humain tant d'horizons nouveaux. Mais ces principes, adoptés uni-

versellement par ceux qui ont pu en suivre les admirables conséquences, ont à peine pénétré jusqu'ici dans le gros de l'humanité,
toujours dupe des mêmes illusions, toujours victime des mêmes
erreurs. On en peut juger par les nombreux projets de mouvement
perpétuel proposés encore de nos jours par toute une classe d'inventeurs, étrangers aux premières notions mécaniques, et néanmoins trop sûrs d'eux-mêmes pour que l'insuccès des anciennes
tentatives puisse les décourager et leur épargner d'inutiles et coû-
teuses recherches.

L'enseignement de la mécanique a été longtemps réservé aux
établissements d'instruction supérieure, aux facultés des sciences,
à l'École polytechnique et aux écoles d'application, à l'École cen-
trale des arts et manufactures. Il n'a pu encore entrer bien profon-
dément dans les programmes des lycées et des collèges. Les élèves
qui participent à cet enseignement ne sont pas pris d'ordinaire
parmi les ouvriers et les contre-maîtres, pour lesquels cependant
l'utilité des connaissances mécaniques est hors de doute aujour-
d'hui. Les écoles d'arts et métiers, les cours industriels là où il y
en a d'établis, l'enseignement professionnel, en un mot, sont destinés à combler cette lacune. Les premiers pas sont déjà faits. Depuis 1828, on possède le programme et la méthode des cours
qu'on peut faire suivre à cette classe d'auditeurs. La Mécanique industrielle de M. Poncelet reste le modèle de cet enseignement à la
fois solide et élémentaire, mis par un grand géomètre à la portée
des intelligences les moins préparées. C'est grâce à tant de géné-
reux efforts que nous voyons aujourd'hui l'instruction scientifique
forcer la porte des ateliers. Après n'avoir demandé à l'ouvrier que
de la force musculaire, on apprécie de mieux en mieux son instruction et son intelligence. La mécanique, par le perfectionnement des
machines, a rendu possible cette bienfaisante transformation.

Nous avons cru devoir éviter dans ce travail l'emploi des formules analytiques; si elles sont indispensables dans un traité, elles
n'étaient pas admissibles, pensons-nous, dans un simple résumé, où

1.

tout doit être dit en langage ordinaire. Enfin, malgré le soin que nous avons apporté à être complet, nous ne pouvons être sûr de n'avoir commis aucune omission importante, et nous tenons à en faire ici l'aveu. La mécanique est si étendue et ses applications sont si multipliées, qu'il serait bien téméraire de prétendre épuiser un tel sujet.

CHAPITRE PREMIER.

MÉCANIQUE GÉNÉRALE.

La mécanique générale était regardée, il y a peu d'années, comme comprenant deux parties réellement distinctes : l'une, la *statique*, avait pour objet l'équilibre des forces; l'autre, la *dynamique*, était définie *la science du mouvement*. Cette division est celle que Lagrange introduisit dans sa Mécanique analytique. Elle a été longtemps adoptée dans l'enseignement, mais on en préfère une autre aujourd'hui.

La nouvelle division consiste à considérer d'abord le mouvement en lui-même et indépendamment des causes qui peuvent tendre à le modifier; de cette considération résulte une branche spéciale de la mécanique, à laquelle on a donné le nom de *cinématique;* puis on réunit sous le titre de *mécanique propre* la science du mouvement et celle de l'équilibre des corps, eu égard aux forces qui interviennent pour agir sur eux; on place des considérations dynamiques en tête de cette étude, et la statique se trouve englobée dans la science du mouvement, comme ayant pour objet l'examen d'un simple cas particulier.

Nous passerons en revue ces diverses branches particulières, en commençant par la cinématique, qui forme la base de l'enseignement.

§ 1ᵉʳ. CINÉMATIQUE.

Le mot *cinématique* a été créé par Ampère[1], dans son Essai sur la philosophie des sciences, pour désigner cette partie de la mécanique où « les mouvements sont considérés en eux-mêmes, tels que nous « les observons dans les corps qui nous environnent, et spéciale-

---

[1] En 1834. *Cinématique,* de κινέω, « moveo ».

« ment dans les appareils appelés *machines*. » En d'autres termes, la cinématique est la science du mouvement des figures, et elle diffère de la géométrie, où l'on considère aussi des figures qui peuvent se déplacer, en ce qu'elle emploie la notion du temps, étrangère aux spéculations géométriques. L'introduction du temps entraîne des définitions nouvelles; ainsi la vitesse est une notion cinématique que tout le monde possède et à laquelle la science vient donner un sens plus précis.

Ce simple exposé montre bien que, si le mot *cinématique* est nouveau, la cinématique n'est pas une science nouvelle, et qu'elle a une intime liaison avec la géométrie[1]. On fait en effet de la cinématique dès qu'on observe un mouvement et qu'on veut en trouver la loi. Les astronomes de l'antiquité faisaient de la cinématique quand ils cherchaient à expliquer par des rotations simultanées de sphères le mouvement apparent des astres, et Kepler en faisait aussi quand il posait les lois générales des mouvements réels des planètes.

Les géomètres qui se sont le plus occupés de mécanique ont connu les principes fondamentaux de la cinématique. Lagrange, dans sa Théorie des fonctions analytiques, en trace un excellent résumé; il la définit même, sans créer pour elle un nom nouveau, lorsqu'il l'appelle *une géométrie à quatre dimensions*, en observant que le temps doit y intervenir comme une nouvelle coordonnée, avec les longueurs qui définissent la position des points mobiles[2].

Ce qu'il y a de réellement nouveau et de réellement utile à la science, c'est d'avoir réuni en un corps spécial de doctrines des théories éparses dans les ouvrages des géomètres, théories qui s'isolent très-nettement des recherches de mécanique proprement dite, et qui familiarisent l'esprit avec les phénomènes du mouvement. Ampère, en appelant l'attention sur cette partie élémentaire

---

[1] « Les anciens ont connu la composition « des mouvements. » (Lagrange, *Mécanique* *analytique,* 1re partie, 1re section, p. 13.)

[2] *Th. des fonctions anal.* § 185, p. 223.

de la mécanique, et en lui donnant son nom, a rendu aux études un véritable service, universellement apprécié aujourd'hui.

La cinématique comprend deux parties distinctes : la cinématique pure et la cinématique appliquée ou théorie des mécanismes.

CINÉMATIQUE PURE.

Les principes de la cinématique pure sont très-simples, et se réduisent pour ainsi dire au développement des définitions des mots *trajectoire, vitesse, mouvement uniforme, mouvement uniformément varié, accélération, vitesse acquise élémentaire.* Le mouvement d'un point sur une trajectoire définie peut être représenté soit par une équation, soit par une courbe auxiliaire, et les circonstances de ce mouvement peuvent toutes se déduire, par des procédés faciles, de la considération de cette courbe auxiliaire ou de la discussion de l'équation qui la représente. On projette le mouvement réel d'un point sur des plans ou sur des axes quelconques, pour substituer à un mouvement réel curviligne un mouvement fictif qui, s'accomplissant dans un plan ou sur une droite, soit plus facile à étudier : les vitesses et les accélérations du mouvement fictif projeté sont les projections des vitesses et des accélérations du mouvement réel. L'accélération totale d'un mouvement curviligne quelconque se décompose en deux accélérations simultanées, l'une tangente à la trajectoire, l'autre perpendiculaire et dirigée suivant sa normale principale. Pour déterminer l'accélération totale d'un mouvement quelconque, on considère l'écart infiniment petit entre la position réelle du mobile au bout d'un temps très-court et la position qu'il aurait au bout du même temps sur la tangente à sa trajectoire, si le mouvement était resté pendant tout ce temps rectiligne et uniforme; et l'on prend le rapport de cet écart à la moitié du carré du temps infiniment petit pendant lequel il s'est réalisé. L'accélération totale a pour direction la position limite de la droite qui joint ces deux points. Ce théorème renferme pour ainsi dire toute la cinématique.

L'étude du mouvement relatif fait suite à celle du mouvement absolu. Un mouvement relatif n'est qu'une fiction commode par laquelle on rapporte le mouvement d'un point ou d'un système à des axes qui, au lieu d'être fixes, sont eux-mêmes animés d'un certain mouvement connu, appelé *mouvement d'entraînement*. Tant qu'il s'agit des vitesses, la théorie du mouvement relatif est extrêmement simple, et se résume dans cette proposition, que la vitesse du mouvement absolu est la résultante de la vitesse du mouvement d'entraînement et de la vitesse relative. La théorie n'est plus aussi simple quand on passe aux accélérations, et la nature du mouvement d'entraînement exerce alors une influence qu'elle n'avait pas sur la composition des vitesses. L'accélération du mouvement absolu est en général la résultante de trois accélérations particulières : l'une est l'accélération d'entraînement; l'autre, l'accélération dans le mouvement relatif; la troisième enfin, une accélération complémentaire, dite *accélération centrifuge composée*, proportionnelle à la fois à la vitesse relative, à la vitesse de rotation du système des axes mobiles et au sinus de l'angle compris entre cet axe de rotation et la vitesse relative. Elle est nulle dans trois cas : lorsque la vitesse relative est nulle, lorsque les axes mobiles ne sont animés d'aucun mouvement de rotation, enfin lorsque la direction de l'axe de rotation est la même que celle de la vitesse relative.

Cette belle théorie avait été pressentie, au siècle dernier, par Clairault[1], qui n'avait pas formulé ses conclusions avec une entière exactitude. Elle a été reprise de notre temps par Coriolis, avec l'aide de l'analyse, et traitée cette fois d'une manière générale et rigoureuse. Depuis, cette théorie, qui jusque-là avait été rattachée à la dynamique, est rentrée dans la cinématique, où on la démontre avec le seul secours de la géométrie. La méthode analytique et la méthode géométrique s'y appliquent en effet également bien et conduisent chacune à des conséquences utiles. L'analyse,

---

[1] *Mémoires de l'Académie des sciences,* 1742. (Voir sur cette question une Note de M. J. Bertrand, dans le *Journal de l'École polytechnique,* t. XIX, xxxiie cahier, 1848.)

par exemple, donne immédiatement les composantes de la troisième accélération projetée sur les axes rectangulaires mobiles.

L'étude du mouvement des points conduit à l'étude du mouvement des figures. On considère d'abord une figure plane mobile dans son plan, et l'on démontre que le mouvement élémentaire de cette figure est une rotation autour d'un certain point du plan auquel Euler a donné le nom de *centre instantané de rotation*. Une proposition analogue a lieu pour le mouvement élémentaire d'une figure sur une sphère. On en déduit la notion de l'*axe instantané de rotation* d'un système solide qui, possédant un point fixe, reçoit un déplacement infiniment petit quelconque. Ici encore le calcul peut servir à contrôler et à éclaircir les résultats donnés par la géométrie.

La composition des mouvements est l'un des chapitres les plus intéressants de la cinématique moderne. Autrefois on savait composer les translations, ce qui peut suffire lorsqu'on ne considère que le mouvement d'un point isolé. La composition des rotations se fait aujourd'hui aussi facilement que la composition des translations, et permet de traiter avec la plus grande élégance une foule de questions relatives au mouvement des figures. C'est à Poinsot[1] qu'on peut principalement rapporter la gloire d'avoir créé cette branche de la cinématique, à la fois si élémentaire et si féconde, dont Lagrange, dans sa Mécanique analytique, avait déjà traité certains cas particuliers.

Le mouvement élémentaire le plus général qu'on puisse attribuer à un corps solide se décompose en une translation et en une rotation autour d'un certain axe; et l'on peut trouver un axe de rotation tel que la translation s'effectue le long de cet axe pendant que la rotation s'opère autour de lui. Ce théorème, qui assimile le déplacement élémentaire d'un solide dans l'espace au mouvement infiniment petit que prend une vis dans son écrou, a été découvert par M. Chasles[2].

---

[1] *Théorie nouvelle de la rotation des corps.* — [2] *Bulletin universel des sciences,* XIV, p. 321, 1830.

Après les mouvements élémentaires, viennent les mouvements continus des figures planes et des corps solides. On démontre aisément que le mouvement continu d'une figure plane mobile dans son plan peut se réduire à un mouvement épicycloïdal, dans lequel une courbe attachée à la figure mobile roulerait sans glisser sur une courbe fixe tracée dans le plan; et que le mouvement continu d'un solide autour d'un point fixe peut de même se réduire au roulement d'un cône attaché au solide sur un cône immobile dans l'espace.

La cinématique n'est pas seulement l'introduction naturelle de la mécanique, c'est encore un auxiliaire utile de la géométrie. Ainsi la composition des mouvements simultanés conduit à l'énoncé vrai et rigoureux de la règle de Roberval pour le tracé des tangentes à certaines courbes. La méthode des centres instantanés de rotation fournit pour le même problème une autre solution d'une généralité plus grande. Cette méthode s'applique également bien aux figures planes et aux figures sphériques; elle donne les courbes enveloppes des figures de forme constante qui se déplacent suivant une loi définie. La considération des vitesses conduit en effet au tracé des tangentes aux courbes; de même la considération des accélérations peut conduire à la détermination des rayons de courbure. La méthode des centres instantanés n'est pas non plus impuissante dans ce dernier problème, et fait connaître notamment les rayons de courbure des courbes épicycloïdales. De telles transformations dans les problèmes n'étonnent plus les géomètres. Certaines questions de géométrie plane deviennent plus faciles à traiter lorsqu'on y introduit des considérations tirées de l'espace; la troisième dimension qu'on attribue pour ainsi dire au problème simplifie la question, bien loin de la compliquer. L'introduction du temps peut rendre parfois un service analogue; c'est la *quatrième dimension* indiquée par Lagrange, qui, dans certains cas, peut rendre plus rapide la solution d'un problème de géométrie.

CINÉMATIQUE APPLIQUÉE OU THÉORIE DES MÉCANISMES.

La convenance qu'il y avait à séparer de la mécanique propre la théorie des mouvements géométriques a toujours été sentie, et, si la création de la branche particulière appelée *cinématique* est toute récente, l'étude des mécanismes a été depuis plus longtemps traitée à part. Cette division existait déjà en l'an III, dans les premiers programmes de l'École polytechnique, et Monge consacrait ses quatre dernières leçons à l'étude des transformations de mouvement. Le classement des organes de machines destinés à transformer les mouvements les uns dans les autres, proposé, au commencement de ce siècle, à la fois par Hachette (1806) et par Lanz et Bétancourt (1808), n'a pas encore été sensiblement modifié. Le premier traité des machines, dû à Hachette, parut à peu près à la même époque (1811).

Nous nous bornerons à jeter un coup d'œil sur les points principaux qui font aujourd'hui partie des cours.

Comme exemple de la transformation du mouvement rectiligne alternatif en mouvement circulaire continu, et de la transformation réciproque, on étudie en détail le système de la bielle et de la manivelle, d'abord par les procédés rigoureux, puis par des méthodes approximatives, qui donnent un résultat d'autant plus approché de l'exactitude que la bielle est plus longue; on ramène le mouvement oscillatoire de la bielle au mouvement de la projection sur un diamètre du bouton auquel la bielle est attachée. Le jeu de l'excentrique circulaire est compris dans la même théorie.

Le parallélogramme articulé de Watt est le plus célèbre exemple de la transformation d'un mouvement rectiligne alternatif en mouvement circulaire alternatif. Cette solution n'est pas entièrement rigoureuse, et entraîne la substitution d'un arc de la courbe à longue inflexion à une droite. La construction indiquée par Watt offre un véritable intérêt au point de vue géométrique.

Une autre théorie intéressante est celle du joint universel, organe de transformation d'un mouvement de rotation autour d'un axe en un mouvement de rotation autour d'un second axe coupant le premier sous un angle quelconque. Il est à remarquer que les vitesses des deux mouvements de rotation sont les mêmes en moyenne, bien qu'elles soient généralement différentes à un même instant. Le mouvement de rotation simultané autour des deux axes se ramène au mouvement sur la sphère des deux extrémités d'un arc mobile égal à un quadrant glissant sur deux grands cercles de position donnée, considération qui rappelle le triangle sphérique dont Lagrange a proposé l'emploi pour l'étude des fonctions elliptiques de première espèce.

Des théories particulières sont faites pour le tracé des cames soulevant et laissant retomber un marteau ou un pilon, des courbes en cœur, des rainures, de l'excentrique à ondes, de l'excentrique triangulaire.

La théorie des engrenages a reçu dans les trente dernières années des perfectionnements importants. M. Poncelet en a fondé la théorie générale, en observant que le profil des dents d'une roue était l'enveloppe des positions successives du profil conjugué dans le mouvement relatif. Cette remarque permet de poser la loi générale dont les tracés spéciaux ne sont plus que des applications particulières. Elle fait connaître l'expression de l'arc élémentaire de glissement relatif. On a remarqué aussi que les deux profils conjugués sur chaque roue en prise pouvaient être considérés comme des courbes épicycloïdales tracées par un même point d'une même figure roulant successivement sur chacune des circonférences primitives. On doit considérer enfin comme un grand progrès le tracé des engrenages à développantes de cercle, supérieur à tant d'égards au tracé des engrenages à flancs, les plus ordinairement usités.

La recherche de la relation entre les rayons de courbure des profils en prise a conduit Savary à une formule élégante, à laquelle il est aisé de donner une signification géométrique, et qui contient implicitement toutes les propriétés des courbures des lignes épicycloïdales.

Un ingénieur anglais, M. Willis, a déduit de la formule de Savary un tracé approximatif des dents d'engrenage, et a pu construire un instrument gradué pour l'effectuer dans la pratique. Le tracé de M. Willis, adopté en Angleterre et en Amérique, n'a pas encore pénétré dans l'industrie française, et la précision à laquelle on parvient dans nos ateliers pour la construction des courbes géométriques ne fait pas supposer que l'usage de l'*odontographe* présente un avantage appréciable.

Les engrenages coniques, qui donnent lieu d'étendre et d'approprier à la sphère la théorie des engrenages cylindriques pour lesquels tout se passe sur un plan, sont ramenés par approximation à des engrenages cylindriques, au moyen du développement de deux cônes circonscrits à la sphère, solution ingénieuse imaginée par Tredgold.

L'engrenage sans frottement, que White a imaginé au commencement de ce siècle, est aujourd'hui expliqué au moyen d'une théorie très-simple. Le contact des deux dents en prise, au lieu de s'étendre à un même instant sur toute une arête, comme dans les engrenages cylindriques ordinaires, n'a lieu qu'en un point unique, et ce point se trouve toujours sur la génératrice suivant laquelle se touchent les deux cylindres primitifs, de sorte que l'arc de glissement reste constamment nul.

Le cas des axes non concourants et à angle droit l'un sur l'autre comprend l'engrenage de la vis sans fin et l'engrenage des roues à dents hélicoïdales; les axes non concourants formant un angle quelconque donnent lieu à un engrenage hyperboloïde, essayé autrefois par M. Ollivier, et dont M. Bélanger a donné, il y a peu d'années, une excellente théorie, réduite, il est vrai, à la recherche des surfaces primitives qui roulent et glissent l'une sur l'autre, et laissant encore dans le vague la question de la meilleure forme à donner aux dents.

L'emploi des rouages différentiels permet de réaliser des mouvements très-petits; la machine à aleser est un exemple de transformation de ce genre.

La dernière étude que nous signalerons ici, comme un bel exemple de l'usage des théories de la cinématique, est celle de la distribution de la vapeur dans les machines à détente. Quand la détente est fixe, on détermine avec une grande précision l'influence des recouvrements donnés au tiroir, et de l'avance angulaire attribuée à l'excentrique. Deux épures, l'une due à M. Fauveau, l'autre à M. Reech, résolvent la question dans tous ses détails. Pour la détente variable, réglée au moyen de la coulisse de Stephenson, la théorie en est maintenant bien connue, grâce aux belles recherches de M. Phillips, et le tracé de cette pièce essentielle du mécanisme des locomotives n'est plus abandonné au tâtonnement. Tous ces travaux sur la distribution de la vapeur ont singulièrement contribué à perfectionner la construction des machines françaises, et l'on y trouve aujourd'hui toute la précision des ajustages, si nécessaire à la marche de la machine à vapeur, apanage exclusif, pendant bien des années, des machines sorties des ateliers de Soho, où les traditions de Watt régnèrent longtemps encore après la mort du savant et habile ingénieur.

§ 2. STATIQUE.

La statique formait autrefois, comme nous l'avons vu, une division à part dans le cours de mécanique, et l'on n'abordait l'étude du mouvement qu'après avoir terminé celle de l'équilibre. Il existe un ouvrage remarquable où cette science de l'équilibre se trouve exposée avec toute la clarté, toute la rigueur qu'on peut désirer pour un livre élémentaire : c'est l'ouvrage classique de Poinsot, qui a paru au commencement de ce siècle. La Statique de Poinsot correspond, comme livre d'enseignement, à la Géométrie de Legendre, mais on y trouve plus de philosophie et plus d'élégance. A certains égards, ce livre élémentaire est un livre nouveau, car c'est Poinsot qui a introduit dans la science cette notion toute moderne des *couples*, qui aujourd'hui est aussi familière que celle des forces elles-mêmes, et dont l'utilité, si grande pour les problèmes d'équilibre, est surtout manifeste dans les questions de mouvement. L'importance de cette création avait été prévue par Auguste Comte, lorsqu'il écrivait dans son Cours de philosophie positive, quelque temps après la première publication de Poinsot :

« Quelles que soient en réalité les qualités fondamentales de la « conception de M. Poinsot par rapport à la statique, on doit néan-« moins reconnaître, ce me semble, que c'est surtout au perfec-« tionnement de la dynamique qu'elle se trouve par sa nature es-« sentiellement destinée, et je crois pouvoir assurer, à cet égard, « que cette conception n'a point encore exercé son influence la « plus capitale. »

Cette prédiction s'est aujourd'hui entièrement réalisée; le couple a simplifié et transformé, on peut le dire, non-seulement la statique, mais la mécanique tout entière.

La statique rationnelle se borne à traiter de l'équilibre de forces appliquées en des points donnés d'une figure géométrique; de même la géométrie étudie les propriétés de figures qui n'ont pas d'existence matérielle. Ces abstractions, qui simplifient les théories en même temps qu'elles rendent les raisonnements rigoureux, n'empêchent pas la géométrie et la statique d'avoir dans la pratique les applications les plus variées et les plus légitimes.

Le cours de statique élémentaire comprend la composition des forces parallèles ou concourantes, la réduction des forces qui sollicitent un corps solide à une force et à un couple, l'établissement des six équations d'équilibre d'un corps solide invariable, enfin l'étude de l'équilibre dans les machines simples, telles que le levier, le treuil, le plan incliné, la vis, la poulie, les moufles et le polygone funiculaire. L'emploi des couples simplifie les problèmes de composition et de décomposition de forces et conduit immédiatement, dans les machines simples, à la détermination des réactions des points d'appui. Après avoir traité directement ces problèmes de statique élémentaire, il est facile de montrer que toutes les lois de l'équilibre sont contenues dans une proposition générale, savoir : l'égalité des travaux moteurs et résistants pour tout déplacement virtuel du système compatible avec les liaisons auxquelles il est soumis. Toutes ces matières sont assez simples pour qu'on ait pu les introduire autrefois dans les cours de mathématiques spéciales des colléges, et encore maintenant, les premiers rudiments de la statique sont enseignés dans les classes de mathématiques élémentaires pour servir à l'intelligence des leçons de physique, où l'on ne saurait se passer de la considération des forces.

Depuis 1851, l'enseignement de la statique a subi des modifications profondes; les résultats de cette transformation ne sont pas aussi universellement appréciés que l'est la création des cours de cinématique.

Voici l'ordre adopté aujourd'hui :

Après avoir étudié dans la cinématique le mouvement des figures considéré en lui-même, on passe à la dynamique, et l'on pose les *principes* de philosophie naturelle desquels elle se déduit tout entière par voie de raisonnement et de calcul. Ces principes ne sont pas des axiomes évidents *a priori*, et l'antiquité a pu les ignorer d'une manière absolue. Ce ne sont pas non plus des lois physiques que l'expérience puisse démontrer une fois pour toutes. Ce sont de véritables *postulata*, devinés plutôt encore que découverts par les grands génies qui ont fondé la mécanique moderne, et ces *postulata* n'acquièrent une probabilité équivalente à la certitude qu'en vertu de l'accord complet que l'on ne cesse de constater entre les faits observés et les conséquences qu'on en a logiquement déduites. Le principe de l'inertie donne la notion de force; le principe de l'indépendance de l'effet des forces indique la loi de leur composition. On montre que la mesure de la force est donnée par l'effet qu'elle produit pour accélérer, retarder ou faire dévier le mouvement du point matériel auquel elle est appliquée. La notion de masse s'introduit en comparant les effets d'une même force sur des points matériels différents, et l'on arrive enfin à poser cette loi, que la force a pour mesure le produit de la masse d'un point par l'accélération totale qu'elle lui communiquerait si elle agissait seule. La règle du parallélogramme des forces est un corollaire immédiat de la composition des accélérations. Toute la dynamique du point matériel s'achève avant d'aborder les questions d'équilibre. La statique des systèmes, partie si importante et si délicate de la mécanique, est traitée en faisant usage des notions données sur le travail des forces à l'occasion du théorème des forces vives; le théorème du travail virtuel intervient dans cette théorie comme un moyen rapide d'opérer des compositions de forces. Une triple démonstration est nécessaire pour établir ce théorème dans les trois cas principaux, d'un corps solide, d'un système quelconque sans liaisons, enfin d'un système à liaisons. La théorie des couples, qui dans l'ancienne statique jouait un rôle capital, devient, dans cette nouvelle manière de procéder, un accessoire et presque un hors-d'œuvre, qui se trouve traité incidemment et sans donner à la belle conception de Poinsot le rang qu'elle devrait occuper.

Nous avons dit que tout le monde n'était pas convaincu de l'excellence des nouveaux programmes; et il nous sera permis de présenter ici quelques réflexions critiques.

La statique, telle qu'on l'enseigne, repose en dernière analyse sur les *postulata* qui servent de base à la dynamique. Or il semble qu'il y ait là une erreur de raisonnement autant qu'une erreur d'histoire. La statique remonte à Archimède, tandis que la dynamique ne date que de Galilée. De toute antiquité on a connu les lois de l'équilibre des machines simples : le levier, les balances ne sont pas d'invention moderne. Ne résulte-t-il pas de cette seule remarque que l'équilibre est bien plus simple, bien plus élémentaire que le mouvement, et que l'idée de la force dans l'équilibre est bien plus nette, bien plus intuitive que l'idée de la force dans le mouvement? Sans doute les forces dans le mouvement et les forces dans le repos ne sont pas de différentes natures, mais elles ont des effets qui semblent bien différents au premier abord, et, pour les démêler dans le phénomène si complexe du mouvement, il a fallu toute la pénétration des géomètres modernes. L'équilibre ne présente pas ces difficultés. La statique, telle que Poinsot la présente, est logiquement indépendante de l'effet des forces sur les corps en mouvement; elle repose sur des définitions et sur des axiomes, non sur un postulatum. Que fait du reste la nouvelle statique des deux notions introduites dans la mesure de la force, la notion de masse et la notion d'accélération? Elles disparaissent toutes les deux des problèmes d'équilibre.

La nouvelle démonstration du parallélogramme des forces, empruntée aux principes mathématiques de Newton [1], est suffisante sans doute; mais sous sa forme simple, elle est réellement peu élémentaire, et par suite trop peu accessible; car l'idée d'accélération qu'on y invoque ne peut être comprise que par ceux qui pos-

---

[1] *Axiomes ou lois du mouvement*, corollaire Ier.— Newton, par le corollaire II, semble reconnaître la nécessité d'étendre à la statique la loi de la composition des forces, déduite, dans le corollaire Ier, de celle de la composition des mouvements. La règle de la composition des forces au moyen du parallélogramme a été découverte en 1687 par Newton et par Varignon. «On n'avait point pensé encore, «dit Lagrange, à substituer dans la com-«position des mouvements, les forces aux «mouvements qu'elles peuvent produire.» La première démonstration *statique* de la règle du parallélogramme est due à Daniel Bernoulli. (*Commentaires de Saint-Pétersbourg*, t. I.) Lagrange observe que «le principe de cette démonstration n'est

«pas tout à fait exempt de la considéra-«tion du mouvement.» Cela est incontestable; mais du moins la mesure de l'effet dynamique des forces reste complétement étrangère à cette démonstration, comme à toutes les propositions de la statique. «Quelle que soit l'action des forces sur «les corps, dit Poinsot, les vérités de la «statique n'en subsisteront pas moins, «parce que ces vérités résultent de la «seule présence actuelle de plusieurs «forces qui n'obtiennent aucun effet, «mais qui se détruisent avec évidence; «de sorte que l'état d'équilibre des corps «reste comme un moment singulier de «l'état de mouvement, où la mesure des «forces par leurs effets, et leurs effets «mêmes ont disparu.»

sèdent complétement la cinématique et les éléments du calcul des infiniment petits ou du calcul différentiel. Aussi n'y a-t-il pas lieu de s'étonner qu'après quelques essais, on ait supprimé presque entièrement la mécanique des programmes de l'enseignement dans les colléges. La cinématique même, si on la réduit à l'étude des vitesses, y pourrait être utilement introduite; mais l'étude des accélérations est d'un ordre de difficultés plus élevé, et cette difficulté ajourne nécessairement l'étude de la statique nouvelle. Les cours de mathématiques spéciales, qui comprennent la recherche des tangentes aux courbes, laissent en effet de côté tout ce qui a rapport aux courbures et aux infiniment petits d'ordre supérieur au premier. La statique ancienne, au contraire, ne présentait guère plus de difficultés que les éléments de la géométrie la plus simple.

Il semble donc qu'on ait été trop loin, en faisant de la dynamique du point la base de la science de l'équilibre. A un autre point de vue, on n'en aurait pas fait assez en n'acceptant pas franchement les conséquences de la révolution qu'on se proposait d'accomplir. Si l'on ne voulait voir dans le repos qu'un cas particulier du mouvement, il fallait le traiter comme tel; et on le pouvait en établissant tout d'abord le théorème des forces vives pour un point et pour un système, sauf à prendre ensuite pour base de la statique ce théorème transformé en celui des vitesses virtuelles. Cette méthode aurait le mérite des procédés rapides et généraux, et elle n'emprunterait rien aux prudentes lenteurs de l'ancienne statique, que l'on conserve peut-être trop fidèlement après qu'on en a rejeté les bases.

En d'autres termes, l'ancienne statique procédait du simple au composé, et, à l'exemple de la géométrie élémentaire, elle s'élevait, d'échelon en échelon, depuis l'équilibre du point jusqu'au théorème du travail virtuel, qui résume l'ensemble de la doctrine. On connaît très-bien une autre méthode, atteignant d'emblée le théorème le plus général pour en faire sortir toutes les conséquences particulières par voie de déductions successives. C'est en effet la marche tracée par Lagrange dans sa Mécanique analytique. Le programme actuellement suivi n'a ni la simplicité de la première méthode, ni la grandeur imposante de la seconde. Résultat d'un compromis entre deux tendances contradictoires, il ne donne vraiment satisfaction à aucune.

On reprochait à l'ancienne méthode les erreurs de ceux qui, pourvus de quelques notions incomplètes de statique, se croyaient autorisés à traiter des questions de mouvement, c'est-à-dire des questions étrangères par leur nature à la science dont ils avaient fait l'étude. De là, par exemple, des projets de mouvements perpétuels fondés sur le principe de l'équilibre du levier. De telles aberrations accusent plutôt l'ignorance des inventeurs que le vice des anciennes méthodes.

Les inventeurs de mouvements perpétuels se recrutent en général parmi les personnes étrangères à toute étude de mécanique, et non parmi celles qui se seraient trop exclusivement appesanties sur les éléments de statique de Poinsot. On n'a pas remarqué au surplus que la transformation des cours, déjà vieille de quinze années, ait sensiblement réduit le nombre de leurs impuissantes tentatives.

La statique a un si grand nombre d'applications qu'il nous serait impossible de les signaler toutes ici. Parmi les plus importantes, nous citerons seulement : le perfectionnement des balances, le degré de précision qu'on sait atteindre aujourd'hui dans les pesées, les dispositions ingénieuses imaginées pour les opérer rapidement dans les diverses industries, au moyen de la balance de Quintenz ou des ponts à bascule; les perfectionnements des appareils à équilibre indifférent, tels que la balance de Roberval, qu'on rencontre aujourd'hui dans presque toutes les boutiques, tels que les ponts-levis, les uns à flèche, les autres à contre-poids mobile le long d'une courbe qu'on a appris à tracer, d'autres encore à chaînes pesantes, qui forment d'elles-mêmes un contre-poids d'intensité variable avec les besoins de l'équilibre; tels enfin que les appareils, peu pratiques mais ingénieux, destinés à économiser l'eau perdue au passage des bateaux dans les écluses; celui-ci dû à Béthancourt, celui-là à M. Navellier [1].

La statique a encore d'autres usages, et l'on connaît l'utilité qu'on peut en retirer dans la géométrie pure. On s'en servira par exemple pour prouver que plusieurs droites, satisfaisant à certaines conditions, passent par un même point. C'est le principe que Ceva employait pour démontrer le théorème des transversales [2]. Le théorème du travail virtuel, appliqué à un point dont les distances à des pôles fixes satisfont à une certaine relation donnée, conduit à la belle *règle* de Tschirnhausen pour le tracé des tangentes aux courbes, règle sur laquelle Poinsot et M. Chasles ont de nos jours appelé de nouveau l'attention des géomètres.

§ 3. DYNAMIQUE.

La dynamique est une science toute moderne, car elle ne remonte pas au delà du xviie siècle, et Galilée en est le véritable créateur. Il découvrit les lois de la chute des graves; il reconnut dans le mouvement parabolique des projectiles le premier exemple de l'indépendance de deux mouvements; enfin il devina l'importance, au point de vue mécanique, du plus simple et du plus vulgaire de tous les appareils, du pendule, dont Huyghens a fait aux horloges une application si utile. Par ces belles découvertes, Galilée ouvrit la voie que d'autres ont depuis si brillamment parcourue. Après Galilée parut Huyghens, « qui semblait destiné, dit Lagrange, « à perfectionner et à compléter la plupart de ses découvertes. » Huyghens, en effet, fit la théorie du pendule composé et fonda celle des forces vives, la plus importante sans contredit de toute la mécanique. Enfin Newton, abordant les plus hauts problèmes, donna à la mécanique, dans son livre des Principes, une généralité qu'on

---

[1] *Note sur un appareil à équilibre indifférent,* dans les *Annales des Ponts et Chaussées,* 1866.

[2] M. Chasles, *Aperçu historique sur l'origine et le développement des méthodes en géométrie,* note 7.

n'avait pas soupçonnée jusqu'alors. C'est ainsi qu'en moins de cent ans, ces grands esprits dotèrent la science et l'humanité de ce nouvel et puissant auxiliaire.

Le xviiie siècle est l'époque du développement et de la transformation de l'instrument nouveau légué par le siècle précédent. La mécanique s'était jusque-là appuyée presque exclusivement sur la géométrie. La découverte des nouveaux calculs par Newton et par Leibnitz mit à sa disposition toutes les ressources de l'analyse. Alors commencèrent les grandes recherches analytiques sur le système du monde, dont Newton venait de donner la loi; c'est l'époque des belles théories de mécanique céleste des Euler et des Clairaut. Euler publie en 1736 son Traité de mécanique, le premier ouvrage où l'analyse soit exclusivement appliquée à la solution des problèmes de mouvement.

A peu près au même moment, d'Alembert fait faire à la mécanique un pas immense, en ramenant, par son théorème général, tout problème de dynamique à un problème d'équilibre; enfin Lagrange, le plus profond génie analytique qui ait jamais existé, résume, transforme et enrichit toute la science de l'équilibre et du mouvement, qui se réduit entre ses mains à des développements d'analyse pure. On voit ainsi se dessiner deux tendances différentes, l'une analytique, l'autre géométrique, que nous retrouverons tout à l'heure dans la mécanique telle qu'on l'enseigne aujourd'hui.

La dynamique repose sur trois principes qu'on ne peut démontrer par le raisonnement, et qui n'ont pas non plus l'évidence des axiomes. Ce sont des *postulata*, qu'on admet d'abord, pour en déduire les lois de la mécanique tout entière; l'accord de ces lois avec les faits observés est ensuite une démonstration indirecte de la vérité des principes, démonstration si fréquemment renouvelée depuis trois siècles qu'aucun doute ne pourrait subsister aujourd'hui sur la légitimité des bases adoptées.

La dynamique pourrait être appelée *la mécanique totale*, en ce sens qu'elle fait intervenir à la fois toutes les quantités de natures diverses qui peuvent jouer un rôle dans le mouvement des corps matériels. Ces quantités peuvent se partager en quatre classes distinctes : la première classe comprend les grandeurs géométriques, telles que longueurs, surfaces ou angles; la deuxième comprend une seule grandeur, le temps; la troisième, la force; la quatrième enfin, la masse ou la mesure numérique de la quantité de matière contenue dans les corps.

Certaines branches de la mécanique n'admettent pas à la fois ces quatre classes de quantités. Par exemple, la cinématique ajoute l'idée du temps à celle des grandeurs géométriques; mais la force et la masse restent étrangères aux problèmes qu'elle se propose de résoudre. La statique fait intervenir la force avec les quantités géométriques, en laissant de côté la masse et le temps. Enfin la recherche des centres de gravité et la détermination des moments d'inertie, parties annexes de la statique et de la dynamique, peuvent en être séparées sous le nom de *géométrie des masses*, et forment alors une branche particulière de la mécanique où n'interviennent ni la force ni le temps. Lorsqu'au contraire la question qu'on se propose est de telle nature que le temps et la force y entrent ensemble, la masse ne peut rester en dehors, et les quatre éléments de la mécanique figurent à la fois dans les calculs. On les retrouve toujours dans la dynamique, qui, en ce sens, est la *mécanique complète* ou *totale*, tandis que chacune des autres branches est pour ainsi dire une science *partielle*, pouvant servir d'introduction à la science la plus étendue.

Le problème général de la mécanique est posé en ces termes par Poinsot :

« Un corps ou système quelconque de corps étant sollicité par « de certaines forces données, trouver le mouvement que ce corps « prendra dans l'espace, et, réciproquement, quelles doivent être « les relations des forces qui agissent sur un système pour que ce « système prenne dans l'espace un mouvement donné. »

Dans les problèmes de cette espèce, les forces interviennent soit comme des données, soit comme des inconnues; en général il y a des forces données, et il s'agit de trouver la loi du mouvement, sauf à déterminer ensuite certaines réactions ou forces inconnues qui dépendent à la fois des forces données et du mouvement pris par le système mobile. Si la loi du mouvement est connue, la mécanique conduit à la détermination des forces qui le produisent. C'est ce second problème que Newton eut à résoudre quand il tira des lois cinématiques de Kepler la loi de la gravitation. La mécanique n'a pas pour objet l'étude de la nature des forces : à son point de vue, les forces sont toutes de même nature, toutes susceptibles d'une évaluation numérique, qui intervient seule dans les problèmes. L'étude expérimentale des forces naturelles est, à vrai dire, l'objet particulier de la physique; cependant on a généralement annexé à la mécanique les recherches particulières des lois physiques qui intéressent spécialement la théorie et la pratique des machines. Des appareils ont été imaginés pour faciliter ces recherches. On peut les partager en trois classes principales : les uns ont pour unique objet l'étude du mouvement au point de vue de la cinématique pure; les autres sont les dynamomètres destinés à la mesure des forces; la troisième classe d'appareils sert à mesurer le travail. Certains appareils réunissent à la fois plusieurs genres d'indication. Ainsi l'appareil destiné aux expériences sur le tirage des voitures donne, au moyen du dynamomètre, la valeur de la force de traction, et inscrit d'une manière continue l'indication correspondante sur une bande de papier mobile, dont le déplacement transversal est proportionnel à l'espace parcouru par la voiture. Le crayon du dynamomètre trace ainsi sur le papier une courbe dont les ordonnées mesurent la force, et les abscisses l'espace décrit; l'aire de la courbe représente donc le travail développé par le moteur. On a beaucoup perfectionné de notre temps les appareils propres à ce genre d'études. Autrefois on devait se contenter d'expériences assez grossières. Elles portaient principalement sur les lois de la pesanteur. Galilée les a découvertes en faisant usage du plan incliné. Le pendule donna bientôt après un moyen plus satisfaisant d'étudier l'accélération dans la chute des graves, et de constater quelles variations elle subit en différents points du globe. L'étude de la pesanteur a conduit de même à la construction d'une machine intéressante, la machine d'Atwood, qui permet de faire succéder, à un instant déterminé, un mouvement uniforme à un mouvement uniformément varié jusque-là. De nos jours encore, on a imaginé un appareil très-simple, destiné à une semblable recherche. Le corps, en tombant librement, trace avec un pinceau une courbe le long d'un cylindre vertical doué d'un mouvement uniforme de rotation autour de son axe; on développe le cylindre à la fin de l'expérience, et la parabole que l'on y trouve tracée vérifie la loi en vertu de laquelle un corps qui tombe parcourt des espaces proportionnels aux carrés des temps.

Newton fit un grand nombre d'expériences de mécanique. On trouve, par exemple, dans le second livre des Principes, le compte rendu de ses recherches expérimentales sur la résistance de l'air au mouvement des corps de différentes densités. Les études de balistique ont donné depuis des moyens indirects, mais bien plus précis, de déterminer les lois de ces phénomènes. La vitesse du projectile, en divers points de sa trajectoire, peut être observée avec une grande justesse au moyen du tambour mobile de Mattei. D'un autre côté, la vitesse du boulet à sa sortie de la pièce peut être constatée rigoureusement à l'aide d'une autre expérience, celle du pendule balistique.

Le concours de la physique est utile pour l'étude rigoureuse des mouvements. Le diapason, par exemple, sert à fractionner la seconde en intervalles égaux de durée extrêmement petite. L'électricité se prête aussi à donner une précision pour ainsi dire mathématique aux indications des appareils enregistreurs, et permet de les faire fonctionner avec une simultanéité absolue, quel qu'en soit le nombre [1]. Les agents physiques, lumière ou électricité, ont l'avantage d'intervenir dans ces expériences sans ajouter aucune nouvelle masse qui puisse nuire au mouvement naturel du système soumis aux observations.

Pour la mesure du travail dans les machines, le frein de Prony est toujours l'appareil le plus généralement employé dans le cas très-général où toute la puissance est empruntée à un arbre tournant. Cet appareil a reçu des modifications fort ingénieuses; les unes sont dues à M. Rolland, qui les a essayées à la manufacture des tabacs de Strasbourg; d'autres, plus récentes, à M. Kretz, qui les a introduites dans un frein expérimenté à la manufacture des tabacs de Bercy [2].

L'étude des *résistances passives* forme une partie importante de la mécanique appliquée. Nous avons déjà dit un mot tout à l'heure de la résistance de l'air, qui intéresse non-seulement la balistique, mais encore le mouvement des trains sur les chemins de fer. Les autres résistances passives sont le frottement et la roideur des cordes.

On fait encore usage aujourd'hui, pour évaluer ces résistances, des lois déterminées par Coulomb et publiées dans un Mémoire sur la théorie des machines simples, couronné en 1781 par l'Académie des sciences.

M. Morin fit à Metz, en 1831, de nouvelles expériences sur le même sujet [3]. Des expériences plus récentes, et effectuées sur une plus grande échelle, ont montré que les lois de Coulomb n'ont pas une justesse absolue; que, par exemple, la vitesse des

---

[1] Parmi les appareils fondés sur l'emploi de l'électricité, on doit faire une mention toute particulière du *chronographe électrique* de M. Martin de Brettes, professeur à l'École d'artillerie de la Garde impériale, à Versailles.

[2] Sur le frein de Prony et les freins en général, on peut voir les *Comptes rendus* de l'*Académie des sciences*, 1864, p. 273, M. Tresca; — p. 459, M. Kretz.

[3] Art. Morin, *Nouvelles expériences sur le frottement*, faites à Metz en 1831 (t. IV du recueil des *Savants étrangers* de l'Académie des sciences); — *Nouvelles expériences sur l'adhérence des pierres*, etc. faites à Metz en 1834, publiées en 1838.

corps en mouvement a sur le frottement, contrairement à ce qu'il avait admis, une influence qui n'est pas tout à fait négligeable. Les observations de MM. Bochet, Sella, et Hirn[1], ont ainsi ébranlé la confiance, un peu trop facile peut-être, qu'on avait dans les lois de Coulomb, mais sans y substituer jusqu'ici des règles simples pour traiter les problèmes dont la mécanique des machines demande chaque jour la solution. Les progrès des sciences physiques entraînent sur un grand nombre de points ce retard de l'application sur la théorie. Les premières expériences révèlent les traits principaux d'une loi; de là les règles de première approximation, dont la pratique s'empare, règles en général simples et d'un maniement rapide, que plus tard on n'abandonne pas sur-le-champ, lorsque la théorie, en se perfectionnant, vient les compléter et les rendre d'un usage plus laborieux. Ici, du reste, la théorie a fait peu de progrès depuis Coulomb, et, pour le frottement comme pour la roideur des cordes, elle ne s'est guère élevée au-dessus des essais de l'empirisme. Il est permis d'espérer cependant que les recherches sur l'élasticité pourront apprendre quelque chose sur ce phénomène de la roideur des cordes, que Coulomb s'est borné à constater par l'expérience et à traduire en une formule qu'il serait intéressant de contrôler par les méthodes analytiques.

Le nom de *résistance passive* appliqué au frottement est en certains cas bien peu justifié, car il est des circonstances où l'on doit chercher plutôt à l'augmenter qu'à le réduire. Les applications utiles du frottement dans les transmissions tendent à être de plus en plus fréquentes. Deux cylindres, deux cônes frottant l'un contre

---

[1] Quintino Sella, *Mémoire sur la résistance qui se produit quand on fait glisser un corps sur un autre.* (Académie des sciences de Turin, 7 avril 1864.) — Hirn, *Étude sur les frottements.* (*Bulletin de la Société industrielle de Mulhouse*, 1856.) — Bochet, *Comptes rendus de l'Académie des sciences*, 1857, t. IV, p. 636; 1858, t. I, p. 802; 1860, t. II, p. 974. — *Annales des mines*, 1861, t. I, p. 27. — Voir aussi *Société des ingénieurs civils*, 1864, p. 325: communication de M. Poirée.

l'autre sont les plus simples des engrenages; la progression des
trains par l'effort de la locomotive est la plus brillante application
de cet *engrenage par adhérence*, qui permet à la roue motrice de
prendre appui sur le rail. L'embrayage à cône de fiction est de
même un exemple de l'emploi du frottement pour transmettre
le mouvement d'un tronçon à l'autre d'un même arbre. Dans les
usines, les courroies offrent les ressources les plus diverses pour
distribuer la puissance motrice à tous les outils d'un atelier.

On a donné, de notre temps, une extension bien intéressante
et bien utile à l'emploi des courroies; les industriels de l'Alsace
s'en sont servis pour monter des transmissions de travail à grande
distance. La courroie est alors remplacée par un câble qui em-
brasse à la fois deux tambours, et qui, affectant la forme d'une
double chaînette, doit à son poids propre la tension nécessaire
pour produire l'entraînement voulu. Les deux tambours successifs
peuvent être éloignés l'un de l'autre de 80 à 120 mètres, sans
qu'il en résulte de flèche gênante dans les guirlandes dessinées
par les câbles. La vallée du Rhin, suisse et allemande, a imité
l'Alsace : une roue hydraulique, installée à la chute de Schaffouse,
transmet par ce procédé la force motrice à une usine éloignée
du Rhin[1].

Puisqu'il s'agit ici du frottement des courroies, nous citerons la
belle loi au moyen de laquelle on exprime par une exponentielle
la force nécessaire pour faire glisser sur un cylindre fixe une
corde enroulée à sa surface; cette loi, qui fait croître si rapidement
l'adhérence avec l'amplitude de l'arc embrassé, permet à un homme
de tenir en équilibre des forces bien supérieures à la limite de ses
propres efforts. Signalons aussi les recherches intéressantes de
M. Kretz sur le temps perdu dans les transmissions par courroies,
en vertu du glissement sur les tambours[2].

[1] Hirn, *Note sur la transmission du mouvement à de grandes distances au moyen de câbles
métalliques.* (*Bulletin de la Société d'encouragement,* 1858, p. 37.) — [2] *Annales des mines,*
1862.

Les lois du frottement de roulement, d'abord étudiées par Coulomb, sont restées fort obscures, et les différents expérimentateurs qui ont entrepris d'en refaire l'étude ne se sont pas trouvés d'accord sur les résultats définitifs de leurs observations. Le frottement de roulement est un des principaux éléments du tirage des voitures.

Ce sujet a été traité expérimentalement par M. Dupuit en 1837, et par M. Morin en 1842. Les conclusions n'ont pas été les mêmes de part et d'autre. La dissidence principale porte sur la question de savoir si le frottement de roulement est inversement proportionnel au diamètre des roues, ce qu'affirmait M. Morin après Coulomb, ou à la racine carrée de ce diamètre, ce que soutenait M. Dupuit.

Le sujet est si complexe, les expériences si difficiles à faire dans les conditions variables ou elles doivent être opérées, qu'on n'a pas pu déterminer d'une manière certaine laquelle de ces deux lois est la plus voisine de la vérité. La traction des wagons a demandé des expériences analogues, qui, sans mettre en évidence des lois bien définies, ont cependant conduit à des formules empiriques qu'on emploie en l'absence de meilleurs guides.

En résumé, les notions sur les résistances passives autres que le frottement de glissement ne sont encore ni complètes ni satisfaisantes, et l'on peut dire sans grande exagération que les véritables théories de ces faits vulgaires restent encore à trouver. Tout ce qui dépend de l'expérience semble être en effet ce qu'il y a de plus en retard dans la mécanique.

Nous nous contenterons de ce simple aperçu relativement à l'étude expérimentale des forces naturelles, et nous rentrerons dans la théorie.

Deux tendances différentes, avons-nous dit plus haut, se montrent dans l'histoire de la dynamique : l'une est la tendance analytique, dont Lagrange demeure la personnification la plus éclatante ; l'autre, la tendance géométrique, remonte au berceau même de la science.

Ces deux tendances se retrouvent de notre temps par les diverses méthodes que l'enseignement a successivement adoptées.

La méthode analytique a généralement prévalu dans les cours élémentaires jusqu'à l'année 1850. Elle consiste à ramener immédiatement toutes les questions de dynamique à une question d'analyse. Le théorème général de d'Alembert indique qu'il y a à chaque instant équilibre, à l'aide des liaisons, entre les forces appliquées à un système et les forces d'inertie, dont les expressions analytiques sont connues : on traite cette question d'équilibre par le principe des vitesses virtuelles, et dans chaque cas particulier on déduit de l'équation générale qui traduit analytiquement ce principe autant d'équations distinctes qu'il en faut pour déterminer le mouvement. Cette méthode suppose les liaisons et les forces exprimables analytiquement, ce qu'on ne sait pas encore faire pour tous les problèmes de mécanique appliquée. Aussi n'est-elle.généralement suivie que dans la dynamique abstraite et dans les recherches de la mécanique céleste. Dans ces régions élevées de la science, un problème de mécanique n'est plus qu'un problème particulier d'analyse pure. Lagrange est le véritable auteur de cette transformation. Son œuvre a été poursuivie et complétée par les travaux de Poisson, de Jacoby, de Hamilton, et l'analyse a ainsi largement profité des efforts faits pour pénétrer plus avant dans la connaissance du système du monde.

La méthode géométrique n'a pas tant d'éclat; elle est moins rapide, moins puissante pour la résolution des problèmes compliqués. N'oublions pas cependant qu'entre les mains de Newton elle a fait preuve d'une fécondité pour ainsi dire inépuisable. Son principal avantage.est de développer avec une parfaite justesse le sentiment des vérités de la˙mécanique, et à ce point de vue on doit applaudir aux modifications récemment introduites dans les cours. La géométrie a été l'objet d'un revirement d'idées analogue. Il y a cent ans, les progrès de l'analyse avaient fait presque oublier l'utilité et l'élégance de la géométrie pure, et cette belle science, objet des méditations de tant d'esprits d'élite, était tombée dans un certain discrédit. Monge et Carnot marquèrent pour elle l'époque de la renaissance; depuis, la géométrie n'a plus cessé d'être aimée et cultivée, et M. Poncelet, M. Chasles, ont montré de nos jours quelles riches moissons on pouvait encore recueillir dans ce champ que naguère on regardait comme stérile. La même révolution s'est opérée dans la mécanique, et nous y retrouvons les mêmes hommes. En 1783, Carnot publiait son Essai sur les machines en général, qui devint, en 1803, les Principes fondamentaux de l'équilibre et du mouvement. Dans ce petit ouvrage, Carnot cherchait à ramener la mécanique à des principes sûrs, clairs, entièrement dépouillés du caractère métaphysique qu'on y avait maladroitement introduit; il cherchait des définitions précises pour certains termes vagues sur lesquels les philosophes avaient disputé sans s'entendre; il invoquait enfin l'expérience comme la seule base solide des connaissances humaines. Cette réaction contre des tendances métaphysiques, qui, à vrai dire, n'égaraient plus alors qu'un petit nombre d'esprits attardés, entraîna Carnot un peu trop loin, car il alla jusqu'à contester la légitimité de l'expression de *force*, notion obscure suivant lui, et à laquelle il voulut substituer exclusivement l'idée du mouvement, qui du moins est un fait tombant directement sous l'observation. C'est dans cet ordre d'idées qu'il n'hésitait pas à placer la dynamique avant la statique, bien que la méthode inverse, généralement suivie de son temps, offrît, de son aveu même, beaucoup plus de facilité. Par la même raison, il ne pouvait admettre comme rigoureuse aucune des démonstrations connues de la règle du parallélogramme des forces, «la seule « existence du mot *force* dans l'énoncé de la proposition rendant « cette démonstration impossible par la nature même des choses. » Les perfectionnements des méthodes d'enseignement en partie dues à Carnot n'ont pas justifié tous ses scrupules, et la *force* est restée dans la mécanique comme une notion claire, simple, irréductible, révélée à chacun de nous par la conscience même de nos

efforts musculaires. Son livre n'en a pas moins eu un heureux
effet en appelant l'attention des géomètres sur les principes fondamentaux et en leur faisant bannir de leur exposition quelques
obscurités métaphysiques, dont les intelligences supérieures pouvaient seules percer les ténèbres. A partir de Carnot, la mécanique
est en effet devenue de plus en plus élémentaire. Sa théorie du
choc, ses démonstrations des théorèmes généraux, ses recherches
sur les forces vives et la moindre action donnent d'ailleurs à son
livre une valeur scientifique incontestable.

La mécanique est redevable de bien des progrès à M. Poncelet,
dont le nom et les œuvres reparaîtront souvent dans cet essai. C'est
en 1829 que parut la première édition de son Introduction à la mécanique industrielle, ouvrage extrêmement remarquable, où les
vrais principes sont exposés avec la plus grande clarté.

Le cours fait par M. Poncelet s'adressait à des auditeurs peu
versés dans les mathématiques; aussi le professeur a-t-il eu soin
d'exclure de son ouvrage tout appareil de calcul; des constructions
géométriques lui suffisent pour résoudre la plupart des problèmes.
Dans les questions de mouvement, il a la plus souvent recours
au théorème des forces vives, dont il fait ressortir l'importance et
l'absolue généralité, méconnue par les analystes, ainsi que nous le
dirons tout à l'heure. M. Poncelet est, par son cours de Metz, par
ses leçons de la Sorbonne, enfin par ses beaux travaux de mécanique appliquée autant que par son intervention personnelle dans
les conseils de l'École polytechnique, le principal fondateur du
nouvel enseignement de la dynamique.

S'il était nécessaire de caractériser cet enseignement, nous di-
rions qu'il consiste à mettre en évidence les *théorèmes généraux* contenant les lois du mouvement des points et des systèmes. Ces théorèmes sont tous renfermés dans le théorème de d'Alembert qui
définit l'équilibre dynamique des forces réelles et des forces d'inertie. En vertu du premier théorème général, l'accroissement de la
quantité de mouvement projetée sur un axe quelconque est égal à

la somme des impulsions élémentaires des forces extérieures pendant la période de temps considérée. Le second théorème consiste dans l'égalité entre l'accroissement de la somme des moments des quantités de mouvement par rapport à un axe quelconque, et la somme des moments des impulsions élémentaires des forces extérieures pendant le même intervalle de temps.

La loi du mouvement du centre de gravité est un simple corollaire du premier théorème. Quant au second, on lui donne ordinairement une interprétation géométrique dans un seul cas particulier, celui où la somme des moments des forces par rapport à l'axe des moments est constamment égale à zéro. On trouve alors le corollaire connu sous le nom de *théorème des aires projetées sur un plan perpendiculaire à l'axe*. Que si la somme des moments des forces extérieures est nulle par rapport à un axe quelconque, le théorème des aires s'applique à tout plan de projection; et parmi tous ces plans, il en est un, celui du couple résultant des moments des quantités de mouvement, qui possède la propriété que les aires projetées y sont maximum, et qu'il conserve un parallélisme absolu dans l'espace. Ces divers corollaires ne s'appliquent qu'à un cas particulier. Il est aisé cependant d'en modifier l'énoncé de manière à y comprendre le cas général où la somme des moments des forces extérieures par rapport à un axe quelconque n'est pas constamment nulle. On doit à M. Résal un nouvel énoncé du théorème des moments des quantités de mouvement : il consiste à construire à partir de l'origine l'axe du couple résultant de ces moments; la vitesse de l'extrémité libre de cet axe sera représentée en grandeur et en direction par l'axe du couple résultant des moments des forces.

On pourrait aussi introduire explicitement dans cet énoncé la notion des aires projetées, et lui donner la forme suivante : l'accélération de la somme des aires décrites par les points du système en projection sur un plan quelconque autour d'un centre pris dans ce plan est égale à la moitié de la somme des moments des forces extérieures autour d'une perpendiculaire au plan menée par le centre des aires.

Le troisième théorème général est celui des forces vives : la moitié de l'accroissement des forces vives du système entre deux positions données est égale à la somme des travaux des forces tant intérieures qu'extérieures, dans le passage de la première position à la seconde.

Tous ces théorèmes sont des égalités où l'on trouve d'un côté du signe *égal* les masses et les vitesses, et de l'autre côté les forces multipliées par certains facteurs, et entrant sous le signe de l'intégration. Des définitions précises ne permettent aucune confusion entre ces idées de *quantité de mouvement,* de *force vive*, dans lesquelles la masse figure avec la vitesse, et ces autres idées d'*impulsion* et de *travail*, dans lesquelles entre la force multipliée soit par une durée, soit par un chemin décrit[1].

Le plus important de tous ces théorèmes est celui des forces vives, et la manière générale dont on l'envisage aujourd'hui n'est pas un des moins grands progrès de la dynamique moderne.

On lui donnait autrefois le nom de *principe de la conservation des forces vives*, et alors il était soumis à certaines restrictions; il fallait d'abord que les forces agissant sur le système matériel pussent être exprimées par des fonctions des coordonnées des points mobiles, indépendantes d'ailleurs du temps et des vitesses : il fallait ensuite que l'expression différentielle du travail élémentaire des forces fût la différentielle complète d'une certaine fonction des coordonnées; enfin il fallait que les équations exprimant les liaisons du système fussent indépendantes du temps, pour qu'on pût attribuer aux divers points mobiles, sans cesser de satisfaire aux liaisons, des déplacements virtuels coïncidant avec leurs déplace-

---

[1] Sur la convenance qu'il y aurait à abandonner l'expression de *force vive* et à adopter l'expression de *puissance vive,* pour représenter la moitié du produit de la masse par le carré de la vitesse, voir la préface de la *Dynamique des systèmes matériels* de M. Bélanger, p. xxii et suiv. Paris, Dunod et Gauthiers-Villars, 1866.

ments effectifs. Sous ces conditions, on disait que le principe de la conservation des forces vives avait lieu; la somme des forces vives reprend en effet la même valeur toutes les fois que le système se trouve revenu à la même position. On a alors une équation intégrale, qu'on peut poser à *priori*, sans rien connaître des trajectoires des divers points, ni des autres circonstances du mouvement.

Dans tous les autres cas, par exemple, lorsque le système se meut dans un milieu résistant, ou lorsqu'il subit un frottement sur les surfaces ou les courbes qui dirigent ses divers points, ou lorsqu'il éprouve des changements brusques de vitesse, ou enfin, lorsque ses liaisons varient avec le temps, on disait que le principe de la conservation des forces vives n'avait pas lieu.

Il était étrange d'adopter ce nom de *principe* pour désigner un fait d'une généralité restreinte par tant d'exceptions. Aujourd'hui le malentendu n'est plus possible; le théorème des forces vives est un vrai théorème, c'est-à-dire l'expression d'une vérité absolue. Dans un système quelconque, l'accroissement de la demi-force vive totale entre deux positions données est égal à la somme des travaux élémentaires de toutes les forces, forces extérieures, forces intérieures et forces provenant des liaisons, qui ont agi sur les points du système dans le passage de la première position à la seconde. Si les liaisons et les forces sont indépendantes du temps, et si l'on exclut les frottements et les résistances des milieux, alors l'équation générale des forces vives perd tous les termes relatifs aux travaux des liaisons et des résistances passives. Mais dans le cas général il y a une intégration à effectuer pour trouver en termes finis le travail des forces, intégration qui a toujours un sens parfaitement précis, lors même qu'elle n'est pas exécutable à *priori*, c'est-à-dire avant qu'on ait déterminé le mouvement réel pris par le système. Ainsi le théorème des forces vives se traduit par une équation différentielle qui est vraie sans exception, mais qui, dans certains cas, est directement intégrable, et dans d'autres ne l'est pas. Les anciens auteurs, préoccupés exclusivement de l'usage analytique du théorème, ne songeaient qu'au premier cas.

Le cas général a cependant une grande importance, et jette un jour bien vif sur toutes les questions de mécanique. Le demi-accroissement de force vive, pris négativement, représente le travail des forces d'inertie; le théorème des forces vives revient donc à exprimer que la somme des travaux de toutes les forces auxquelles le système est soumis, y compris les forces d'inertie, est constamment égale à zéro, conséquence nécessaire de l'équilibre exprimé par le théorème de d'Alembert. La demi-force vive d'une machine en mouvement représente, à un instant donné, tout le travail résistant que la machine est capable d'accomplir, jusqu'à extinction de sa vitesse, sans intervention d'aucun travail moteur. Comme les machines sont généralement à liaisons complètes, il suffit d'une équation pour en définir le mouvement, et l'équation des forces vives est en général celle que l'on doit préférer, parce qu'elle fait intervenir les quantités de travail dont l'évaluation intéresse particulièrement l'industrie. A un point de vue plus général, tout mouvement d'un système matériel est une suite non interrompue de transformations de demi-forces vives en travail, et de travail en demi-forces vives; et si l'on constate la disparition d'une partie de la force vive d'un système, sans production correspondante de travail, on est certain que cette disparition n'est qu'apparente; la force vive supposée perdue se retrouve tout entière dans le mouvement vibratoire produit : c'est ainsi qu'on doit interpréter cette locution de *force vive perdue,* qu'on emploie dans les théorèmes relatifs au choc, et qui représente en réalité une force vive dissimulée dans les vibrations des molécules. On peut aller plus loin : imaginons, d'après l'hypothèse qui domine toute la physique moderne, que les corps soient composés de molécules soumises à des forces mutuelles, attractives ou répulsives, variables avec la distance qui sépare les molécules les unes des autres. Cette hypothèse ramène les systèmes considérés dans la mécanique à

des points matériels libres, sollicités par des forces mutuelles; c'est
là, en dernière analyse, ce qui se passe dans la nature, et toutes
ces notions de *liaisons*, de *surfaces* ou de *courbes directrices*, de *frottement*, de *résistance des milieux*, ne sont que des fictions plus ou
moins grossières destinées à suppléer à notre ignorance des lois
des vraies forces naturelles. L'équation des forces vives, appliquée
à un système quelconque envisagé à ce point de vue général, est
nécessairement intégrable par quadratures, et la conservation des
forces vives reparaît dans ce problème général, qui englobe tous
les problèmes particuliers. Les exceptions à ce grand principe, ne
pouvant être qu'apparentes, demandent à être convenablement
interprétées. La théorie mécanique de la chaleur est une conséquence de la théorie des forces vives ainsi entendue.

A un point de vue exclusivement analytique, l'équation des
forces vives ne suffit pas toujours à déterminer le mouvement
d'un système; mais on peut dire que la considération des forces
vives entre dans toutes les questions de mécanique analytique. La
différence entre la demi-force vive et la fonction des forces constitue une fonction qui, dans les équations canoniques, donne, par
ses dérivées partielles, les vitesses des diverses variables à exprimer
en fonction du temps.

Le théorème des forces vives est encore d'un usage indispensable
en statique, quand il s'agit de vérifier si l'équilibre d'un système est
stable ou non.

Enfin un caractère bien frappant du théorème des forces vives,
c'est que, moyennant une condition de minimum, on peut en
faire sortir toutes les équations de la mécanique. Si l'on suppose
les liaisons et les forces indépendantes du temps et des vitesses,
et si l'on admet que l'équation des forces vives soit intégrable
à priori, il suffit d'exprimer le minimum de la somme des produits
que l'on obtient en multipliant les quantités de mouvement des
divers points par les arcs élémentaires décrits dans le passage d'une
position particulière du système à une autre position; cette con-

dition unique achève de déterminer le mouvement, et ramène l'équation des forces vives au théorème général de d'Alembert. C'est ce fait analytique qui, sous le nom de *théorème de la moindre action*, a acquis tant de célébrité au dernier siècle. Maupertuis l'a formulé le premier, mais dans des termes obscurs et métaphysiques, qui lui donnaient un tout autre caractère. Démontré avec rigueur pour le mouvement d'un point unique par Euler, le théorème de la moindre action a été enfin ramené à son sens exclusivement analytique par Lagrange, qui, au moyen du calcul des variations, l'a étendu au mouvement d'un système. Lagrange eut d'abord l'intention d'en faire, avec le théorème des forces vives, la base de sa Mécanique analytique; plus tard, il reconnut l'avantage de la méthode qui consiste à employer le théorème de d'Alembert et la considération des travaux virtuels. Le théorème de la moindre action perdit alors de son importance. Il a été maintenu quelque temps dans les traités de mécanique élémentaire. Mais on ne le démontrait qu'à l'aide du calcul des variations, et lorsqu'on a abandonné la méthode purement analytique, il s'est trouvé par cela même entièrement négligé. Peut-être est-ce à tort. On peut en effet le démontrer rigoureusement sans avoir recours au calcul des variations, et par des raisonnements géométriques aussi élémentaires que ceux qu'on présente journellement aux élèves de nos écoles [1]. D'un autre côté, le théorème de la moindre action, s'il n'a pas d'application usuelle, a du moins l'avantage de montrer clairement le caractère individuel de l'équation des forces vives, qui s'isole de toutes les autres équations du mouvement et les renferme toutes sous une condition unique. Enfin l'importance historique du théorème mériterait de fixer l'attention, et aurait pour résultat de

---

[1] C'est à quoi nous sommes parvenu dans un mémoire encore inédit. La méthode que nous avons suivie nous fournit une nouvelle équation, qu'on pourrait facilement déduire de la comparaison des composantes normale et tangentielle de la force dans le mouvement d'un point libre. Cette équation donne, indépendamment du temps, et en fonction de quantités angulaires, les rapports des vitesses du point mobile en deux points quelconques de sa trajectoire. (Ed. C.)

prémunir les élèves contre certains égarements auxquels l'esprit semble naturellement exposé. Cette idée d'un minimum dans les phénomènes naturels, qui prend sa source dans une doctrine d'optimisme sincère ou dissimulé, est, quand on y regarde de près, une idée confuse qui ne peut avoir de valeur scientifique. Appliquée au mouvement, elle y suppose une indétermination qui n'y existe pas, et qu'on n'introduit qu'au moyen d'une fiction géométrique. Le procédé suivi pour cela consiste à effacer certaines équations qu'on retrouve ensuite après un détour convenablement choisi. Mais la solution du problème étant bien définie d'avance, on peut contrôler par la justesse du résultat la légitimité de ce détour arbitraire. Si l'on veut appliquer un procédé analogue à d'autres questions de philosophie naturelle, pour lesquelles les équations connues sont en nombre insuffisant, on fait disparaître, par la recherche d'un minimum, l'indétermination qui doit y subsister comme la traduction fidèle de notre ignorance, et l'on tombe dans une voie arbitraire qui peut mener à des conclusions tout à fait inexactes. Maupertuis avait lui-même senti le danger du principe qu'il devait proposer deux ans plus tard comme base de la mécanique, lorsqu'il écrivait en 1744 : « Nous ne connaissons pas « assez *quel est le but* de la nature, et nous pouvons nous méprendre « sur la quantité que nous devons regarder comme sa dépense « dans la production de ses effets. » Quelques mots d'histoire à propos de la moindre action ne seraient pas déplacés dans un cours de mécanique élémentaire, et suffiraient peut-être pour garantir les élèves contre ce qu'il peut y avoir de séduisant dans certaines théories hasardées.

Les théorèmes généraux, et notamment le théorème de la quantité de mouvement, font voir qu'une force, si grande qu'elle soit, ne peut produire d'effet sur un point matériel qu'à la condition d'agir sur ce point pendant un temps appréciable. Par là se trouve repoussée la notion des forces instantanées, admise autrefois dans la mécanique. Il n'y a pas de force instantanée dans le sens strict attaché à ces mots. Cependant certaines forces très-grandes peuvent agir sur des points matériels pendant un temps tellement court que les positions de ces points soient à peine altérées pendant cet intervalle de temps, et que la seule modification sensible introduite dans le mouvement du système porte sur les vitesses de ces points. On substitue par ces hypothèses des équations approximatives aux équations rigoureuses, mais l'erreur commise demeure assez petite pour qu'on doive la regarder comme insignifiante. On peut appeler alors *forces instantanées* non pas les forces elles-mêmes qui agissent sur les points matériels, mais les impulsions de ces forces, ou les produits des forces par la durée de leur action; et c'est dans ce sens qu'on dit que le théorème de d'Alembert est encore vrai quand on l'applique aux forces instantanées, et que les effets des forces instantanées se superposent sans se nuire. Cette locution de *force instantanée* semble du reste un peu vieillie, et l'on préfère employer les mots d'*impulsion*, de *percussion*, qui rappellent la même idée sans faire intervenir le mot *force*. Quels que soient les mots employés, la fiction des forces instantanées ne peut tromper personne. Une force agit pendant un temps fini ou n'agit pas; et si le temps est trop court pour pouvoir être apprécié, la seule quantité qui soit susceptible de mesure est le produit de la force par la durée de son action, lequel est donné par la quantité de mouvement communiquée par la force au point auquel elle a été appliquée. Il est impossible de ne pas saisir l'analogie des impulsions ainsi définies avec les résultantes, tout aussi fictives, que l'on considère dans la théorie de l'élasticité et de la résistance des corps solides. En réalité, il n'y a dans la nature aucune force finie isolée; les forces sont du même ordre de grandeur que les points matériels qu'elles sollicitent. Autrement, une force finie, isolée, surpasserait la résistance que le corps est capable de développer au point unique où il en subirait l'action. Les tassements, les déformations, créent des régions finies de contact autour de ces points, par lesquels les corps sont appelés à réagir les uns sur les

autres. On n'en admet pas moins l'existence de forces finies appliquées en des points géométriques pour représenter les résultantes
des actions réparties sur les divers éléments des régions de contact. Ces résultantes sont de véritables intégrales d'actions élémentaires distribuées sur une région très-petite, de même que les
impulsions ou forces instantanées sont des intégrales d'actions élé-
mentai es distribuées sur les intervalles successifs infiniment petits
d'une très-courte durée.

La théorie du choc des corps libres est une application des
théorèmes généraux, dans laquelle on peut faire entrer explicitement la doctrine des forces instantanées. Dans les cours élémentaires on n'étudie que le choc direct de deux sphères et le rico-
chet d'une bille élastique venant choquer la bande d'un billard.
On constate une perte de force vive dans le choc des corps parfaitement mous, et la conservation de la force vive dans les corps
parfaitement élastiques. Les anciens traités admettaient un troisième cas, celui des corps parfaitement durs; mais cette hypothèse
est abandonnée aujourd'hui, parce qu'il n'y a aucun corps parfaitement dur, si l'on entend par là des solides géométriques invariables, et parce que les solides naturels qu'on peut appeler *durs*
sont aussi des solides élastiques[1].

Le mouvement relatif, une fois étudié dans la cinématique, ne
présente plus aucune difficulté dans la dynamique. Il suffit en effet
de multiplier par la masse du point mobile les diverses accélérations qui composent l'accélération totale, pour en faire les forces
intervenant dans le problème du mouvement d'un point matériel.
On ramènera donc tout problème de mouvement relatif à un problème de mouvement absolu, en introduisant les forces apparentes,

---

[1] Le problème du choc de deux corps
a été traité par Poisson dans son Cours
de mécanique, par Coriolis dans sa Théorie mathématique du jeu de billard, par
M. Phillips dans sa thèse de Mécanique
(1849). — La théorie des percussions a
été étudiée en grand détail par Poinsot
(*Sur la percussion des corps,* 1857, dans
le *Journal de mathématiques*).

qui dans le cas général sont au nombre de deux : l'une est la force d'inertie d'entraînement du point mobile supposé lié invariablement aux axes auxquels le mouvement relatif est rapporté; l'autre est la force centrifuge composée, qui renferme en facteurs la vitesse relative, la vitesse angulaire du système de comparaison autour de l'axe instantané de rotation, et le sinus de l'angle compris entre la vitesse relative et cet axe. Les théorèmes généraux établis pour le mouvement absolu s'appliquent au mouvement relatif, moyennant l'adjonction de ces forces apparentes. Il arrive généralement que les théorèmes résultants admettent certaines simplifications notables. Par exemple, le théorème des forces vives dans le mouvement relatif élimine entièrement la force centrifuge composée, dont le travail est constamment nul, parce qu'elle a une direction normale à la trajectoire relative. De même, si l'on rapporte le mouvement à des axes de direction constante menés par le centre de gravité du système mobile, les forces centrifuges composées seront toutes nulles, puisque le mouvement d'entraînement est une translation pure; et les forces d'inertie d'entraînement, toutes parallèles et proportionnelles aux masses, auront une résultante égale à leur somme et passant par le centre de gravité : ces forces ne produiront donc aucun travail dans le mouvement relatif du système, et elles auront un moment nul par rapport aux axes. Elles n'interviendront donc ni dans l'équation des forces vives, ni dans les équations des moments des quantités de mouvement par rapport aux axes mobiles.

Cette manière de rapporter le mouvement d'un système à des axes menés par le centre de gravité et entraînés dans son mouvement parallèlement à eux-mêmes conduit à décomposer la force vive du système en deux parts : l'une est la force vive de la masse entière concentrée en son centre de gravité, l'autre la force vive correspondante au mouvement relatif au centre de gravité. La somme des moments des quantités de mouvement par rapport à des axes mobiles se prête à une décomposition toute semblable.

Pour appliquer ces principes au système solaire pris dans sa totalité, il n'y a pas de force apparente à introduire; car le mouvement d'entraînement étant une translation, la force centrifuge composée est nulle, et comme le centre de gravité se meut uniformément en ligne droite, la force d'inertie d'entraînement est nulle également. On peut donc faire abstraction complète du mouvement du centre de gravité, et le regarder comme un point fixe. Le plan du maximum des aires, qui a une direction constante, a reçu de Laplace, dans ce cas particulier, le nom de *plan invariable.*

La théorie du mouvement relatif a des applications nombreuses dans l'étude de certaines machines et dans l'examen des phénomènes que l'on observe à la surface de la terre. Le mouvement d'entraînement du globe terrestre se compose d'une translation dans l'espace et d'une rotation autour d'un axe sensiblement fixe, passant par le centre de la terre. On commence par faire abstraction de la translation. Le globe terrestre étant donc considéré comme uniquement animé d'une rotation autour de son axe, le poids d'un corps sera la résultante de l'attraction exercée par le globe sur ce corps et de la force centrifuge : la direction de cette résultante est la verticale. Le poids d'un même corps est ainsi d'un lieu à un autre une quantité variable. Tant que le corps est en repos relatif, il n'est soumis qu'à ces deux forces; mais s'il prend un mouvement, la force centrifuge composée intervient pour faire dévier latéralement sa trajectoire apparente. Il est facile de calculer approximativement la valeur de cette déviation pour un corps qui tombe librement d'une grande hauteur, et une observation faite dans les mines de Freyberg confirme les résultats de ce calcul. On a ainsi une preuve palpable, pour ainsi dire, du mouvement de rotation de la terre. La même déviation latérale se manifeste dans d'autres phénomènes naturels : les boulets lancés à grande vitesse, les grands fleuves qui coulent dans la direction du méridien, surtout sous les latitudes un peu élevées, ont une tendance à appuyer d'un côté déterminé, et cette tendance est susceptible d'une évaluation numérique. Les effets, il est vrai, sont ici trop complexes pour pouvoir servir à démontrer la réalité de la rotation de la terre. Mais le mouvement du globe devient sensible dans la célèbre expérience faite en 1851, par M. Foucault, sur un grand pendule suspendu à la coupole du Panthéon. Le plan d'oscillation du pendule, au lieu de rester fixe par rapport aux objets environnants, paraît animé d'un mouvement de rotation uniforme autour de la verticale. Si l'expérience se faisait au pôle boréal, ce mouvement relatif ferait décrire au plan du pendule un tour entier en vingt-quatre heures, dans le sens même du mouvement apparent du soleil. A une autre latitude, la durée du tour entier augmente proportionnellement à l'inverse du sinus de la latitude. La rotation apparente change de sens dans l'hémisphère austral : à l'équateur le plan du pendule reste immobile. On peut donner une explication de ce phénomène, en la fondant seulement sur la décomposition des rotations; mais la véritable explication est celle qui, au lieu de considérations cinématiques insuffisantes, fait intervenir la force centrifuge composée. M. Poncelet, reprenant la question à ce point de vue, qui est le seul exact, a fait voir que le mouvement apparent du pendule de M. Foucault n'était pas toujours une rotation uniforme du plan d'oscillation autour de la verticale. L'expérience de M. Foucault, abstraction faite des petites perturbations constatées par l'analyse, est extrêmement nette et concluante, et a le mérite de rendre le mouvement de la terre sensible à tous les yeux.

La translation de la terre dans l'espace donne lieu aussi à des problèmes de mouvement relatif. Pour suivre la règle, il faut joindre aux forces réelles qui sollicitent un point matériel la force d'inertie d'entraînement du point supposé en repos relatif et entraîné par les axes. Mais le centre de gravité de la terre possède à chaque instant une accélération due aux forces attractives qu'exercent sur notre globe le soleil et les autres corps du système planétaire; la force d'inertie d'entraînement est donc égale et contraire à la résultante des attractions de tous ces corps sur le point matériel considéré, que l'on supposerait placé au centre de gravité

de la terre, tandis que les attractions réelles subies par ce point
sont celles qui correspondent à sa situation effective. En résumé,
le point matériel, en quelque lieu qu'il soit placé sur le globe, subit dans le mouvement relatif les différences de deux forces qui
sont à peu près égales et sensiblement contraires à cause de la petitesse du rayon terrestre. La résultante, presque nulle, varie avec
la position des corps attirants, de sorte que le mouvement relatif
peut être traité comme un mouvement absolu, sauf à introduire,
pour tenir compte de la translation, de petites forces périodiques
qui font varier d'heure en heure le poids des corps et la direction
de la verticale. Considérées sur un corps isolé, ces variations sont
entièrement négligeables, mais elles se manifestent par le phénomène des marées. La masse liquide de l'Océan éprouve en effet
une tendance continue à se mettre en équilibre avec les forces qui
la sollicitent et à amener sa surface libre à couper orthogonale-
ment les verticales, qui oscillent d'une manière incessante. De là
ce mouvement non interrompu de l'Océan qui suit à intervalle
constant le mouvement des corps célestes, et qui se trouve d'ailleurs accentué le long de nos côtes par les obstacles mêmes qui
s'opposent à sa libre propagation.

Pour terminer cette rapide revue des principes de la mécanique
générale, nous devons dire un mot d'un principe très-important et
ordinairement négligé, le principe de la *similitude*. On le trouve
pour la première fois énoncé par Newton. C'est une conséquence
immédiate de l'homogénéité des formules de la dynamique, dans
lesquelles, comme nous l'avons fait remarquer, entrent des quantités de diverses natures. Si l'on considère deux systèmes mobiles
semblables au point de vue géométrique, il faudra, pour que la
similitude dynamique existe et se maintienne pendant le mouvement, que les masses des points homologues soient entre elles dans
un certain rapport constant; que les forces soient entre elles dans
un autre rapport constant, et que le carré du rapport des temps au
bout desquels on compare les positions des deux systèmes pour re-

connaître leur similitude soit égal au produit des rapports de similitude des lignes et des masses divisé par le rapport de similitude
des forces.

Dans des problèmes spéciaux où l'on a à considérer la propagation d'un mouvement vibratoire, on peut rencontrer une similitude d'une autre espèce, une sorte de demi-similitude, dans laquelle, par exemple, le rapport des quantités linéaires n'est pas le
même pour toutes les dimensions[1].

Le principe de Newton était presque oublié, lorsqu'en 1848
M. J. Bertrand, dans une Note insérée au Journal de l'École polytechnique, en donna une démonstration fondée sur la forme même
des équations de la dynamique et en fit de nombreuses et intéressantes applications[2]. Depuis, M. Reech l'a introduit dans son Cours
élémentaire de mécanique, et il serait à souhaiter qu'il fût universellement enseigné. Il est utile en effet de montrer que cette similitude dynamique a des lois toutes différentes de celles de la
similitude en géométrie. La plupart des inventeurs s'y trompent;
ils déduisent d'expériences faites sur des appareils en petit des conclusions qui deviennent entièrement fausses quand, méconnaissant
les véritables lois de la transformation qu'ils auraient à opérer, ils
les appliquent par la pensée aux appareils exécutés à leur véritable échelle. Galilée, ainsi que le fait observer M. J. Bertrand,

---

[1] Un travail de M. Phillips, encore
inédit au moment où nous écrivons,
donne, sous des formes très-simples, les
conditions de cette espèce de similitude
pour le problème des vibrations d'une
poutre élastique d'un nombre quelconque
de travées, soumise à un nombre quelconque de charges mobiles. Au moyen des
lois posées dans ce mémoire, on pourra
faire sur la vibration des poutres des expériences en petit parfaitement concluantes
pour ce qui aurait lieu à plus grande
échelle. (Voir Comptes rendus de l'Académie des sciences, 3 décembre 1866.) —
M. Stokes avait précédemment indiqué
une solution analogue pour le cas particulier d'un point pesant parcourant une
poutre reposant sur deux appuis. (Trans.
of the Cambridge phil. Society, t. VIII,
part VII, 1849.)

[2] M. Combes avait indiqué l'usage du
principe de la similitude pour la construction des turbines, dans ses Recherches
théoriques et expérimentales sur les roues à
réaction, Paris, Carillan-Gœury et V. Dalmont, 1843, p. 48 et 49.

discute cette difficulté dans ses Dialogues, et montre notamment par des exemples que la résistance des solides semblables ne varie pas proportionnellement à leurs dimensions.

§ 4. DYNAMIQUE SPÉCIALE DES CORPS SOLIDES.

Nous consacrerons un paragraphe particulier à la dynamique des corps solides. On appelle *corps solide*, dans la mécanique rationnelle, un système formé d'un assemblage invariable de points matériels dont les masses et les positions relatives sont supposées connues. Un tel système diffère des solides naturels, d'abord parce qu'un solide naturel se déforme sous l'action des forces qu'on lui applique, ensuite parce qu'un solide naturel est, d'après l'hypothèse de la physique moderne, formé de molécules séparées les unes des autres par des intervalles comparables à leurs propres dimensions, ce qui exclut la continuité admise géoéralement dans la distribution des masses à l'intérieur des solides géométriques. Cette continuité n'est du reste pas une hypothèse nécessaire au point de vue de la mécanique; mais elle simplifie les calculs en permettant de substituer des intégrales de fonctions continues à des sommations que l'on pourrait sans doute indiquer, mais qui seraient impossibles à effectuer dans la pratique. L'observation vient démontrer ensuite qu'il n'y a pas d'erreur sensible à craindre de l'adoption de ce procédé expéditif.

On peut attribuer à un corps solide, au point de vue mécanique, trois situations principales : il peut être entièrement libre dans l'espace; il peut être assujetti à tourner autour d'un point fixe; enfin il peut être assujetti à tourner autour d'un axe fixe. Outre ces trois situations principales, on peut encore considérer celle d'un corps solide assujetti à se mouvoir en touchant constamment une surface fixe sur laquelle il peut rouler ou glisser. Ce dernier problème a été traité par Poisson dans le cas général où la surface directrice est un plan; il en a fait l'application à un ellipsoïde homogène pesant et à la toupie.

On traite sans difficulté, et d'une manière tout à fait élémentaire, la question du roulement d'une sphère ou d'un cylindre sur une surface plane, en tenant compte du frottement qui peut s'exercer entre les deux surfaces en contact. Mais, dans le cas général, le problème du mouvement d'un corps solide sur une surface fixe conduit à des équations très-compliquées.

Les trois autres hypothèses à faire sur la manière d'être d'un corps dans l'espace se réduisent en réalité à deux; car on démontre que, si le corps est entièrement libre, on peut regarder comme fixe son centre de gravité, autour duquel il tourne comme si la translation n'existait pas.

Le mouvement d'un corps solide autour d'un axe fixe est à la fois le cas le plus simple et le plus utile à étudier pour l'application aux machines. Un théorème général, celui des forces vives, ou celui des moments des quantités de mouvement pris par rapport à l'axe de rotation, fait connaître immédiatement l'accélération angulaire. Elle est égale à la somme des moments des forces par rapport à l'axe de rotation, divisée par le *moment d'inertie* du solide autour du même axe. Le moment d'inertie est la somme des produits obtenus en multipliant chacune des masses élémentaires du solide par le carré de sa distance à une droite donnée, qui est ici l'axe de rotation. Si on le multiplie par la vitesse angulaire, le produit représentera la somme des moments des quantités de mouvement; si on le multiplie par le carré de la vitesse angulaire, le produit représentera la force vive totale dans le mouvement de rotation. Les moments d'inertie ont des propriétés géométriques qui font l'objet d'un chapitre à part dans la géométrie des masses. On démontrera, par exemple, comment le moment d'inertie d'un corps autour d'un axe peut se déduire du moment d'inertie du même corps autour d'un second axe mené parallèlement au premier par le centre de gravité. La formule dont on se sert pour exprimer cette opération peut se déduire des principes cinématiques de la décomposition des rotations et du théorème sur la décomposition de la force vive en deux parties. On étudiera ensuite la loi suivant laquelle les moments d'inertie varient autour des droites issues d'un même point, ce qui conduit à la construction d'une surface ellipsoïdale, que l'on obtient en portant sur chaque direction une longueur proportionnelle à l'inverse de la racine carrée du moment d'inertie correspondant.

La surface ainsi construite a reçu de Poinsot le nom d'*ellipsoïde central*. La considération de cette surface est fort utile dans le problème du mouvement d'un corps solide. Elle permet d'exprimer très-simplement le moment d'inertie du corps autour d'une direction quelconque, connaissant ses moments d'inertie autour de ses axes principaux et les angles formés par la direction avec ces axes. On peut aussi substituer à cette représentation dans l'espace une représentation plane dans un système particulier de coordonnées, en observant que les trois moments d'inertie principaux d'un même corps ont entre eux une telle relation de grandeur qu'on peut toujours construire un triangle dont les côtés leur soient respectivement proportionnels[1].

Après avoir déterminé le mouvement d'un corps solide autour d'un axe fixe, on doit chercher les pressions exercées sur l'axe pendant le mouvement. L'application des six équations d'équilibre du corps solide, en y comprenant les forces d'inertie, résout cette nouvelle question. On en déduit les diverses conditions nécessaires pour que la rotation persiste autour d'un axe qui n'aurait qu'un point fixe, ou même d'un axe qui n'aurait aucun point fixe. Dans le premier cas, l'axe est un *axe principal* ou un *axe permanent* de rotation; dans le second, l'axe est un *axe naturel*, et passe par le centre de gravité du corps. Dans certains cas, les forces d'inertie d'un corps doué d'un mouvement de rotation ont une résultante unique, égale à la force d'inertie de la masse entière concentrée en son centre de gravité, et appliquée, non pas au centre de gravité, mais au centre de percussion conjugué de l'axe. Il faut pour cela

---

[1] Voir le *Journal de l'Institut* (Société philomathique de Paris, séance du 24 mars 1866).

que l'axe de rotation soit principal. La rotation autour d'un axe non principal peut se maintenir indéfiniment, bien que l'axe n'ait qu'un point fixe, moyennant l'action d'un couple convenablement déterminé. Enfin, si l'on projette un couple sur les trois axes principaux d'inertie, et qu'on détermine séparément les accélérations angulaires autour de ces axes, correspondantes à chacun des couples composants, on reconnaît qu'un corps solide ayant un point fixe, et soumis à une impulsion instantanée, *commence à tourner* autour du diamètre conjugué dans l'ellipsoïde central du plan mené par le point fixe et la force.

Toutes ces propriétés se déduisent sans difficulté de l'emploi pur et simple du théorème de d'Alembert. La considération des pressions sur l'axe est d'une utilité indispensable dans les applications de la mécanique aux machines, et conduit au choix de la meilleure distribution des masses pour les corps tournants.

La théorie du pendule composé n'est qu'un cas particulier de cette théorie générale. Étant donné un pendule composé, on détermine la longueur du pendule simple synchrone. Cette longueur définit un axe d'oscillation réciproque de l'axe de suspension, ce qui fournit pour la mesure de cette longueur un moyen de vérification pratique. Il résulte de cette théorie qu'un corps pesant, suspendu par un axe convenablement choisi, peut donner des oscillations aussi longues qu'on veut, mais que ces oscillations ont un minimum de durée au-dessous duquel on ne peut les faire descendre. L'étude du pendule composé, pour être complète, comprend encore la recherche des perturbations produites par l'action du milieu dans lequel les oscillations s'opèrent. Poisson a démontré que la résistance de l'air, supposée proportionnelle au carré de la vitesse, réduit l'amplitude des oscillations sans en altérer la durée.

La théorie de la percussion trouve ici sa place naturelle. On suppose qu'un corps solide, libre, en repos, reçoive une impulsion de très-courte durée; on sait que l'effet de cette impulsion consistera à communiquer une certaine vitesse au centre de gravité du corps parallèlement à sa propre direction, et à faire tourner en même temps le corps autour d'un axe qui est le diamètre conjugué dans l'ellipsoïde central du plan mené par le centre de gravité et la direction de la force. Si ce diamètre conjugué est un axe principal, la rotation une fois commencée se conservera indéfiniment, et par suite le mouvement réel du corps se composera d'une translation connue du centre de gravité et d'une rotation également connue autour d'un axe perpendiculaire à la translation; ce qui équivaut, en vertu des principes de la cinématique, à une rotation unique, égale à la rotation donnée, mais s'effectuant autour d'un axe parallèle. Le mouvement du corps libre se ramène par ce procédé au roulement d'un cylindre droit à base circulaire sur un plan fixe dans l'espace. Si l'on suppose ensuite qu'on fixe un point du corps, à la rencontre de l'axe instantané, autour duquel la rotation initiale s'effectuerait sous l'action de la percussion qui lui est appliquée, et du plan conduit par la force et le centre de gravité, la rotation se continuera indéfiniment autour de cet axe, et la percussion n'exercera pendant sa durée aucun effort sur le point fixe, puisque ce point supposé libre n'aurait eu aucune tendance à se déplacer. De là la détermination du centre de percussion d'un corps tournant; si l'axe de rotation est un axe principal, il existe un point conjugué où le corps peut recevoir un choc sans que l'axe en éprouve aucune action. Poinsot a consacré à l'étude des percussions l'un de ses derniers mémoires (1857).

On en trouve une application dans le pendule balistique : le boulet doit frapper le pendule au centre de percussion, pour que le choc ne détériore pas l'axe auquel l'appareil est suspendu. S'il en est ainsi, la durée des oscillations du pendule sera la même avant et après l'incorporation du boulet. Enfin le déplacement angulaire du pendule, constaté au moyen d'un curseur, fait connaître sa vitesse au moment où il quitte la verticale, et par suite la vitesse du projectile au moment où le choc a commencé.

La rotation d'un corps solide autour d'un point fixe, à laquelle

nous arrivons, constitue un problème. célèbre, qui a exercé les
plus grands analystes, Euler, d'Alembert, Lagrange, Laplace,
Poisson[1]; il était réservé à Poinsot de le traiter d'une manière entièrement neuve, presque sans calculs, et par la simple application
des théorèmes généraux de la mécanique. Le mouvement d'un
corps solide qui a un point fixe ne peut être défini que par trois
équations; et il semble naturel de choisir pour ces équations celles
des moments autour de trois axes de direction constante menés par
ce point fixe. Mais, au lieu de rapporter le mouvement à ces trois
axes fixes, il y a avantage à le décomposer à chaque instant en trois
rotations autour des axes principaux du corps, qui sont entraînés
avec lui. La somme des moments des quantités de mouvement par
rapport à l'un quelconque de ces trois axes s'exprime très-simplement par le produit de la composante de la vitesse angulaire et
du moment d'inertie. On prendra pour variables à déterminer en
fonction du temps les vitesses angulaires projetées sur les axes mobiles; une simple décomposition de moments permettra de trouver
les moments des quantités de mouvement au bout d'un instant
très-court, par rapport à des axes coïncidant en direction avec la
position des axes principaux au commencement de cet instant. De
la variation de ces moments on déduira les équations fondamentales qui donnent, en fonction du couple extérieur projeté sur les
axes mobiles, les valeurs des vitesses angulaires. La considération
du mouvement relatif mène au même résultat d'une manière plus
élégante. Les vitesses angulaires autour des axes mobiles ne sont
d'ailleurs que des variables auxiliaires. Pour introduire les variables
définitives, on fait usage des formules de transformation de coordonnées données par Euler, qu'on peut poser directement, en ra-

---

[1] Euler, *Mémoires de Berlin*, 1750,
1758 et 1760. — D'Alembert, *Traité de
la précession des équinoxes*, 1749. — Lagrange, *Mécanique analytique*, seconde
partie, section IX. (*Mémoires de Berlin*,
1773). — Laplace, *Mécanique céleste*,
l. I, c. vii et l. V. — Poisson, *Traité de
mécanique*, l. III, c. iv, § 2. — On peut
encore citer les travaux de Dubuat, de
Français (1813), etc.

menant par des décompositions les vitesses angulaires autour des axes principaux, qui sont mobiles, à des vitesses angulaires telles que la *précession* et la *nutation*, qui définissent directement le mouvement réel du solide. Poinsot a fait l'étude spéciale du cas où le corps solide est abandonné à lui-même; alors les équations du mouvement se simplifient, et l'emploi des théorèmes généraux permet d'achever la solution sans aucun calcul. Le corps solide se meut de telle sorte que l'ellipsoïde central soit constamment tangent à un plan fixe dans l'espace; le corps, à un instant quelconque, tourne autour du rayon de l'ellipsoïde mené du centre au point de contact avec le plan fixe, et a autour de ce rayon une vitesse angulaire proportionnelle à sa longueur. Le lieu des pôles de rotation instantanée dessine sur l'ellipsoïde une courbe fermée, la *polodie*, dont les arcs viennent successivement s'appliquer sur une autre courbe tracée sur le plan fixe.

La discussion de la solution donne une mesure de la stabilité de la rotation autour des différents axes principaux, et fait reconnaître que l'axe moyen de l'ellipsoïde central ne possède aucune stabilité. Si la rotation a commencé autour de cet axe moyen, et qu'un couple extérieur vienne la déranger, en portant le pôle instantané sur la surface ellipsoïdale, dans une direction et dans un sens convenablement définis, le pôle instantané continue à s'éloigner de sa position primitive et s'approche indéfiniment du sommet opposé de l'ellipsoïde sans pouvoir jamais l'atteindre.

Lorsque l'ellipsoïde central est de révolution, les résultats se simplifient. Au lieu de conserver cette image du mouvement, on peut y substituer le roulement d'un cône circulaire mobile avec le corps sur un cône circulaire fixe dans l'espace. Ce cas particulier est du reste le plus important à traiter, parce qu'il comprend le problème de la rotation des corps célestes, l'un des grands problèmes de l'astronomie analytique. Poinsot, dans un mémoire inséré en 1853 dans le Journal de Mathématiques, en a développé géométriquement la théorie. Il a cherché l'effet d'un couple extérieur, et a donné la solution géométrique générale du problème du mouvement d'un solide de révolution autour d'un point fixe pris sur son axe de figure. La solution présente un cas particulier remarquable, celui où, malgré l'intervention d'un couple extérieur, le mouvement du corps se réduit, comme si le corps était abandonné à lui-même, à une précession uniforme, ou au roulement d'un cône circulaire sur un cône circulaire fixe. Il faut pour cela que le couple extérieur ait une certaine intensité constante, et qu'il ait pour axe la *ligne des nœuds,* ou l'intersection du plan de l'*équateur* de l'ellipsoïde et du plan mené par son centre perpendiculairement à l'axe du cône fixe.

Lorsque le couple extérieur ne satisfait pas à ces conditions, le problème du mouvement d'un solide de révolution est plus compliqué, et exige le secours de l'analyse. La question, déjà traitée par les analystes, en particulier par Lagrange, a été reprise en 1859 par M. Résal, qui, par un choix habile d'axes coordonnés, a simplifié les équations autant qu'elles peuvent l'être. La solution a été développée pour le cas où les forces extérieures se réduisent à la pesanteur. Le couple extérieur a alors pour axe la ligne des nœuds, première condition du mouvement de précession uniforme ; mais, s'il n'a pas l'intensité convenable, le mouvement comprend, outre la précession, une nutation qui fait varier l'angle de l'axe de figure du corps avec la verticale. Plusieurs phénomènes donnent à toutes ces recherches analytiques un intérêt réel. D'abord on a, dans les mouvements de la terre et des planètes, un exemple du mouvement de rotation d'un solide de révolution autour d'un point de son axe de figure. Le centre de gravité du corps tournant peut être considéré comme fixe. Faisant donc abstraction de la translation, on sait que le mouvement de la terre ou de tout autre corps céleste comprend d'abord une rotation autour de son axe de figure, puis une précession en vertu de laquelle l'axe de figure décrit un cône droit circulaire autour d'une ligne fixe dans l'espace, enfin une nutation qui fait varier entre certaines limites l'angle de ces deux directions.

Pour la terre en particulier, la précession, découverte, il y a deux mille ans, par Hipparque, entraîne le pôle du monde et lui fait faire, en vingt-six mille années, un tour entier autour du pôle de l'écliptique; la nutation, découverte par Bradley, est un balancement périodique de quelques secondes de l'axe de la terre autour de sa position moyenne. Si la terre était rigoureusement sphérique, la résultante des actions du soleil et de la lune passerait constamment par son centre et n'influerait pas sur son mouvement de rotation. Mais il n'en est pas ainsi, et le renflement équatorial donne prise aux actions perturbatrices de ces corps attirants, lorsqu'ils sont en dehors du plan de l'équateur.

Si l'on néglige la nutation et la partie périodique de la précession, pour n'attribuer au globe terrestre qu'un mouvement uniforme de précession, d'environ 50 secondes par année, on est ramené au roulement d'un cône circulaire mobile sur un cône circulaire fixe; l'axe instantané de rotation du solide, qui est à chaque instant la génératrice de contact de ces deux cônes, change à la fois dans le corps et dans l'espace, de sorte qu'en s'en tenant à cette première approximation du mouvement de rotation de la terre, on reconnaît qu'il n'existe pas un axe unique autour duquel s'opère réellement la rotation diurne, mais que l'axe de rotation change constamment de direction à la fois dans le globe terrestre et dans l'espace. Le pôle instantané du globe décrit en un jour, autour du pôle géométrique de la surface terrestre, un petit cercle de quelques décimètres de rayon. Il faut en effet qu'au bout d'un an le pôle instantané ait parcouru un arc de 50 secondes sur le cercle décrit autour du pôle de l'écliptique comme centre, avec un rayon sphérique égal à l'obliquité de l'écliptique sur l'équateur. En rapportant ces déplacements à la surface de la terre, dont le rayon polaire est connu, on trouve que chaque jour le pôle effectif de la rotation décrit autour du pôle géométrique de la surface terrestre un cercle d'environ 26 centimètres de rayon. Un déplacement si faible n'a évidemment aucune influence dans l'ordre géographique.

Le mouvement de la toupie est un autre exemple plus élémentaire du mouvement de rotation d'un solide de révolution autour d'un point de son axe de figure. Le poids de la toupie, qui s'applique en son centre de gravité, donne naissance à un couple dont l'axe coïncide avec la ligne des nœuds. Aussi, dans certains cas, le mouvement peut-il se réduire à une précession uniforme. Dans d'autres cas, le mouvement sera beaucoup plus compliqué. D'ailleurs le frottement de la pointe et la résistance de l'air, réduisant graduellement la force vive de la toupie, finissent par masquer les résultats fournis par une analyse où l'on n'a pas tenu compte de ces éléments.

On doit à M. Foucault une expérience des plus remarquables sur la rotation des solides de révolution, l'expérience du gyroscope. On prend un solide de révolution que l'on soutient aux deux extrémités de son axe placé horizontalement; on lui communique un mouvement de rotation très-rapide. Tant que les deux extrémités de l'axe sont soutenues, le poids du solide se partage entre les deux supports suivant la loi de la statique. Mais si l'on supprime brusquement l'un des supports, et que l'autre soit disposé de telle sorte qu'il puisse prendre sans résistance toutes les orientations autour de la verticale, on voit le corps se mettre en mouvement dans un plan sensiblement horizontal autour de l'appui conservé, qui devient ainsi le centre d'une nouvelle rotation. Au mouvement de rotation du corps sur son axe s'ajoute un mouvement de précession sensiblement uniforme. On peut donner une explication sommaire de ce phénomène, qui paraît, au premier abord, bien surprenant. Par suite de la suppression d'un des appuis, le poids du corps et la réaction de l'appui conservé forment un couple dont l'axe est perpendiculaire au plan vertical mené par l'axe de rotation. Pour trouver l'influence de ce couple, il suffira de composer la rotation du corps avec la rotation que lui communiquerait le couple s'il agissait seul, ce qui revient à déplacer l'axe de rotation d'un petit angle en avant de sa position primitive. Ce rai-

sonnement ne suffit pas pour donner la théorie complète du gyroscope, mais il fait pressentir que le mouvement est sensiblement
une précession uniforme, dans laquelle l'axe du solide décrirait un
plan horizontal, ce qui s'accorde avec le résultat de l'expérience.

L'analyse permet de pousser plus loin l'étude du phénomène.
Si d'abord on suppose qu'un corps solide de révolution fixé en un
seul point de son axe de figure soit soumis en un autre point de
cet axe à des forces données, on découvre cette loi approximative,
que, lorsque la vitesse de rotation du corps est très-considérable,
il faut, pour donner à l'axe un certain déplacement dans l'espace,
exercer sur lui un effort à peu près normal au déplacement qu'on
veut produire. Pour passer ensuite à l'expérience de M. Foucault,
il suffit de réduire à zéro les forces qu'on supposait appliquées
à l'extrémité libre de l'axe. Le mouvement du solide peut, dans
certains cas, se réduire à une précession uniforme, moyennant
qu'on imprime à l'axe, au moment où l'on supprime l'appui, une
vitesse de précession convenablement choisie. Si l'on se contente
de supprimer l'appui, sans donner à l'axe aucune vitesse initiale,
et c'est ce qui a lieu dans l'expérience telle qu'on la fait ordinairement, le mouvement de l'axe comprendra, en outre de la précession, une petite nutation, dont l'amplitude et la période peuvent
être approximativement calculées. La petitesse de ce dernier mouvement le dérobe à la vue de l'observateur.

Le gyroscope de M. Foucault, la balance gyroscopique de M. Jes-
sel et de M. Plücker, l'appareil de Bohnenberger, servent à mettre
en évidence ces curieuses propriétés du mouvement des systèmes
solides, et permettent d'apprécier avec justesse l'influence de l'inertie. Le théorème de Poinsot sur le mouvement d'un corps libre en
complète la notion, car il ajoute à la loi simple du mouvement
rectiligne et uniforme du centre de gravité la loi beaucoup plus
complexe du roulement de l'ellipsoïde central sur le plan invariable.
Les appareils gyroscopiques montrent de même les effets vraiment
surprenants de l'inertie dans les mouvements de rotation. Un corps

animé d'une rotation rapide semble doué pour ainsi dire de propriétés nouvelles, et subit d'une manière toute particulière l'effet des perturbations auxquelles son mouvement général est exposé. Ces principes ont trouvé une application pratique dans les armes rayées; la rotation que l'on imprime au projectile autour de son axe de figure, l'évidement qu'on y pratique pour en déplacer le centre de gravité, enfin la forme extérieure par laquelle on peut modifier l'action de l'air, permettent d'atteindre dans le tir une précision qui autrefois eût paru impossible.

§ 5. APPLICATION DE LA DYNAMIQUE AUX MACHINES.

L'établissement d'une machine donne lieu à trois grands problèmes distincts : le premier est un problème de cinématique, qui a pour objet le tracé général de la machine, la recherche du mouvement géométrique que ses parties doivent prendre et des transmissions qui sont nécessaires à cet effet; le deuxième est un problème de dynamique, où l'on fait entrer les forces et les masses, et où l'on cherche la loi du mouvement effectif que le système prendra parmi tous les mouvements géométriquement admissibles, où l'on apprécie le rendement probable de la machine, et où l'on détermine enfin les réactions des diverses parties les unes sur les autres; le troisième est un problème de résistance, qui consiste à vérifier si les dimensions attribuées aux organes de la machine sont suffisantes pour résister aux efforts que ces organes sont appelés à développer.

Nous examinerons dans ce paragraphe plusieurs questions qui rentrent dans le deuxième problème, et qui, se retrouvant dans la plupart des projets de machines à construire, doivent être traitées dans l'enseignement.

La première de ces questions est celle qui a rapport à la détermination des actions mutuelles qu'exercent des corps tournants liés les uns avec les autres.

Étant donnée une série de treuils à axes parallèles, qui se transmettent le mouvement, soit par des engrenages, soit par des courroies; étant données les forces appliquées séparément à chacun de ces treuils, il s'agit de chercher les réactions mutuelles de chaque treuil sur les treuils avec lesquels il est en relation directe. Ce problème a été résolu d'une manière très-élégante par Coriolis, qui substitue aux forces données et aux masses des corps tournants d'autres forces et d'autres masses, réduites à des circonférences animées d'une vitesse linéaire commune. Grâce à cet artifice, la rotation des corps est ramenée pour ainsi dire à un mouvement rectiligne; les équations se simplifient, et les tensions ou pressions inconnues se trouvent en composant convenablement un certain nombre de rapports égaux. La discussion des formules finales présente un grand intérêt pratique; car elle montre l'influence de la répartition des masses sur les variations des actions mutuelles, et elle met en évidence l'utilité des masses additionnelles qu'on emploie dans les ateliers sous le nom de *volants d'outils*.

Nous devons dire un mot ici de la théorie mécanique des cames qui mettent en mouvement les marteaux et les bocards; cette théorie a été faite d'une manière complète par M. Poncelet dans son cours à l'École d'application de Metz. Le mouvement d'un tel système comprend nécessairement trois périodes : la première, celle du choc, présente une application des théorèmes sur le choc et les percussions; l'emploi des masses réduites y est utile pour la simplification des équations; la deuxième est celle du mouvement commun des deux corps en contact, et de leur glissement relatif, depuis la fin du choc jusqu'au moment où ils cessent d'être en prise; enfin la troisième période est celle des mouvements indépendants du marteau, qui s'arrête pour retomber sur l'enclume, et de la came, qui continue son tour à vide pour revenir soulever le marteau. Le mouvement de la came doit être périodiquement uniforme; ce qui exige qu'à chaque tour, le travail moteur dépensé pour la mettre en mouvement soit égal à la somme de tous les travaux résistants qu'elle subit pendant la même période. On est ainsi conduit à calculer la perte de force vive qui se produit dans le choc, et le travail des frottements du marteau sur la came et des tourillons des deux systèmes tournants. L'étude de M. Poncelet sur les marteaux est remarquable par le nombre de détails pratiques qui s'y mêlent à une rigoureuse théorie.

La question des régulateurs est l'une des plus intéressantes de la mécanique appliquée aux machines.

Un régulateur est un appareil destiné à prévenir les trop grandes variations de la vitesse d'une machine, lorsque les résistances viennent à changer notablement. Le plus ancien régulateur est le régulateur à boules, ou régulateur de Watt. Les boules s'écartent de l'axe vertical d'un angle qui varie avec la vitesse de rotation communiquée à l'appareil, vitesse proportionnelle à la vitesse générale de la machine. Si donc le mouvement s'accélère, les boules s'écarteront davantage. On utilise ce déplacement pour fermer partiellement le tuyau d'amenée de la vapeur, ou pour agir sur l'appareil de détente, ou pour abaisser la vanne qui donne l'eau au récepteur hydraulique : il en résulte une diminution du travail moteur, et par suite un ralentissement.

Des appareils de ce genre ont un premier défaut, celui de créer une résistance entièrement passive, pour tenir lieu des résistances, utiles en partie, que l'on a supprimées. Si par exemple la moitié des outils d'un atelier était désembrayée tout à coup, la diminution correspondante des résistances se traduirait par une augmentation de la vitesse de la machine, et cette augmentation serait nuisible au travail des outils dont le mouvement n'est pas suspendu. Le régulateur intervient alors pour remplacer ces résistances par une autre résistance équivalente, par exemple celle qu'éprouve la vapeur à traverser un orifice étranglé ; mais parmi les premières résistances il y en avait qui correspondaient à un travail utile, tandis que la résistance qui y est substituée représente seulement un travail passif. Il serait certainement préférable qu'on pût régler à chaque instant la dépense de travail moteur sur la quantité de travail utile à produire; qu'on pût, par exemple, dans la machine à vapeur, réduire le travail moteur en économisant le combustible. Mais un tel idéal est loin d'être réalisé, et ce premier défaut, commun à tous les régulateurs, est un de ceux auxquels l'industrie est forcée de se résigner en pratique.

Le régulateur de Watt a un autre défaut beaucoup plus grave, celui de ne pas satisfaire aux vraies conditions du problème qu'il a pour but de résoudre. L'écartement des boules y dépend, avons-nous dit, de la vitesse de rotation communiquée à l'appareil; les boules s'écartent quand cette vitesse augmente, elles se rapprochent quand elle diminue; ces oscillations entraînent des oscillations analogues dans l'obturateur qui règle l'admission plus ou moins libre du fluide moteur. Ainsi, une augmentation de vitesse communiquée à la machine produit d'abord un écartement des boules, d'où résulte une diminution du travail moteur, et par suite un ralentissement; mais ce ralentissement, rapprochant les boules, rend au travail moteur sa valeur primitive et provoque une nouvelle accélération. On obtient donc, au moyen du régulateur de Watt, non pas un équilibre stable, mais une série d'oscillations des boules et une série correspondante d'accélérations et de ralentissements dans la machine, qui ne peut retrouver l'uniformité de son mouvement[1].

On a cherché à corriger le vice de l'appareil de Watt. Les premiers perfectionnements essayés ont consisté à modifier la transmission entre le régulateur et l'organe qui influe directement sur l'intensité de la puissance motrice. Il est possible en effet d'imaginer entre ces deux pièces une liaison telle, que les boules en s'écartant ferment la valve, mais qu'en rétrogradant à leur position normale elles n'en modifient pas l'ouverture. On obtient de cette manière un régulateur qui permet de maintenir la vitesse de

---

[1] On ne peut parler du régulateur de Watt sans signaler la belle étude qui en a été faite par le général Poncelet, et dans laquelle il a tenu compte des influences qu'on néglige ordinairement: frottements, masses des tiges et du manchon, etc.

la machine entre des limites déterminées, ce qui suffit dans la pratique.

On a maintenant des appareils beaucoup plus perfectionnés, qui ont la propriété de maintenir exactement la vitesse normale de la machine. Ce sont de vrais appareils à équilibre indifférent. Dans le régulateur de Watt, les boules, animées d'un mouvement de rotation autour de l'axe vertical, se tiennent en équilibre relatif dans la position où il y a équilibre entre leur poids, la force centrifuge et la réaction des tiges de suspension. Cette condition est remplie quand la tige de suspension fait avec l'axe un angle d'écart qui varie avec la vitesse. Si, au lieu de cela, on assujettit la boule à décrire, dans le plan vertical où elle se meut, une courbe dont les normales soient en chaque point les résultantes de la pesanteur et de la force centrifuge correspondante à une vitesse de rotation toujours la même, la boule sera en équilibre, à cette vitesse, en tous les points de sa trajectoire; par suite, un écartement des boules, dû à une accélération subite dans la machine, fermera de la quantité convenable la valve d'admission de la vapeur; et, quand le travail moteur sera ainsi ramené à la valeur qu'il doit avoir pour entretenir la vitesse normale, les boules conserveront leur écartement, puisqu'elles se trouvent en équilibre relatif dans cette position comme dans toute autre. Elles ne modifieront donc plus l'ouverture de la valve, comme cela avait lieu dans le régulateur de Watt, par suite de leur tendance à revenir à leur position primitive.

La courbe que doit décrire le centre de la boule pour satisfaire à ces conditions est une parabole; c'est la méridienne de la surface de révolution formée par un liquide pesant en équilibre relatif, quand on lui imprime autour de la verticale une vitesse de rotation égale à la vitesse normale que doit posséder le régulateur. On a cherché à faire suivre cette parabole à la boule; mais des difficultés pratiques ont empêché l'adoption de la solution rigoureuse de ce problème. On ne pouvait en effet faire décrire à la boule la parabole demandée par la géométrie sans multiplier les tiges et les galets et sans faire apparaître des résistances accessoires, nuisibles au libre jeu de l'appareil. M. Farcot a indiqué une solution approximative, qui réussit très-bien dans la pratique : elle consiste à remplacer par un arc de cercle la portion de la parabole que la boule doit parcourir; on fait en sorte que l'arc de cercle imite le plus fidèlement possible l'arc de parabole auquel il est substitué. On obtient de cette manière le *régulateur à bras croisés*, instrument très-pratique et susceptible même de plus de précision qu'on ne serait porté à lui en attribuer au premier abord, car les liaisons du manchon aux tiges des boules peuvent être réglées de telle sorte qu'elles corrigent les petites erreurs dues à la substitution de l'arc de cercle à un arc parabolique.

M. Foucault a récemment inventé un régulateur qui a le mérite d'être entièrement rigoureux, c'est un régulateur à ressort. Au lieu de chercher l'équilibre relatif de la pesanteur et de la force centrifuge, M. Foucault élimine entièrement la pesanteur, en disposant le régulateur de manière que le centre de gravité de toutes ses parties reste fixe dans tous les états successifs par lesquels le système peut passer. De cette manière, la pesanteur n'a aucun effet sur le mouvement de l'appareil, qui fonctionne également bien sous toutes les inclinaisons. Pour tenir en équilibre la force centrifuge, M. Foucault a recours à un ressort à boudin, qui tend à ramener la boule contre l'axe de l'appareil. La tension du ressort, qui est nulle quand la boule est au centre même de la rotation, croît proportionnellement à l'accroissement de longueur qu'il subit ou à l'écart donné à la boule. La force centrifuge croît, à vitesse de rotation égale, proportionnellement au même écart. On peut donc s'arranger pour qu'à une vitesse donnée, il y ait équilibre, dans toutes les positions, entre la force centrifuge et la tension du ressort. En changeant le ressort, on pourra approprier le même régulateur à une autre vitesse normale. L'influence des masses des tiges de suspension et du manchon peut être rigoureusement corrigée, de sorte qu'on a, en définitive, un appareil parfaitement exact, très-simple et qui rend à l'industrie les meilleurs services. M. Foucault a montré d'ailleurs qu'on pouvait donner à son régulateur des dispositions très-variées.

Nous devons citer, avant de quitter les régulateurs, l'appareil à contre-poids de M. Charbonnier, solution approximative fort ingénieuse des difficultés que présente l'emploi du régulateur de Watt.

Les volants ont pour objet, dans les machines à arbre tournant, de resserrer entre deux limites suffisamment voisines les vitesses de rotation, variables pendant la durée du tour entier de la machine. On admet que le travail moteur et le travail résistant soient réglés de telle sorte que le mouvement se reproduise périodiquement à chaque tour; cela posé, on détermine les positions de la machine correspondantes au minimum et au maximum des vitesses : une discussion est quelquefois nécessaire pour distinguer ces valeurs les unes des autres. Une fois cette discussion faite, on applique l'équation des forces vives au mouvement de la machine dans le passage de la position où la vitesse est la plus petite possible à la position où elle est la plus grande; cette équation renfermera la plus grande et la plus petite valeur de la vitesse de rotation. On admet par approximation que la vitesse moyenne de l'arbre tournant est la demi-somme de ces valeurs extrêmes de la vitesse, et l'on cherche quel moment d'inertie il faut attribuer au système tournant pour que la différence de ces deux valeurs extrêmes soit une fraction déterminée de la vitesse moyenne.

Connaissant la répartition des masses de l'arbre tournant et de ses parties essentielles, on en déduit le moment d'inertie que doit posséder le volant pour compléter le moment d'inertie nécessaire. Reste ensuite à déterminer la meilleure manière de former ce moment d'inertie : si l'on augmente le rayon du volant, on diminue son poids et les frottements des tourillons, mais on augmente la tendance à la rupture de la couronne et à la flexion des bras; en diminuant le rayon, on donne au volant plus de résistance, mais on augmente les frottements de la machine.

La détermination des volants se fait d'une manière générale, soit à l'aide du calcul, soit à l'aide d'une épure; ce dernier procédé est le plus commode lorsqu'il s'agit d'une machine soumise à des forces dont on ne peut donner simplement les expressions analytiques. Lorsqu'au contraire la machine rentre dans les cas usuels des bielles simples ou doubles, à simple ou à double effet, et qu'on suppose la puissance et la résistance constantes, le calcul conduit à des résultats d'une grande simplicité. Il est vrai que pour ces calculs il est d'usage de supposer que les bielles ont une longueur indéfinie, hypothèse très-peu exacte, car l'obliquité des bielles a une influence sensible sur les résultats. Les volants sont indispensables pour régulariser le mouvement des machines à vapeur, et c'est à ces masses additionnelles qu'on doit la possibilité, longtemps contestée, d'employer la vapeur comme force motrice dans les usines où le travail doit être extrêmement régulier, par exemple dans les filatures. Autrefois les moteurs hydrauliques étaient seuls jugés capables de fournir la marche suffisamment uniforme que réclame ce genre de fabrication. La théorie des volants a trouvé ainsi une application utile; cette théorie est d'ailleurs toute moderne. Les premiers calculs ont été donnés par Navier dans son édition de l'Architecture hydraulique de Bélidor; Coriolis a traité ensuite la question de la détermination du volant pour une machine à vapeur à balancier, en tenant compte de la masse de cette lourde pièce. M. Poncelet enfin a complété la théorie et l'a réduite, pour les cas principaux, à un petit nombre de règles pratiques suivies aujourd'hui par tous les constructeurs.

La théorie des volants met en lumière l'influence des masses sur la régularité d'un mouvement périodique. La machine tend-elle à accélérer son mouvement, une partie de l'excès du travail moteur qu'elle reçoit est employée à communiquer au volant un accroissement de vitesse ou de force vive; si au contraire la ma-

chine tend à se ralentir, le volant entraîne la machine, en transformant une partie de sa force vive en travail moteur. Le volant est,
comme on l'a dit, un réservoir de force vive, qui accumule le travail moteur lorsqu'il est en excès, et qui le rend à la machine quand
il est en défaut. « C'est comme un banquier, disait M. Edmond Bour
« dans ses leçons à l'École polytechnique, qui fait entrer dans sa
« caisse, sous forme de force vive, les épargnes de travail moteur,
« pour les restituer quand la machine, en se ralentissant, en fait la
« demande. » Cette comparaison est d'autant plus juste, que les résistances passives dues à la présence du volant, absorbant en pure
perte une portion du travail moteur, représentent avec exactitude
les frais de commission prélevés par ce banquier comme salaire de
ses diverses opérations. Les machines destinées à mettre en mouvement de grandes masses n'ont pas besoin d'un volant pour acquérir une marche très-uniforme. On en a un exemple dans la locomotive. Le jeu intérieur de la machine a toute l'irrégularité des
machines à deux bielles et à double effet, avec les complications de
la détente. Mais l'effet produit consiste dans la progression d'un
train beaucoup plus pesant que la machine elle-même, et dès que
cet ensemble a acquis la marche normale, sa vitesse se maintient
d'une manière sensiblement uniforme, sans que le mouvement général subisse de perturbations sensibles à chaque tour des roues
motrices. Le train est le véritable volant de la locomotive[1].

On pourrait aussi comparer l'effet du volant sur le régime d'une
machine à l'effet exercé par la mer sur le climat de ses rivages.
La mer, immense masse d'eau qui s'échauffe et se refroidit peu
d'une saison à l'autre, intervient pour donner de la chaleur aux
terres voisines quand celles-ci se refroidissent, et pour leur en
prendre quand elles s'échauffent. Grâce à cet échange, les pays
baignés par la mer, les petites îles par exemple, jouissent d'un

---

[1] L'influence des masses sur la régularisation des vitesses conduit aussi à
augmenter le poids des maîtresses-tiges
des pompes, dans les puits de mines de
grande profondeur. (Cf. Combes, *Traité
d'exploitation des mines*, t. III, p. 390).

climat très-égal. La mer est donc, au point de vue de la température, une sorte de volant qui, par sa seule présence, réduit
l'écart des températures extrêmes dans ce mouvement calorifique
à peu près périodiquement uniforme, qui se renouvelle chaque
année.

Nous venons de voir dans les volants l'effet des masses; les
contre-poids agissent à la fois sur les machines par leurs masses
et par leur poids. Mais, s'ils tendent par leurs masses à régulariser
le mouvement à la façon d'un volant, ils ont l'inconvénient, dans
les grandes vitesses, d'exercer sur leurs arbres de rotation des
actions nuisibles, que les volants proprement dits ne développent
pas parce qu'ils sont centrés.

On peut employer un contre-poids pour donner le double effet
à une manivelle à simple effet; il suffit pour cela de régler la position et la grandeur du contre-poids de telle sorte qu'il exerce
sur la machine un travail résistant égal à la moitié du travail
moteur effectué par la bielle pendant la période où elle agit; le
travail moteur absorbé par le contre-poids pendant cette période
sera restitué pendant la période du retour à vide de la bielle. Un
contre-poids attaché au rayon d'un arbre auxiliaire, qui fait deux
tours pendant que l'arbre principal en fait un, servirait de
même à régulariser l'action d'une bielle à double effet. On conçoit
même la possibilité théorique d'arriver, en multipliant les contre-
poids, à régulariser un mouvement circulaire périodique quelconque. On peut, en effet, construire l'épure du travail moteur
et du travail résistant pour un tour entier de la machine; la différence des ordonnées des courbes, dont les aires représentent ces
quantités de travail, donnera une nouvelle courbe traversée par
l'axe des abscisses, et telle que les parties situées au-dessous de cet
axe soient équivalentes en surface aux parties situées au-dessus.
Le mouvement de la machine serait uniforme si cette ligne se ré-
duisait à l'axe des abscisses; or le travail de la pesanteur sur un
contre-poids lié à l'arbre tournant ou à tout autre arbre engre-

nant avec lui sera représenté par l'aire d'une courbe sinusoïdale. On aura donc à chercher des sinusoïdes dont les ordonnées, composées par voie d'addition algébrique avec les ordonnées de la courbe qu'on vient de construire, en ramènent les ordonnées à zéro. Le problème a, comme on le voit, une analogie frappante avec le développement d'une fonction périodique de l'angle de rotation en une série de sinus ou de cosinus des multiples de cet angle.

En pratique, la solution complète de ce problème serait inadmissible, parce qu'elle supposerait généralement un trop grand nombre de contre-poids; mais il y aura souvent avantage à en employer un ou deux, qui devront être déterminés de la manière la plus convenable pour réduire les écarts de la courbe du travail.

Les contre-poids entrent dans les locomotives, mais avec une destination toute différente. Il ne s'agit pas ici, comme nous l'avons vu, de régulariser le mouvement périodique de la machine; il s'agit de donner à la locomotive de la stabilité, et de prévenir les mouvements qu'elle tend à prendre par suite du jeu rapide des différentes pièces de son mécanisme. Le piston a un mouvement de va-et-vient; les roues motrices ont un mouvement circulaire uniforme; la bielle a un mouvement mixte, qui participe à la fois du mouvement circulaire continu et du mouvement rectiligne alternatif; enfin les deux manivelles sont calées à angle droit, d'où résulte que les deux pistons agissent tantôt dans le même sens, tantôt en sens contraire. Si la machine était isolée dans l'espace, et qu'on lui communiquât le mouvement qu'elle prend quand elle est en service, le centre de gravité de l'appareil resterait immobile; le bâti et la chaudière prendraient donc, en sens contraire et proportionnellement aux masses, des déplacements équivalents à ceux qui s'opèrent dans les pièces mobiles du mécanisme. Il existe donc une tendance de la locomotive à se jeter en avant, puis en arrière, à s'élever, puis à descendre en comprimant ses ressorts. On a cherché dans l'application des contre-poids un remède à ces perturbations de l'équilibre. Les premiers travaux sur

cette question sont dus à M. Nollaü, ingénieur à Altona, et remontent à l'année 1849; ceux de M. Lechâtelier sont à peu près
contemporains; ils ont été suivis d'études intéressantes de M. Yvon-
Villarceau[1], de M. Résal, et enfin de M. Couche[2]. Les solutions
proposées ne sont d'ailleurs pas complètes, car il est impossible de
trouver des contre-poids qui, liés invariablement à un rayon des
roues motrices, puissent maintenir dans l'immobilité le centre de
gravité des parties mobiles du mécanisme.

On a d'abord cherché à réduire à zéro les oscillations horizontales, sans s'inquiéter des oscillations verticales; mais la pratique a
mis en évidence les inconvénients de cette solution. En détruisant
complétement les oscillations horizontales, les contre-poids font
naître de nouvelles oscillations verticales, et les variations de pression des roues sur le rail, se produisant toujours au même point de
la jante des roues, y sont, au bout de peu de temps, accusées par
des méplats qui mettent les bandages hors de service. Aussi on a
réduit graduellement les contre-poids, et l'on a renoncé à équilibrer
entièrement l'une des composantes de l'oscillation de la machine,
pour ne pas aggraver les effets des autres composantes. D'ailleurs
les oscillations de la locomotive ne sont pas toutes dues au mouvement relatif du mécanisme; les poussées alternatives de chaque
roue motrice conjuguée, les inégalités de la voie, le mouvement
de lacet entretenu par la conicité des bandages, les défauts du profil
des roues après un certain parcours, tout cela se traduit par des
oscillations sur lesquelles les contre-poids n'ont pas d'effet.

Comme dernier exemple des applications de la dynamique, nous
nous bornerons à citer les perfectionnements introduits dans les
machines à vapeur destinées à la propulsion des bâtiments de la
marine. Le jeu de ces machines doit s'opérer sans entraîner aucun
déplacement du centre de gravité, nuisible à la stabilité du bâtiment. L'importance de ce perfectionnement est surtout sensible

---

[1] *Société des ingénieurs civils*, 1852, — [2] *Annales des mines*, 1853.

dans les machines qui ont une grande puissance, et par suite un poids considérable.

Nous sommes parvenu au bout du chapitre consacré à la mé canique générale; nous résumerons comme il suit cette première partie de notre travail.

Nous avons commencé par indiquer les divisions principales de la mécanique : l'ancienne, qui admet la statique et la dynamique; la nouvelle, qui admet la cinématique et la mécanique propre.

Nous avons présenté le compte rendu sommaire de la cinéma- tique pure, et de la théorie des mécanismes, qui en est l'applica- tion la plus importante.

Ensuite nous avons étudié à part la statique, et nous avons émis nos doutes sur l'utilité du changement qui l'a fait entrer dans la dynamique, en en détruisant l'individualité.

La dynamique a été l'objet d'un troisième paragraphe; nous en avons donné la définition, et nous en avons présenté une histoire abrégée. L'étude expérimentale des forces naturelles, les diverses méthodes d'enseignement, la discussion des théorèmes généraux, la théorie des mouvements relatifs, les applications de cette théorie aux phénomènes terrestres, la théorie des forces vives et de la moindre action, celle des forces instantanées, celle de la similitude en mécanique, ont été successivement passées en revue.

Notre quatrième paragraphe est consacré à la dynamique spé- ciale des corps solides, aux beaux travaux de Poinsot, à la curieuse expérience de M. Foucault et aux autres faits mécaniques qui font apprécier l'influence de l'inertie dans les corps solides en mou- vement.

Notre cinquième et dernier paragraphe comprend les princi- pales applications de la dynamique aux machines, et notamment la théorie des régulateurs, des volants et des contre-poids.

Partout nous avons vu la théorie s'unir intimement à la pra- tique.

CHAPITRE II.

MÉCANIQUE DES FLUIDES.

§ 1ᵉʳ. HYDROSTATIQUE.

Les fluides que l'on considère dans les éléments de l'hydrostatique sont des fluides *parfaits*, c'est-à-dire des corps dont les molécules ont la propriété de glisser sans frottement les unes sur les autres. De cette seule propriété résultent les deux principes fondamentaux de l'hydrostatique : *la pression en un point donné d'une masse fluide est la même dans toute direction autour de ce point; la pression exercée par un liquide sur une surface plane infiniment petite est normale à cette surface.* Au moyen de ces deux principes, il est très-facile d'établir tous les théorèmes relatifs aux surfaces de niveau, à la répartition des pressions dans le sein d'une masse liquide en équilibre sous l'action de la pesanteur, à la mesure des pressions exercées par un liquide pesant sur une certaine étendue de la paroi du vase où il est contenu, à la détermination du centre de pression d'une aire plane, etc. La condition générale de l'équilibre d'un liquide soumis en chacun de ses points à des forces données s'exprime au moyen d'une équation unique [1], que l'on peut traduire ainsi : l'accroissement de la pression, d'un point de la masse liquide à un autre point infiniment voisin du premier, est égal au produit de la densité du liquide par le travail élémentaire que produirait la force extérieure rapportée à l'unité de masse, si son point d'application se transportait du premier point au second. Cette égalité conduit à l'équation différentielle des *surfaces de niveau* [2], qui sont normales en chacun de leurs points aux directions correspondantes

---

[1] Euler, *Mémoires de Berlin,* 1755. — [2] Ce nom leur a été donné par Clairaut,

de la résultante des forces extérieures, et le long desquelles les
pressions sont égales : l'équation différentielle des surfaces de niveau
est intégrable si l'équilibre a lieu; l'équilibre est au contraire impossible si cette équation différentielle ne satisfait pas aux conditions d'intégrabilité. On démontre aussi que, dans un fluide en
équilibre, la densité est ou bien constante d'une manière absolue,
ou bien constante pour une même surface de niveau et variable
seulement d'une surface de niveau à l'autre, c'est-à-dire qu'elle
est exprimable par une fonction de la pression. Ce dernier cas se
présente dans l'équilibre d'un gaz.

Le problème de l'équilibre relatif des fluides se ramène comme
toujours à celui de l'équilibre absolu par l'adjonction des forces apparentes.

Lorsqu'au lieu de considérer seulement les fluides parfaits, on
veut tenir compte de certaines propriétés physiques négligées dans
ce premier aperçu, des actions capillaires, par exemple, qui se manifestent, comme on sait, le long des parois des vases et dans les
tubes de petit diamètre, l'hydrostatique n'est plus aussi simple, et
l'on y rencontre une difficulté qui tient en grande partie à l'ignorance où l'on est encore des véritables lois de ces nouvelles forces
qu'on aurait à introduire dans le calcul. C'est à l'expérience à les
déterminer. Jusqu'à présent, malgré des théories ingénieuses, dont
l'une est due à Laplace, on sait peu de chose sur ce sujet. Si l'on
néglige les effets capillaires, les problèmes de l'hydrostatique sont
au contraire assez simples pour servir de base à l'enseignement de
la physique élémentaire. La superposition des liquides de diverses
densités, l'équilibre dans les vases communicants, la théorie du ba-
romètre et du manomètre, sont les applications les plus usuelles
et les plus généralement connues des principes fondamentaux de
la science.

Une des plus belles applications des mêmes principes est celle qui
a été faite, par Clairaut [1] et les grands analystes du dernier siècle,

_____

[1] Clairaut, *Théorie de la figure de la terre,* 1743.

à la détermination de la forme de la terre et aux recherches sur la figure des corps célestes. Ici l'équilibre n'est pas l'équilibre absolu, mais bien l'équilibre relatif; car on ne peut négliger le mouvement de rotation du corps autour de son axe; les actions extérieures des autres corps interviennent de plus, ainsi que la translation du corps dans l'espace, pour modifier à chaque instant les conditions de cet équilibre relatif. De là les marées de la surface de l'Océan.

L'atmosphère terrestre subit toutes ces perturbations; elle éprouve en outre des variations de température dues à l'échauffement inégal que produit le soleil sur les différents points du globe et qui, altérant la densité des diverses couches gazeuses, ne permet pas à l'équilibre de l'atmosphère de subsister pendant un seul instant.

Le nivellement barométrique repose sur la supposition que l'équilibre atmosphérique existe, et, bien qu'à la rigueur cette hypothèse soit inadmissible, il donne des résultats très-exacts si, pour l'exécuter, on a pris des précautions convenables. La formule établie par Laplace dans le livre X de la Mécanique céleste, appliquée en grand par Ramond dans le nivellement des Pyrénées et des montagnes de l'Auvergne[1], complétée depuis par un certain nombre de termes correctifs, permet de trouver rapidement des mesures d'altitude avec une approximation ordinairement très-suffisante. Au point de vue théorique, cette formule n'est pas entièrement satisfaisante; les altérations continuelles des conditions de l'équilibre atmosphérique, première objection qu'on peut y faire, perdent, il est vrai, une partie de leur influence, lorsque l'on compare les hauteurs barométriques observées simultanément aux deux stations dont on cherche la différence d'altitude; elles la perdent mieux encore quand on peut prendre pour chaque station les moyennes d'un grand nombre d'observations. Les conséquences de ce premier vice de la méthode peuvent donc être éliminées

[1] Ramond, *Mémoire sur la formule barométrique de la Mécanique céleste*, Clermont-Ferrand, 1811. (4 Mémoires lus à l'Institut, 1804-1805, 1806, 1808 et 189.)

dans la pratique, mais la formule mérite un autre reproche; elle ne peut tenir un compte rigoureux de la loi suivant laquelle la température de l'air varie avec la hauteur. Cette loi n'étant pour ainsi dire pas connue, on se contente de prendre la demi-somme des températures de l'air à chacune des stations extrêmes, et d'attribuer indistinctement cette température moyenne à toutes les couches intermédiaires. On apprécie grossièrement l'influence de la vapeur d'eau contenue dans l'air, en forçant de quelques dix-millièmes le coefficient de dilatation des gaz qui entre dans l'équation. Malgré toutes ces imperfections, la formule du nivellement barométrique est un guide sûr et fidèle : les voyageurs qui étudient de nouvelles contrées, ceux qui parcourent des pays de montagnes, trouvent fort commode d'avoir dans un appareil portatif et d'une lecture rapide un moyen de nivellement aussi précis.

Nous ne pouvons laisser passer cette question de la répartition des pressions dans l'atmosphère sans dire un mot des aérostats. Depuis l'année 1783, où les frères Montgolfier firent leurs premières tentatives, l'homme sait s'élever dans les airs, et de hardis aéronautes ont atteint ou dépassé ainsi la hauteur des plus hautes montagnes de notre globe. Des essais nombreux ont été faits dans les quinze dernières années pour perfectionner ces appareils. On a augmenté successivement le volume des aérostats pour accroître leur force ascensionnelle en même temps que le poids des chargements. Mais si l'on a pu se maintenir à une certaine hauteur, tous les efforts pour assurer aux ballons une direction définie sont jusqu'à présent restés sans résultat; les vents entraînent le ballon dans la direction où ils soufflent avec une irrésistible puissance. Pour se diriger dans les airs comme le fait l'oiseau, il faudrait réunir dans un même appareil deux qualités que l'oiseau possède, mais qui jusqu'à présent s'excluent dans toutes nos machines : grande puissance et faible poids. Il semble difficile, avec les moyens dont l'homme dispose, de satisfaire à la fois à ces deux conditions [1].

[1] Voir, sur ce sujet, *Revue des Deux-Mondes,* 1er octobre 1850, article de M. Figuier

§ 2. ÉQUILIBRE DES CORPS PLONGÉS DANS LES LIQUIDES.

La recherche de la poussée d'un liquide ou d'un gaz sur un corps solide qui y est plongé en tout ou en partie est un des plus vieux problèmes de la physique. Archimède en a trouvé la solution : « Tout corps plongé dans un liquide, a-t-il dit, perd une partie de « son poids égale au poids du liquide déplacé. Cet énoncé est peu rigoureux, et donne lieu tous les jours à quelque malentendu. C'est une des sources où l'on va le plus fréquemment puiser des essais de mouvement perpétuel. Un inventeur s'appuiera, par exemple, sur le principe d'Archimède pour soutenir qu'un cylindre massif, mobile autour de son axe qu'on suppose placé horizontalement, et formant la paroi latérale d'un vase entièrement rempli d'eau, tend à tourner indéfiniment sur lui-même sans aucune dépense de liquide; car la moitié qui est plongée dans l'eau *perd une partie de son poids*, tandis que la moitié extérieure conserve la totalité du sien. Si, au lieu de cette image trompeuse d'une perte de poids, cet inventeur considérait les poussées du liquide sur le cylindre, il verrait qu'elles sont toutes dirigées vers l'axe de rotation et qu'elles ne peuvent contribuer à mettre le cylindre en mouvement. Le principe d'Archimède demande donc à être convenablement interprété, et s'il avait été tout d'abord énoncé avec une absolue rigueur scientifique, il n'aurait pas eu cette nombreuse postérité illégitime que l'on voit s'accroître encore aujourd'hui. On peut dire en effet que, sur dix projets de mouvement perpétuel, il y en a huit ou neuf dont les auteurs se recommandent d'Archimède, et croient trouver dans son fameux principe un incontestable appui.

La question de la stabilité de l'équilibre d'un solide plongé dans

---

sur *les Aérostats; — Principales Décou-vertes scientifiques,* du même auteur; t II; — *Revue des Deux-Mondes :* 15 novembre 1863, article de M. Blerzy; 1ᵉʳ septembre 1865, *l'Aviation,* par M. Saveney; — M. Ponton d'Amécourt, *Collection de Mémoires sur la locomotion aérienne,* 1865, Gauthier-Villars.

un liquide présente deux cas distincts : l'un très-simple, celui où le corps est entièrement immergé ; l'autre beaucoup plus complexe, celui où le corps flotte à la surface du liquide. Dans le premier cas, il faut pour l'équilibre que le poids du corps soit égal au poids du liquide, à volume égal, et que le centre de gravité du corps et le centre de gravité du volume qu'il occupe soient sur une même verticale ; pour la stabilité, il faut et il suffit que le premier de ces deux points soit au-dessous du second. Ici les résultantes des actions de la pesanteur, d'une part, et des poussées du liquide, de l'autre, ont des points d'application définis, qui restent fixes dans le corps quand on le dérange de sa position. Le corps entièrement plongé est donc dans une situation analogue à celle d'un corps pesant suspendu à un fil. Lorsqu'on étudie le second cas, celui où le corps flotte et s'enfonce partiellement dans le liquide, on reconnaît encore que le poids du corps doit être égal au poids du volume de liquide déplacé par la partie immergée, et que les deux centres de gravité, celui du corps et celui de la partie immergée, doivent être situés sur une même verticale. Mais la question de la stabilité devient bien plus épineuse. En effet, si l'on imprime au corps flottant un déplacement suffisamment petit, ce déplacement modifie généralement la forme et le volume du liquide déplacé, de sorte que le point de passage des résultantes des poussées, point qu'on peut appeler le *centre de carène,* ne conserve pas dans le corps une position fixe ; on n'a donc plus un corps suspendu à un fil par un de ses points bien défini. Pour retrouver cette image, il faudrait admettre que le point d'attache du fil est mobile dans le corps, ce qui ne présente plus aucune idée nette à l'esprit.

Au point de vue pratique, le problème de la stabilité des corps flottants est cependant résolu depuis longtemps, car la navigation en suppose la solution connue, et l'on sait depuis l'antiquité construire des bâtiments doués d'une stabilité suffisante. Mais c'est seulement au XVIIIe siècle que l'on a essayé d'en donner une théorie. La première, due à Bouguer, fort ingénieuse, mais trop peu générale, repose sur la considération du *métacentre*[1]. Le métacentre n'a de définition exacte que pour un corps flottant qui possède un plan de symétrie vertical; si on lui imprime un petit déplacement dans ce plan de symétrie, sous la condition de laisser constante la section immergée, le centre de carène décrira, par suite de ce déplacement, un élément de courbe parfaitement déterminé. Le métacentre est le point où, après le déplacement, la verticale menée par le nouveau centre de carène coupe la position prise au même moment par la droite contenant l'ancien centre de carène et le centre de gravité du corps. C'est, en d'autres termes, le centre de courbure du lieu décrit par le centre de carène dans les déplacements très-petits qu'on imprime au corps sous les conditions que nous venons d'exprimer tout à l'heure. Pour que l'équilibre soit stable, il faut et il suffit que le métacentre soit situé au-dessus du centre de gravité. Si le corps a deux plans de symétrie, à chacun d'eux correspond un métacentre particulier, et la stabilité exige que celui des deux qui est le plus bas soit encore au-dessus du centre de gravité du corps.

Cette théorie est, comme on le voit, fort incomplète. Elle suppose que le corps flottant a un plan de symétrie. Si on essaye en effet de l'appliquer à un corps n'ayant pas de plan de symétrie, ou si, le corps flottant étant supposé symétrique par rapport à un plan, on cherche la position du métacentre pour un déplacement non parallèle à ce plan, le métacentre se trouve défini par l'intersection de deux droites qui ne se rencontrent pas. Même en restreignant les déplacements à ceux qui sont parallèles au plan de symétrie, on peut en imaginer une infinité, et la méthode n'en considère qu'un. Elle réduit donc trop la généralité de la question, en choisissant arbitrairement le déplacement unique dans lequel l'aire transversale de la carène reste constamment la même. Or, si l'on veut affranchir le raisonnement de cette limitation arbitraire, on

---

[1] Bouguer, *Construction des navires,* 1746.

trouve pour le métacentre une infinité de positions possibles, dont quelques-unes peuvent tomber au-dessous du centre de gravité, sans que cependant l'équilibre devienne instable. La théorie du métacentre est donc incomplète et repose sur un raisonnement qui, pris à la lettre, pourrait induire en erreur.

On possède aujourd'hui une théorie qui nous paraît préférable, en ce qu'elle a un caractère de généralité beaucoup plus étendu. On sait que la discussion de l'équation des forces vives permet de juger de la stabilité, de l'instabilité ou de la stabilité conditionnelle d'un système en équilibre. C'est donc rentrer dans les méthodes générales et rationnelles que d'appliquer cette équation à la recherche des conditions de stabilité d'un corps flottant à la surface d'un liquide. M. Duhamel a développé cette méthode. Un corps flottant étant en équilibre, il suppose qu'on lui imprime des vitesses infiniment petites; le corps se trouve ainsi animé d'une certaine force vive, sur laquelle le travail des forces extérieures va agir soit pour l'augmenter, soit pour la réduire. La question est ramenée à chercher comment varie le travail des forces extérieures avec le déplacement subi par le corps. Dans ces forces, M. Duhamel ne fait intervenir que le poids du corps et les poussées *hydrostatiques* du liquide. La discussion des signes des termes de l'équation des forces vives conduit à distinguer les cas où le déplacement initial peut recevoir des accroissements finis, du cas où le déplacement du corps reste essentiellement limité. Ce dernier cas est celui de l'équilibre stable; la formule qui assure cette condition est, chose remarquable, la même formule que fournirait la théorie du métacentre dans les cas restreints où elle serait applicable. Ainsi l'usage de l'équation des forces vives justifie, non pas les raisonnements, mais les résultats usuels obtenus au moyen d'une méthode plus grossière. C'est la démonstration rigoureuse d'une règle découverte par une sorte de divination, et vérifiée du reste par une longue pratique.

La théorie de M. Duhamel est-elle elle-même complète, et le

sujet de la stabilité des corps flottants est-il désormais épuisé ? Loin de là. Nous avons fait ressortir cette circonstance, que M. Duhamel, suivant en cela les hypothèses de la théorie du métacentre, n'admettait dans son équation que les pressions statiques du liquide. Ce point de vue n'est pas assez général ; car il est contradictoire d'imprimer à un corps flottant certaines vitesses, et de traiter les réactions mutuelles du corps et du liquide comme si le repos relatif de ces deux systèmes n'avait pas été troublé. L'imperfection de la théorie est sensible lorsqu'on veut déterminer les lois exactes des oscillations des corps flottants, mais la recherche des conditions de stabilité ne paraît pas beaucoup en souffrir. Il semble évident que le mouvement d'un corps au sein d'une masse fluide ne peut que développer des résistances et des frottements, dont le travail tend à réduire la force vive du corps en mouvement; si la stabilité est assurée sans tenir compte de ces diverses résistances, elle l'est *à fortiori* quand on les introduit dans le calcul. L'expérience confirme cette appréciation, car elle montre que la stabilité ne fait jamais défaut aux bâtiments construits d'après la règle consacrée.

La question est donc entièrement résolue au point de vue des applications, sans l'être au point de vue scientifique. Parmi les efforts récents faits pour compléter la théorie, nous citerons les travaux de M. Reech, destinés à donner à l'ancienne théorie du métacentre un caractère plus rigoureux ; ceux de M. Jordan[1], et ceux de M. Clebsch, qui a cherché à compléter la théorie de M. Duhamel par l'introduction des résistances dynamiques du liquide. Envisagé de cette manière générale, le problème présente des difficultés qui n'ont pas été surmontées jusqu'ici, et rentre en réalité dans le domaine encore bien obscur de l'hydrodynamique.

[1] M. Reech, *Mémoire sur les corps flottants.* (Voir *Comptes rendus de l'Académie des sciences,* 1865, t. I, p. 246.) — M. Jordan. (Même recueil.)

§ 3. HYDRODYNAMIQUE.

Le problème général de l'hydrostatique consiste, en dernière analyse, à chercher la répartition des pressions au sein d'une masse liquide qu'on suppose en équilibre. Le théorème de d'Alembert sur le mouvement des systèmes ramène les questions de mouvement à des questions d'équilibre par la considération des forces d'inertie. On ne sera donc point embarrassé pour étendre les équations de l'hydrostatique au mouvement des fluides : il suffit de les compléter, en ajoutant aux forces extérieures, qui y entrent seules, les forces de l'inertie de l'élément de masse qu'on suppose en mouvement. Dans l'hydrostatique, on n'avait qu'une fonction inconnue, la pression, à exprimer au moyen de trois variables indépendantes, les coordonnées des différents points de la masse liquide. Dans l'hydrodynamique, outre ces trois coordonnées, on a encore à considérer le temps, ce qui fait quatre variables indépendantes; et, au lieu d'une fonction unique de ces variables, on en a quatre à déterminer, savoir : la pression et les projections des vitesses des molécules liquides sur les axes coordonnés. La densité peut être aussi, dans l'hydrostatique comme dans l'hydrodynamique, une variable à exprimer en fonction des variables indépendantes. Mais en général on ne fait sur cette quantité que deux hypothèses : dans l'une, on la suppose constante; dans l'autre, on la regarde comme variable, mais on admet en même temps qu'elle est proportionnelle à la pression. La première hypothèse convient aux liquides, la seconde correspond aux gaz permanents. Le problème de l'hydrodynamique est donc ramené dans tous les cas à la détermination de quatre fonctions dépendant chacune de quatre variables indépendantes. Les équations de l'équilibre dynamique d'un élément parallélépipédique pris dans la masse sont au nombre de trois; pour trouver la quatrième équation nécessaire, on considère la densité du même élément, et l'on cherche la variation que lui font subir les quantités de liquide qui y pénètrent et qui en sortent, pendant un même intervalle de temps très-court, en vertu des vitesses parallèles aux axes qui coexistent en ce point au sein de la masse liquide. On trouve ainsi les quatre équations du problème : ce sont des équations aux dérivées partielles, posées au siècle dernier par d'Alembert, comme une application de son théorème général. On peut remarquer que le point de vue auquel on se place dans l'hydrodynamique est différent de celui de la mécanique proprement dite. Dans cette dernière science, on suit les points mobiles sur la trajectoire le long de laquelle ils se déplacent; ici au contraire, et dans toute l'hydraulique, on observe les vitesses des diverses molécules fluides qui viennent successivement passer en des points géométriques fixes. Si l'on connaissait pour tous les points géométriques de l'espace les valeurs successives des composantes des vitesses de chaque molécule dans la suite des temps, il est clair qu'on pourrait revenir du second point de vue au premier, et trouver la loi du mouvement de chaque molécule individuelle.

Mais on est bien loin de posséder cette solution complète. Les équations de l'hydrodynamique, maniées par les plus grands géomètres, ont mérité l'épithète de *rebelles*, et ont rebuté tous leurs efforts. On comprend d'ailleurs que la question soit d'une complication extrême tant qu'on lui laisse toute son étendue. Une masse liquide, animée d'un mouvement absolument quelconque, change de forme, abandonne certaines portions de l'espace qu'elle occupait, pour occuper d'autres portions primitivement vides; certaines parties, semblables à la vague qui déferle, perdent leur continuité et se résolvent en une pluie de molécules indépendantes les unes des autres. Si l'on admet à l'origine du mouvement plusieurs liquides superposés, de densités différentes, le mouvement pourra, dans certains cas, les laisser disposés par couches séparées; dans d'autres cas, les mêler ensemble. Mille accidents semblables devraient être englobés dans la solution générale. Cette solution serait exprimable avec les caractères connus de l'analyse, qu'elle serait vraisemblablement d'un faible secours. Une autre difficulté se manifeste encore dans ce problème général. Les forces extérieures dont on tient compte dans l'hydrostatique ont des expressions analytiques simples, qui se prêtent aux besoins du calcul, et le plus souvent on peut sans erreur y négliger les forces capillaires, pour s'en tenir à la pesanteur, à la force centrifuge, etc. c'est-à-dire à des forces dont les lois sont bien connues. Au contraire, la viscosité joue, dans les liquides en mouvement, un rôle qui n'est plus négligeable; et, bien qu'en principe l'équilibre dynamique ne diffère pas de l'équilibre statique, les équations de l'hydrodynamique doivent admettre certaines forces dont les expressions sont ou très-compliquées, ou complétement inconnues, et dont les équations de l'hydrostatique se trouvaient naturellement affranchies.

En résumé, on n'a pas tiré grand parti jusqu'à présent des équations aux dérivées partielles de l'hydrodynamique. On s'est borné à l'étude de quelques cas particuliers. On a réduit la généralité des équations par des restrictions plus ou moins arbitraires. Le plus remarquable et le plus utile des cas particuliers qu'on étudie est celui où l'on suppose le *régime permanent*. Le mouvement est alors entretenu de telle sorte qu'à chaque instant, en un même point donné, passe une molécule de masse donnée, animée d'une vitesse dont la grandeur et la direction sont constantes. Le régime permanent est une sorte d'intermédiaire entre le mouvement pris en général et le repos ou l'équilibre. Dans cette hypothèse, les équations générales se simplifient; si l'on réduit les forces extérieures à la pesanteur, on trouve le théorème de Daniel Bernoulli, qui est la base de l'hydraulique. Le résultat peut être généralisé et étendu au cas où les forces sont des fonctions quelconques des coordonnées. Le théorème fondamental de l'hydraulique se déduit ainsi des équations générales, mais on le démontre d'une manière beaucoup plus rapide, plus élégante et surtout plus élémentaire, au moyen de l'équation des forces vives; à cet égard, les équations si complexes de l'hydrodynamique n'ont pas une bien évidente utilité.

Ces équations conduisent au contraire à des conséquences analytiques importantes lorsqu'on les restreint au cas des oscillations très-petites des molécules autour de leur position d'équilibre. Le grand problème de la mécanique vibratoire a d'abord été traité par d'Alembert pour le cas particulier des cordes vibrantes, et c'est ainsi qu'il a créé l'analyse des équations aux dérivées partielles, « analyse sans laquelle, dit-il lui-même, on ne peut résoudre d'une « manière rigoureuse et générale les problèmes où il s'agit de corps « fluides ou flexibles. » Une masse liquide ou gazeuse, au sein de laquelle on produit un son, offre l'exemple le plus frappant de vibrations propagées dans tous les sens; les lois de ces mouvements dépendent d'équations aux dérivées partielles, qui se déduisent des équations générales de l'hydrodynamique en y introduisant les simplifications convenables. On arrive de cette manière à déterminer la vitesse du son dans les gaz, laquelle est proportionnelle à la racine carrée du rapport de la pression à la densité. Cette loi, découverte par Newton, n'est, chose remarquable, qu'un résultat très-direct de la théorie de la similitude mécanique. Les recherches analytiques sur les mouvements vibratoires ont enrichi la science de méthodes utiles et expéditives, au premier rang desquelles il faut placer le principe si fécond, si simple et si commode de la coexistence des petites oscillations.

§ 4. HYDRAULIQUE.

L'art de diriger les eaux courantes remonte à l'origine même des sociétés et à la fondation des grandes villes. A toutes les époques et chez tous les peuples il a été appliqué avec plus ou moins d'intelligence. Dans cette matière, comme en beaucoup d'autres, l'art a devancé la science. Nous venons de voir combien l'hydrodynamique est encore imparfaite et quelles difficultés physiques et analytiques contribuent à en retarder les progrès. Il est une science plus élémentaire, dont le domaine ne s'étend pas au delà des applications utiles; elle abandonne le point de vue élevé de l'hydrodynamique, et se contente d'éclairer et de redresser par une théorie rationnelle l'art déjà ancien de conduire les eaux. Cette science intermédiaire, vraie science d'ingénieur, est l'hydraulique. Il était réservé aux Italiens d'en poser les premières bases : plusieurs circonstances attiraient en effet sur ce point l'attention de leurs physiciens et de leurs géomètres. Nulle part peut-être les irrigations n'ont été plus généralement et plus constamment appliquées qu'en Italie, principalement dans le Milanais, ce jardin privilégié, alimenté en amont par les lacs où s'accumulent et s'épurent les eaux torrentielles des Alpes, et drainé en aval par un fleuve magnifique, le Pô[1]. D'un autre côté, Rome avait eu, dès les temps de la république, une distribution d'eau monumentale, dont les restes font encore l'admiration des modernes. Les Romains avaient de même amené des eaux de source dans les principales villes de l'empire. Au moyen âge, l'esprit municipal, si développé en Italie, multiplia ces travaux utiles. Les canalisations accomplies par les Italiens pour compléter leur réseau de rivières leur firent, au xve siècle, inventer l'écluse[2]. Si c'est un Italien, Galilée, qui au siècle suivant découvrit les premières lois du mouvement, c'est aussi à un Italien et à un disciple de Galilée, à Torricelli, que l'on doit la création de l'hydraulique.

Torricelli détermina la vitesse d'écoulement d'une veine liquide qui s'échappe par un orifice très-petit, en *mince paroi*, d'un vase où le niveau du liquide est entretenu à une hauteur constante. Il la trouva égale à la vitesse acquise par un corps pesant qu'on laisserait tomber du niveau supérieur au niveau de l'orifice. Si l'on multiplie la vitesse ainsi déterminée par la section de l'orifice d'écoulement, il semble qu'on doive obtenir la dépense de cet orifice ou la quantité de liquide écoulée pendant l'unité de temps; mais l'ex-

---

[1] Voir Nadault de Buffon, *Traité des irrigations*, t. I, c. IX.

[2] Voir de Prony, *Marais Pontins*, note de la page 378. D'après cette note, l'écluse est d'invention italienne, mais l'application aux canaux à point de partage est d'origine française.

périence montre que la dépense effective n'est qu'une certaine fraction du produit. De là la nécessité d'affecter ce produit d'un coefficient, qui représente le rapport de la section fluide où l'écoulement s'opère par filets parallèles, à la section de l'orifice où les filets ont encore des vitesses convergentes. Le phénomène de la contraction de la veine a été pour la première fois reconnu par Newton, et étudié ensuite par presque tous les hydrauliciens, Borda, Michelotti, Bossut, Eytelwein, Venturi, Brunacci, Savart (1833). En 1829, Bidone a constaté dans la veine liquide des phénomènes d'inversion qui sont extrêmement curieux, et que MM. Poncelet et Lesbros ont soumis depuis à de nombreuses expériences[1].

Le théorème de Torricelli n'est qu'un cas particulier d'un théorème posé en 1738 par Daniel Bernoulli, et que nous avons déjà indiqué comme le principe fondamental de l'hydraulique. Ce théorème consiste en ce que, si l'on considère un filet liquide animé d'un mouvement permanent et soumis à la seule action de la pesanteur, et qu'on élève verticalement en chaque point de ce filet une ordonnée égale à la somme de la hauteur représentative de la pression en ce point et de la hauteur due à la vitesse, on obtient partout un même niveau, qui définit ce qu'on appelle le *plan de charge*. Dans une masse liquide pesante en équilibre, le plan de charge, abstraction faite de la pression de l'atmosphère, est la surface même du liquide; dans un filet liquide en mouvement, sous les conditions qui rendent le théorème de Bernoulli applicable, les variations de la hauteur due à la vitesse compensent rigoureusement en chaque point les variations de la hauteur qui mesure la pression; en d'autres termes, une partie de la pression se transforme en vitesse ou en force vive. Le théorème de Bernoulli n'est en effet que l'application de l'équation des forces vives au cas particulier d'un système soumis à la pesanteur et aux pressions.

Si donc on connaît la loi de la répartition des pressions dans

[1] Mémoire présenté à l'Académie des sciences le 16 novembre 1829. (*Mémoires des savants étrangers*, t. III.)

une masse liquide animée d'un mouvement permanent, et qu'on suppose les frottements négligeables, on pourra, au moyen du théorème de Bernoulli, déterminer en chaque point les vitesses des filets liquides; une intégration fera ensuite connaître la dépense. Malheureusement il s'en faut qu'on sache au juste comment les pressions se distribuent dans une masse liquide qui s'écoule; de sorte que, dans la plupart des cas, le théorème de Bernoulli ne peut s'appliquer que par exception, entre certaines sections particulières; dans d'autres cas, il n'est applicable que par approximation, après qu'on a reconnu dans le mouvement de la masse certaines circonstances analogues à celles que l'on admet pour rendre la démonstration du théorème tout à fait rigoureuse. Le théorème de Bernoulli suppose encore qu'entre les deux sections que l'on considère, le liquide ne subit aucun travail moléculaire intérieur; il faut pour cela que l'écoulement se fasse par des filets assez voisins du parallélisme, et par suite que les sections, si elles changent, se modifient par degrés insensibles. A un changement brusque de section correspondent en effet un changement brusque de vitesse, c'est-à-dire un travail moléculaire analogue à celui que produit un choc, et enfin une perte de force vive, qui introduit un nouveau terme dans la formule. On peut étudier ce cas particulier des changements brusques, s'il s'en produit, au moyen du théorème des quantités de mouvement, qui a l'avantage d'éliminer les actions intérieures. L'usage de ces théorèmes généraux permet de traiter par le raisonnement les problèmes de l'hydraulique, et conduit à distinguer dans les formules ce qui est empirique de ce qui résulte d'une loi rationnelle. Le théorème de la quantité de mouvement s'applique en particulier à la recherche du coefficient de contraction de la veine. S'il s'agit de *l'ajutage rentrant*, dont Borda a le premier remarqué les propriétés, la méthode réussit entièrement, parce que la répartition des pressions à l'intérieur de la masse liquide est alors suffisamment connue, et l'on trouve $\frac{1}{2}$ pour le coefficient cherché. Dans les

autres cas, tout ce qu'on peut dire, c'est que le coefficient est compris entre $\frac{1}{2}$ et l'unité; les pressions inconnues ne s'éliminent plus
dans la formule, et l'équation, débarrassée des termes dont on
ignore la valeur, se change en une inégalité. L'expérience seule
peut alors déterminer le coefficient de contraction. Pour la veine
s'échappant en mince paroi, on l'a trouvé égal à o.62.

La théorie des ajutages se traite à l'aide des théorèmes généraux, après l'étude attentive des circonstances physiques dans lesquelles s'accomplit le phénomène de l'écoulement. L'ajutage cylindrique ramène la veine à sortir à *gueule bée* par un orifice égal à
l'orifice même percé dans la paroi du vase; mais si la section
d'écoulement se trouve ainsi plus grande que la section contractée,
la vitesse d'écoulement est plus petite, et n'est plus que les o.82
de ce que donne la formule de Torricelli. L'ajutage cylindrique
augmente en définitive la dépense dans le rapport de 62 à 82,
mais diminue la vitesse d'écoulement du liquide. On rend un
compte satisfaisant de ce phénomène complexe en admettant que
la veine se contracte dans l'intérieur de l'ajutage comme elle le
ferait dans l'air, et qu'elle éprouve plus loin un gonflement subit
qui la ramène aux dimensions de l'orifice; ce gonflement équivaut
à une perte de force vive. Le théorème de Bernoulli, complété par
l'addition du terme relatif à la force vive perdue, s'applique alors
rigoureusement, et le calcul fait retrouver pour coefficient de la
dépense un nombre voisin du coefficient o.82 donné par l'expérience directe. En même temps on constate que dans la section
contractée la pression s'abaisse au-dessous de la pression atmosphérique. Une expérience faite par Venturi confirme ce résultat
du calcul : le mouvement de l'eau dans l'ajutage produit une véritable aspiration, qui se manifeste par l'ascension d'un liquide dans
un tube adapté à l'ajutage, à l'endroit de la section contractée.
Cette expérience n'a été longtemps qu'une expérience de physique
intéressante. Elle a revêtu de nos jours un caractère pratique bien
accentué. L'injecteur Giffard, appliqué maintenant partout où il y

a des machines à vapeur et des chaudières à alimenter, est à certains égards une admirable généralisation de l'expérience de Venturi. A d'autres égards, l'appareil de M. Giffard procède des expériences de Savart faites sur le choc de deux veines liquides. Savart
avait constaté en 1833, et publié dans les *Annales de physique et
de chimie*[1], que dans certaines conditions de charges et de vitesses,
l'une des veines repousse l'autre dans l'intérieur du vase d'où elle
tend à sortir, et qu'il y a ainsi alimentation d'un vase par l'autre.
M. Giffard ignorait probablement ce résultat publié par Savart,
et sur lequel l'attention ne s'était pas encore fixée. Il n'en est pas
moins curieux et instructif de voir un appareil pratique et universellement apprécié aujourd'hui se résumer pour ainsi dire en deux
petites expériences qui, il y a peu d'années encore, ne semblaient
avoir d'intérêt que pour les physiciens[2].

L'écoulement de l'eau dans les tuyaux et dans les canaux constitue l'un des problèmes les plus importants de l'art de l'ingénieur.
Au point de vue de la science pure, le phénomène du mouvement
permanent des liquides coulant dans un lit de forme donnée est la
démonstration physique la plus simple et la plus concluante de
l'existence des forces dues à la viscosité des liquides, dont nous
avions pu faire abstraction jusqu'ici.

La théorie de l'écoulement dans les tuyaux repose sur des notions
relatives aux lois du frottement des liquides en mouvement; ces
notions, révélées par l'expérience, ont été formulées pour la première fois avec précision par Dubuat vers l'année 1783. On constate aisément que les eaux courantes doivent subir de la part du lit
dans lequel elles s'écoulent, une résistance qui croît avec la vitesse; cette loi est en effet nécessaire pour que, quelle que soit
l'inclinaison du lit, le régime permanent puisse s'établir, comme
cela a lieu en réalité. Les expériences de Dubuat, celles que Couplet et Bossut avaient faites antérieurement, ont amené à recon-

---

[1] 1833, t. LV, p. 357.
[2] M. Combes, *Rapport sur l'injecteur*

Giffard. (*Comptes rendus de l'Académie des
sciences,* 30 janvier 1860, p. 198.)

naître que le frottement des liquides en mouvement est indépendant de la pression mutuelle; qu'il est proportionnel à l'étendue des surfaces frottantes; qu'il varie proportionnellement à une certaine fonction de la vitesse, et qu'enfin la nature des parois n'influe pas sur l'intensité de cette résistance. Restait à trouver la fonction inconnue de la vitesse qui doit entrer dans la formule. Prony, discutant avec soin cinquante et une expériences de Dubuat, Couplet et Bossut, est parvenu à démontrer que le frottement est proportionnel à une fonction entière du second degré de la vitesse moyenne, et il a déterminé les coefficients de cette fonction qui lui font le mieux représenter les données de l'expérience. Sa méthode d'interpolation, consistant à ramener le problème au tracé d'une ligne droite, est fort ingénieuse et a servi d'exemple à tous les hydrauliciens qui ont fait depuis de semblables recherches. On peut donc dire que c'est Prony qui est le véritable fondateur de la théorie du mouvement permanent dans les tuyaux fermés[1]; son Recueil de cinq Tables, publié en 1825, est le premier ouvrage d'hydraulique pratique où l'on trouve une solution rapide des principaux problèmes relatifs à la conduite des eaux.

Cette première théorie, longtemps suivie par tous les ingénieurs, et encore conservée par quelques-uns malgré les perfectionnements récents, soulève plusieurs objections et donne lieu à certaines difficultés. D'abord en admettant, avec Dubuat et Prony, que le frottement du liquide sur la paroi du tuyau contienne en facteur une certaine fonction de la vitesse, cette vitesse qui doit entrer dans la formule est la vitesse particulière de la couche liquide qui glisse sur cette paroi et non la vitesse moyenne de toutes les couches concentriques, lesquelles ont un mouvement plus rapide au centre du tuyau que près de sa circonférence; or la vitesse moyenne, que l'on obtient en divisant le débit du tuyau par la section, est le seul élément que l'on puisse évaluer. La formule renferme donc

---

[1] *Recherches physico-mathématiques sur le mouvement des eaux courantes,* 1804.

une source d'erreur, à moins qu'il n'existe un rapport constant entre la vitesse moyenne et la vitesse au pourtour du tuyau, supposition tout à fait invraisemblable. D'un autre côté, les anciens hydrauliciens, quand ils posèrent cette règle, que la nature des parois en contact est sans influence sur l'intensité du frottement, n'avaient pas assez varié leurs observations pour pouvoir, en toute assurance, la donner comme un principe général. L'expérience pratique, poursuivie dans toutes les distributions d'eau, faisait constater des divergences entre les faits observés et les résultats des formules. Les tuyaux neufs avaient des débits supérieurs à ceux que le calcul indiquait. Plus tard, par suite d'incrustations ou de modifications moins apparentes de la nature de la paroi, le débit observé se rapprochait du débit calculé. De nouvelles expériences semblaient donc nécessaires, et un grand nombre d'ingénieurs les appelaient de leurs vœux.

Avant de recourir à l'expérience, on essaya cependant de s'en passer et de compléter par des recherches analytiques les résultats insuffisants fournis par les premiers observateurs. Les essais de Navier, de M. Sonnet, de M. Dupuit, se rattachent à cet ordre d'idées. D'autres, sans vouloir perfectionner la théorie de Prony, cherchaient à simplifier les procédés de calculs indiqués dans sa méthode. M. Mary publiait, dans ses Cours de construction à l'École des ponts et chaussées, les tables qu'il avait dressées pour son propre usage lorsqu'il dirigeait le service des eaux de Paris. M. Fourneyron dressait une nouvelle table, très-commode pour le calcul, dans laquelle le produit de la dépense par le carré de la perte de charge est exprimé immédiatement en fonction de la vitesse de l'écoulement. M. Dupuit donnait aussi au calcul d'une distribution d'eau une allure particulière que facilitait singulièrement l'emploi de tables spéciales. M. de Saint-Venant, reprenant les chiffres bruts des expériences que Prony avait eues à sa disposition, en déduisait une fonction monôme à exposant fractionnaire à substituer à la fonction binôme du second degré, et ramenait les calculs à une forme qui permet l'emploi des tables de logarithmes. M. Bélanger résolvait par une méthode très-rigoureuse le problème des distributions d'eau à plusieurs branchements ; et M. Bresse indiquait une solution élégante pour la détermination des diamètres du tuyau d'alimentation d'un réservoir et des tuyaux de conduite qui en distribuent les eaux, sous la condition du minimum de dépense en argent.

Les nouvelles expériences de M. Darcy, publiées en 1857 dans l'ouvrage intitulé : *Recherches expérimentales relatives au mouvement de l'eau dans les tuyaux*, ont comblé les lacunes de la théorie de Prony ; elles ont porté sur vingt-deux tuyaux de différentes matières et de différents diamètres. L'emploi de piézomètres embranchés en différents points de la conduite permettait d'évaluer avec une grande précision les différences des pressions en ces divers points, et de déterminer avec une justesse complète la portion de la perte de charge due exclusivement à la résistance du tuyau. Ces recherches ont mis en évidence l'influence de la nature de la paroi, qui, regardée jusqu'alors comme négligeable, peut faire varier du simple au double la valeur du frottement. De plus, M. Darcy a constaté que les coefficients de la formule binôme de Prony n'étaient pas rigoureusement constants, et qu'ils variaient pour un même état de la surface avec le diamètre de la conduite. La formule du mouvement de l'eau dans les tuyaux devient un peu plus compliquée que celle de Prony, quand on y introduit ces coefficients, variables avec l'état des parois et variables avec les diamètres ; mais M. Darcy a reconnu, comme M. Dupuit l'avait lui-même indiqué, que, dès que la vitesse moyenne surpasse 10 centimètres, on peut supprimer dans la formule le terme du premier degré. Enfin les tables de M. Darcy, appliquées aux tuyaux neufs pour des vitesses comprises entre 10 centimètres et 3 mètres, simplifient encore les problèmes d'hydraulique qu'on peut avoir à résoudre dans les applications. Aussi, bien qu'il faille toujours un temps assez long pour détruire de vieilles habitudes, et que les tables de Prony soient entrées dans la pratique depuis une cinquantaine d'années, il est très-probable que les tables de Darcy, déjà appréciées par un grand nombre d'ingénieurs, ou d'autres tables déduites des mêmes éléments, ne tarderont pas à être suivies par tous.

Le mouvement permanent de l'eau dans les canaux découverts a été, comme le mouvement dans les tuyaux, l'objet d'une théorie de Prony; les expériences qui servent de base à cette théorie étaient peu nombreuses, et portaient pour la plupart sur des canaux de petite section. Les unes étaient dues à Dubuat, d'autres à Bidone et à Bonati, d'autres encore à Brünings, Funk et Woltmann. Prony, appliquant aux canaux les procédés qui lui avaient réussi pour les tuyaux, parvint, en opérant sur trente et une expériences, à exprimer la résistance au mouvement par une formule où la vitesse entre dans deux termes, l'un au premier, l'autre au second degré. Eytelwein, opérant sur soixante-neuf expériences, parmi lesquelles trente faisaient partie des trente et une expériences qui avaient servi à Prony, conserva la formule de ce dernier, sauf une légère modification de ses coefficients; la fonction qu'il propose est dans certains intervalles plus voisine des données expérimentales que la fonction de Prony; elle s'en écarte davantage dans d'autres; les deux formules, réduites en tables, sont ordinairement jointes l'une à l'autre, même dans les dernières publications de Prony, et on serait assez embarrassé de dire laquelle des deux doit être préférée. Du reste, elles doivent toutes deux s'effacer devant les nouveaux progrès qui en ont fait reconnaître les inexactitudes.

Prony avait essayé de déterminer, en fonction de la vitesse moyenne, les limites des vitesses particulières aux divers filets, qui sont variables d'un point à l'autre de la section d'écoulement. Il donna des formules empiriques pour lier entre elles la vitesse moyenne, la vitesse à la surface, qui est la plus grande de toutes, et la vitesse au fond, qui est la plus petite, et qui n'est pas sans intérêt pour l'ingénieur, car c'est elle qui mesure l'effort de corrosion exercé par l'eau sur le lit dans lequel elle s'écoule. On a essayé à diverses reprises de compléter ces premiers aperçus en étudiant la loi de distribution des vitesses dans une section de forme donnée. Tout à l'heure nous aurons l'occasion de revenir sur ce problème. Avant de quitter la théorie de Prony, nous ferons quelques observations sur ses formules.

La première est relative au cas où l'eau, au lieu de couler dans un canal découvert, coulerait dans un canal voûté, ce qui a lieu pour la plupart des aqueducs. Si l'on suppose que l'on augmente graduellement la hauteur de l'eau dans le canal, il arrivera un moment où l'écoulement s'y fera à pleine section, comme dans un tuyau. A ce moment, quelle formule faut-il adopter, celle des tuyaux ou celle des canaux? Elles ont une forme identique, mais leurs coefficients sont différents, et elles assignent des valeurs diverses à la dépense. Si l'ancienne théorie était vraie, les deux formules devraient au contraire, pour ce cas limite, se confondre l'une avec l'autre. Remarquons encore un fait qui surprend au premier abord. Si l'on cherche successivement les débits de l'aqueduc pour différentes positions de la ligne d'eau, les formules de Prony donnent un débit moindre pour l'aqueduc entièrement plein que pour l'aqueduc rempli jusqu'à une hauteur légèrement inférieure à la clef de voûte. L'augmentation de la section d'écoulement qui a lieu lorsqu'on achève de remplir l'aqueduc est en effet très-petite, tandis que l'augmentation correspondante du périmètre mouillé est très-considérable. En étudiant ce qui se passe pour des sections à peu près circulaires, on reconnaît qu'un aqueduc peut débiter un volume d'eau supérieur d'un vingtième au volume écoulé par le tuyau entièrement plein.

La forme des équations de Prony met en évidence une loi remarquable, c'est que le *rayon moyen*[1] intervient comme la pente dans la détermination de la vitesse. Les nouvelles formules de Darcy altèrent très-légèrement cette loi, mais elle reste toujours vraie d'une

[1] Cette expression est due à Dubuat, qui l'appliquait seulement aux tuyaux. Le rayon moyen est alors la moitié du rayon du cercle formant la section.

manière approximative. Or cette loi a une influence très-sensible sur le régime des cours d'eau. Le régime d'une rivière ou d'un fleuve est fixé, lorsqu'il y a équilibre en tous points, entre l'action corrosive exercée par l'eau courante et la cohésion du terrain dans lequel le lit est creusé. Si donc sur une certaine étendue le cours d'eau traverse un terrain d'une même nature ou d'une cohésion partout égale, la vitesse de l'écoulement, qui règle l'intensité de la tendance corrosive, doit se trouver partout la même. Le produit de la pente par le rayon moyen est donc constant dans tout le parcours; et, si le rayon moyen augmente, ce qui a lieu par exemple quand le cours d'eau se grossit de ses affluents, la pente doit diminuer. De là cette réduction successive des pentes que l'on observe dans tous les grands fleuves, de leur source à leur embouchure; ce phénomène n'a pas toujours été bien interprété et a notamment conduit Girard à donner à son canal de l'Ourcq un tracé défectueux, qu'il a fallu corriger plus tard en multipliant les écluses.

M. Darcy a continué pour les canaux les recherches qui l'avaient conduit à réformer la théorie de Prony pour l'écoulement dans les tuyaux. Les services successivement dirigés par l'éminent ingénieur lui donnaient la possibilité de multiplier les expériences. Chargé du service municipal des eaux de Paris, il avait pu commencer l'étude des tuyaux; le service du canal de Bourgogne et l'établissement à Dijon de fontaines publiques lui apportèrent plus tard l'occasion d'étudier les canaux découverts. Lorsque sa santé, déjà fort altérée, devint un obstacle de plus en plus sérieux à la continuation de ses belles recherches, il trouva en M. Bazin, ingénieur des ponts et chaussées, attaché dès l'année 1855 au service du canal de Bourgogne, un excellent collaborateur, auquel il put en toute confiance léguer à sa mort[1] le soin de continuer son œuvre. Aujourd'hui tout est terminé : le travail de M. Darcy sur les tuyaux a été suivi d'un ouvrage sur les canaux, rédigé par M. Bazin, d'après

---

[1] En janvier 1858.

ses expériences et celles de M. Darcy; puis d'un ouvrage sur les nodes, œuvre personnelle de M. Bazin.

Les expériences sur les canaux ont été faites sur une rigole détachée du canal de Bourgogne, et dans laquelle un vannage permettait d'introduire telle quantité d'eau qu'on voulait. La grande difficulté était la mesure du débit de la rigole, ou ce qui revient au même, la mesure de la vitesse en différents points de la section d'écoulement. M. Darcy a trouvé un moyen d'obtenir cette mesure avec une grande précision, par un perfectionnement des méthodes connues de jaugeage.

Les procédés habituels de jaugeage direct consistaient, soit dans l'emploi de flotteurs qu'on abandonnait à la vitesse de l'eau, soit dans l'emploi du moulinet de Woltmann; le premier moyen ne donne que les vitesses des filets voisins de la surface libre du liquide; le second peut servir à déterminer la vitesse en un point quelconque de la profondeur, et c'est même le seul procédé admissible pour jauger les cours d'eau où l'on a à constater de grandes vitesses. On l'applique également à la détermination de la vitesse d'écoulement des gaz. Ces deux procédés ont pour caractère commun d'exiger la mesure de la durée de l'observation. Les jaugeages au moulinet ou au flotteur entraînent donc un premier inconvénient, la nécessité de faire usage d'un chronomètre. Il en résulte un autre inconvénient dans les expériences où l'on tient à beaucoup de précision, c'est que ces procédés ne donnent qu'une moyenne des vitesses qui ont pu varier pendant la durée de l'expérience.

M. Darcy a supprimé ces deux inconvénients à la fois en employant le tube proposé par Pitot en 1732 pour les jaugeages, et en y opérant des perfectionnements qui le rendent complétement précis et pratique[1]. Le tube de Pitot n'est autre chose qu'un piézomètre qui accuse un excès de pression quand on en dirige la bouche contre le courant, et une diminution de pression quand on la di-

---

[1] Le tube de Pitot, perfectionné, se trouve décrit dans l'ouvrage de M. Darcy, *Fontaines publiques de Dijon*, p. 543 et suiv. L'ancien tube est décrit dans un mémoire

rige en sens contraire. La lecture de l'appareil était peu commode,
parce que le sommet de la colonne piézométrique se trouvait tantôt
au-dessous, tantôt au-dessus du plan d'eau, et toujours trop près
de cette surface. M. Darcy a réuni dans un même appareil deux
tubes de Pitot orientés dans des directions différentes, par exemple
vers l'amont et vers l'aval. L'un des tubes indiquant un excès de
pression, l'autre une diminution, la distance verticale entre les sommets des deux colonnes est augmentée et peut par suite être éva-
luée avec une plus grande approximation. De plus, pour transporter
en dehors du plan d'eau les sommets de ces colonnes, qu'on aurait
de la peine à distinguer dans cette région, on n'a qu'à exercer en
haut de l'appareil, au moyen d'un tube spécial, une aspiration qui
fait monter les deux colonnes sans rien changer à la différence de
leurs niveaux. Le tube de Pitot, perfectionné par M. Darcy, rappelle
à cet égard le piézomètre différentiel appliqué par M. Bélanger à la
mesure des différences de pression entre deux points d'une conduite.
On démontre que la vitesse du filet rencontré par la bouche de
l'appareil est proportionnelle à la vitesse due à la différence de
hauteur observée entre les sommets des deux colonnes. Le rapport de ces deux vitesses est un nombre généralement très-voisin
de l'unité, qui dépend de la forme de chaque appareil particulier,
et qu'on doit déterminer pour chacun par une série d'expériences
directes.

Au moyen de ce tube de Pitot perfectionné, on pourra déterminer, par une suite d'observations faciles, les vitesses d'autant de
filets qu'on voudra, pris dans une section quelconque, et cela sans
avoir à mesurer le temps, sans consacrer à chaque observation plus
de temps qu'il n'en faut pour disposer l'appareil et en faire la lecture. L'appareil, donnant sur-le-champ une quantité dont on peut
déduire la vitesse cherchée, fera connaître par ses variations les variations de cette vitesse, et ne permettra pas, comme le moulinet,

de Pitot, intitulé : *Mémoire sur une nouvelle*   *courantes.* (*Mém. de l'Acad. des sciences,*
machine pour mesurer la vitesse des eaux   1732 : *Hist.* p. 103; *Mém.* p. 363.)

de confondre un mouvement périodique avec un mouvement uniforme.

Les expériences de MM. Darcy et Bazin ont mis en évidence l'influence de la nature de la paroi le long de laquelle l'écoulement s'opère, et elles ont fait reconnaître, comme pour les tuyaux, que les coefficients de la formule de Prony, au lieu d'être rigoureusement constants, varient avec le rayon moyen de la section. Lorsque la vitesse moyenne excède $0^m,10$, on peut négliger le terme du premier degré. La formule ainsi réduite a été ramenée par M. Bazin à quatre types distincts, suivant le degré de poli donné à la paroi. Lorsqu'au contraire le rayon moyen est très-petit, c'est le terme du premier degré qu'il faut conserver dans la formule de Prony, et les nouvelles expériences ont également donné la forme qui convient à ce coefficient.

Le tube de Pitot permettait de chercher la loi de répartition des vitesses dans l'étendue de la section mouillée. On l'a fait pour les tuyaux et pour les canaux découverts. Pour les tuyaux, on a constaté, conformément aux prévisions des hydrauliciens et des analystes, que le filet central est celui qui possède la vitesse la plus grande, et qu'autour de ce filet la vitesse diminue également dans tous les sens; de sorte qu'au lieu d'une veine liquide coulant dans le tuyau d'une seule pièce, on doit concevoir l'écoulement comme s'opérant par couches concentriques, douées chacune d'une vitesse particulière, qui s'accroît de la paroi au centre. Dans les canaux découverts, on ne peut trouver une image aussi précise. L'observation permet de tracer dans la section les lignes d'égale vitesse; mais ces lignes, tout en subissant l'influence de la forme générale de la section, sont altérées par des accidents qu'il semble impossible de prévoir : la région où la vitesse est maximum est située un peu au-dessous de la surface libre; mais c'est à peu près tout ce qu'on peut dire de général. La mobilité des molécules liquides est telle que les trajectoires qu'on serait tenté de leur assigner sont déviées sans raison apparente. Le mouvement dans les tuyaux est assujetti par des liaisons plus étroites, qui laissent moins à ces déviations la faculté de se produire. Le résultat des études de M. Bazin sur ce sujet est donc, jusqu'à présent, qu'on ne peut réduire en formule les mouvements trop capricieux des molécules individuelles dans les canaux découverts. La comparaison d'un grand nombre d'observations l'a conduit néanmoins à substituer une formule plus fidèle à la formule donnée par Prony pour lier entre elles la vitesse moyenne et la vitesse maximum.

La théorie du mouvement varié, si utile pour l'étude du régime des cours d'eau naturels, peut être traitée par les mêmes principes que la théorie du mouvement uniforme : on y applique le théorème des forces vives, et l'on en déduit une équation qui donne, entre deux points du cours d'eau, la pente totale de la surface. Elle se compose de deux parties : la première est la différence des hauteurs dues aux vitesses moyennes dans les sections d'amont et d'aval ; cette première partie doit, d'après certains auteurs, être affectée d'un coefficient peu différent de l'unité, qui est destiné à tenir compte de l'influence de la variation des vitesses d'un point à l'autre de la section ; la seconde est l'intégrale des résistances dues au frottement du lit entre les deux sections, considérées et évaluées pour une longueur suffisamment petite, comme si la section était uniforme. Cette théorie, ébauchée par Navier, a été développée depuis par M. Poncelet et par M. Bélanger (1828). Elle est d'une grande utilité dans la pratique. Elle fournit un moyen indirect de calculer le débit d'un grand cours d'eau, quand on connaît, entre deux sections déterminées, un nombre suffisant de profils en travers et la pente de la surface. On s'en sert pour déterminer le *remous* ou gonflement produit à l'amont d'un barrage, et pour assigner les effets d'un étranglement ou d'un rélargissement subit. Mais parfois une solution paradoxale vient montrer combien de lacunes présente encore la théorie.

La surface d'un cours d'eau surhaussé par un barrage se raccorde ordinairement avec la surface naturelle du cours d'eau en amont du barrage par une surface tangente, à laquelle les praticiens attribuent le plus souvent un profil parabolique. A la rigueur, la théorie donnerait pour ce profil une courbe asymptote à l'ancien profil. Une méthode très-simple pour tracer cette courbe résulte de l'application de la formule du mouvement varié ou de l'équation des forces vives. Mais quelquefois il arrive un cas singulier remarquable, celui où la courbe asymptote donnée par l'équation, au lieu d'étendre vers l'amont une branche qui tende à se raccorder avec le profil primitif, se retourne vers l'aval, indiquant ainsi une tendance à un raccordement géométrique dont la réalisation physique est impossible. Le profil du remous aurait dans ce cas une tangente verticale. Or toute la théorie suppose que l'écoulement se fait par des filets sensiblement parallèles. La conclusion à laquelle elle conduit dans ce cas particulier est donc en contradiction avec les hypothèses qui lui servent de base, et par suite elle est inadmissible.

Ce cas est celui du ressaut superficiel, découvert en 1820 par Bidone[1]; il se produit lorsque la hauteur due à la vitesse moyenne est égale ou supérieure à la moitié de la profondeur du courant.

M. Bazin observe avec beaucoup de sagacité que cette relation exprime que la vitesse du courant est supérieure à la vitesse de propagation de l'onde qui se forme lorsqu'en un point du canal on vient projeter un certain volume d'eau.

Lorsque ce cas se manifeste, c'est une preuve que l'écoulement par filets parallèles n'est pas possible, et qu'il y a, entre deux sections où le parallélisme se trouve rétabli, un ressaut accompagné de tourbillonnements, un changement brusque de section, qui ne permet pas d'appliquer à cet intervalle l'équation des forces vives. On a recours alors à l'équation des quantités de mouvement, qui, laissant de côté toutes les actions intérieures, donne la hauteur du ressaut cherché. Ce phénomène se manifeste sur les rivages de

---

[1] *Mémoires de l'Académie des sciences de Turin.*

la mer quand la vague monte à grande vitesse sur une plage faiblement inclinée : arrivée à un certain point, elle ne peut continuer d'avancer sans un déferlement, qui n'est autre chose qu'un
ressaut. On cherche à produire le ressaut en aval des roues hydrauliques, pour augmenter la hauteur de la chute disponible sans
abaisser le niveau réglementaire du bief d'aval. M. Bazin a consacré à la théorie du ressaut et à la description de ce phénomène si
curieux un des plus beaux chapitres de son ouvrage sur le mouvement dans les canaux. Il l'a fait suivre d'une étude spéciale de la
propagation des ondes, et entre autres du mascaret[1].

Pour terminer notre rapide revue de l'hydraulique, il nous
reste à parler d'un cas particulier de l'écoulement, pour lequel la
théorie reste encore à faire : c'est l'écoulement par déversoir, trèsusité dans la pratique, notamment pour effectuer le jaugeage des
petits cours d'eau. Une formule empirique donne la dépense d'un
déversoir en mince paroi en fonction de la hauteur du plan d'eau
en amont au-dessus de l'arête du seuil; mais cette formule n'est
pas le résultat d'une analyse rationnelle. Lorsqu'au lieu d'un déversoir en mince paroi, on considère un déversoir formant coursier sur une certaine longueur, l'écoulement peut s'établir par filets
parallèles dans une certaine portion de ce coursier, et le théorème
de Bernoulli est alors applicable. Mais il reste une inconnue de
trop, la hauteur de la veine au-dessus du fond du coursier. Pour
faire disparaître l'indétermination résultante, Navier cherchait cette
hauteur sous la condition d'assurer à l'écoulement un débit maximum, condition arbitraire que la théorie de la moindre action ne
suffit pas à établir. Avec cette nouvelle condition, le problème redevient analytiquement déterminé, et l'on trouve pour le débit une
formule que l'on compare aux résultats de l'expérience; cette comparaison fait connaître le coefficient par lequel il faut multiplier
la valeur du débit déduite de la formule pour avoir la valeur du

[1] Voir le rapport de M. Clapeyron à   1863. (*Comptes rendus de l'Académie des*
l'Académie des sciences, séance du 10 août   *sciences*, t. LVII.)

débit vrai. C'est ainsi qu'on est parvenu à la formule empirique des déversoirs, et il faut remarquer qu'on l'applique aux déversoirs en mince paroi comme aux déversoirs à coursier, bien que les raisonnements faits pour l'obtenir supposent expressément que le déversoir considéré a la seconde de ces deux formes. L'expérience seule peut donner quelque lumière sur un point qui laisse si peu de prise au raisonnement. La question des déversoirs a été traitée au point de vue expérimental, en 1827, par MM. Poncelet et Lesbros, dont les formules prévoient à peu près tous les cas usuels; elle a été depuis l'objet de nouvelles expériences de MM. Castel et d'Aubuisson, à Toulouse, et de recherches intéressantes que M. Boileau a publiées en 1850 dans le Journal de l'École polytechnique.

§ 5. PRESSION MUTUELLE DES LIQUIDES ET DES SOLIDES DANS LE MOUVEMENT RELATIF.

La partie de l'hydraulique consacrée à l'étude des actions mutuelles qui s'exercent entre les solides et les liquides dans leur mouvement relatif est encore très-peu avancée. La théorie cède vite le pas, sur ce terrain, à l'observation et aux formules empiriques. Cependant on résout avec rigueur le problème fondamental de la recherche de la pression normale exercée par une veine liquide qui vient s'aplatir contre un plan indéfini. Le théorème des quantités de mouvement projetées fait connaître la somme des actions normales du plan sur la veine, et montre qu'elle se décompose en deux parties : l'une, représentant pour ainsi dire la pression statique de l'eau, est due à la composante de la pesanteur prise perpendiculairement au plan; l'autre est la pression dynamique, et s'exprime par un terme où entre en facteur le carré de la vitesse de la veine affluente. On reconnaît en même temps que la pression serait moindre si le plan, au lieu d'être indéfini, laissait échapper les filets liquides dans la direction de leur mouvement primitif; et qu'elle serait plus grande au contraire, si l'on substituait au plan une surface concave, retournant les filets liquides dans une direction opposée.

Ce problème du choc de la veine contre un plan une fois résolu, on cherche à y ramener les problèmes analogues qui se présentent dans les applications, et dans lesquels on a à considérer un courant liquide venant frapper un corps de forme quelconque.

On est généralement réduit dans des questions de cette nature à des assimilations plus ou moins grossières, et l'on ne reste dans la vérité qu'en demandant à l'observation des coefficients dans lesquels entrent en bloc toutes les corrections que l'on devrait faire subir aux formules. Les plus anciennes expériences sur les actions mutuelles de l'eau et des corps qui s'y déplacent sont dues à Dubuat. Ce célèbre hydraulicien fit mouvoir dans une eau tranquille des plans et des solides de diverses formes et de diverses dimensions, et détermina dans chaque cas particulier le coefficient par lequel il convenait de multiplier le produit de la section transversale par le carré de la vitesse pour avoir la mesure de la résistance. Lorsque le solide expérimenté a une forme prismatique, le phénomène se complique d'un frottement du liquide le long de ses faces latérales ; on observe aussi que l'amincissement des formes vers les extrémités réduit la valeur du coefficient de résistance. Une longue expérience, celle de la navigation, a de même révélé les formes les plus avantageuses, au point de vue de la marche, qu'on doit donner à la carène d'un bâtiment.

Sur les canaux, la résistance à la traction dépend non-seulement de la vitesse du bateau et de la section au maître couple, mais aussi de la section du canal ; de sorte que la traction est plus pénible, à vitesse égale, sur un canal étroit que sur un canal large. On a constaté de plus qu'à une certaine vitesse, la traction décroît notablement. Cette vitesse est celle de la propagation de l'onde que le mouvement du corps flottant forme à la surface de l'eau [1].

[1] D'Aubuisson, *Traité d'hydraulique*, p. 323.

On a mis à profit cette observation en organisant sur le canal de l'Ourcq, entre Meaux et Paris, un service de bateaux-poste, qui a subsisté jusqu'à l'ouverture du chemin de fer. Le halage des bateaux lourdement chargés ne peut se faire à cette vitesse, qui était, sur le canal de l'Ourcq, celle du petit galop d'un cheval; et la diminution de l'effort de traction pour une valeur suffisamment grande de la vitesse demeure aujourd'hui sans application.

Dubuat avait fait des expériences de deux sortes : dans les unes, il déplaçait le corps solide au sein d'une eau tranquille; dans les autres, il laissait le corps solide immobile dans une eau courante; et la comparaison des résultats l'amena à constater une légère différence entre les efforts mutuels développés à vitesse relative égale. Il tira de ce fait une conséquence paradoxale et contraire à la doctrine des mouvements relatifs : « Dans l'état de repos, l'eau, « d'après Dubuat, offrirait plus de facilité à se laisser diviser, et « par conséquent moins de résistance que quand elle est en mou- « vement. »

Le fait constaté par Dubuat est exact, mais la conclusion qu'il en a tirée est fausse. On sait aujourd'hui la raison de cette singulière anomalie. Dans l'eau courante, les filets liquides ont des vitesses inégales, tandis que, si l'on fait mouvoir le corps dans une eau stagnante, le mouvement relatif de l'eau par rapport au corps est commun à tous les filets. Les deux situations relatives ne sont donc pas les mêmes, et la différence des résistances observées ne contredit pas les principes de la mécanique.

§ 6. MACHINES HYDRAULIQUES.

On peut entendre par *machines hydrauliques,* soit les machines spéciales destinées à élever les eaux, soit les machines qui ont les eaux pour moteur. Dans la première classe on peut ranger les pompes, la vis d'Archimède, les norias, etc. dans la seconde, les machines à colonne d'eau, les roues hydrauliques, les turbines. Une machine peut appartenir à la fois aux deux classes; car elle peut être mise en mouvement par l'eau, et le travail produit peut être utilisé pour élever une partie des eaux de la chute motrice ou d'autres eaux prises à un niveau plus bas. Tels sont : la machine de Schemnitz ou fontaine de Héron, la machine à colonne d'eau de Bélidor, le bélier hydraulique de Montgolfier, la machine à colonne oscillante de M. de Caligny.

Nous jetterons un coup d'œil rapide sur ces différentes machines.

MACHINES ÉLÉVATOIRES.

Les pompes n'ont pu recevoir dans ces dernières années que des perfectionnements de détail. On leur a donné de plus grandes dimensions; on y a introduit des dispositions qui permettent une ouverture plus rapide des clapets; on les a enfin appropriées à l'épuisement des eaux chargées de boues. Ce dernier perfectionnement a permis de les employer aux épuisements des fouilles dans les ouvrages hydrauliques. La pompe Letestu, qui prend peu de place et est d'un maniement facile, remplace partout aujourd'hui la vis d'Archimède pour les travaux de fondations. De même, les Hollandais, qui autrefois faisaient usage de la vis d'Archimède pour mettre à sec leurs polders, y ont avantageusement substitué des pompes d'une grande puissance; vingt-sept pompes, mises en mouvement par trois machines à vapeur, enlèvent les eaux de pluie qui tombent dans le périmètre de l'ancien lac de Harlem[1].

La vis d'Archimède, ainsi dépossédée par la pompe, n'en reste pas moins un appareil intéressant et capable de rendre les meilleurs services. On sait que la vis d'Archimède moderne n'est pas semblable à la vis inventée par Archimède et connue dans l'antiquité. L'ancienne vis était un simple tube en hélice, heureusement très-peu étanche; car, lorsque le tube ne communique pas par un nombre suffisant d'ouvertures latérales avec l'air atmosphérique, l'eau ne peut se maintenir en équilibre dans les arcs hydrophores successifs,

---

[1] *Annales des ponts et chaussées,* 1856, t. XII. — *Le comté de Lincoln,* c. IV. — Gevers d'Endegeest, *Du desséchement du lac de Harlem,* seconde partie, 1853.

et le débit de la vis n'est plus assuré. La substitution d'une cloi-
son hélicoïdale au tube d'Archimède donne à l'air un libre accès
tout le long du noyau de la machine, et supprime entièrement cet
inconvénient, sans demander aucune déperdition de liquide. La vis
hollandaise offre une autre modification, qui, en laissant perdre un
peu d'eau, réduit notablement l'effort à exercer pour mettre l'appareil en mouvement; la surface hélicoïdale est seule mobile autour
de son axe, et le cylindre est remplacé par une paroi fixe, qui forme
le coursier, dans lequel l'hélicoïde s'emboîte en laissant seulement
un jeu très-petit.

Plusieurs appareils ont été récemment imaginés pour l'élévation
des eaux : nous nous bornerons à citer les principaux. Les turbines élévatoires, ou pompes à force centrifuge, ont la forme des
ventilateurs à ailes courbes dont M. Combes a donné la théorie et
les règles de construction dans un mémoire présenté à l'Académie
des sciences le 16 avril 1838. Elles sont formées, comme les turbines-récepteurs, d'une couronne découpée par des cloisons et
mobile autour d'un espace circulaire, qui peut être partagé par
d'autres cloisons fixes; les cloisons mobiles sont ici courbées dans
le même sens que les cloisons fixes, et non en sens contraire, comme
dans les turbines-récepteurs.

La théorie des ventilateurs et des pompes à force centrifuge,
dans le type desquelles rentre la pompe d'Appold, est la même que
celle des roues à réaction[1].

Le *serpent* de M. Le Blanc est une surface hélicoïdale à plan
directeur mobile autour de son axe vertical, dans un corps de
pompe; ce petit appareil fonctionne très-bien dans les grandes

---

[1] M. Combes, *Théorie du ventilateur à force centrifuge*. (*Comptes rendus de l'Académie des sciences*, t. VI, 1838, p. 492.) —*Mémoire sur les roues à réaction.* (*Comptes rendus*, etc. t. VII, 1838, p. 306.) — *Recherches théoriques et expérimentales sur les roues à réaction ou à tuyau*, Paris, 1843, Carillan-Gœury et V. Dalmont. — *Des machines et appareils destinés à l'élévation des eaux*, par M. Morin, 1 vol. in-8°, 1863, p. 137. — *Civil Engineer Journal*, 1851, p. 326.

vitesses; il a été imaginé par M. Le Blanc, ingénieur des ponts et chaussées, et on l'a expérimenté à la Flèche[1].

Le système de roues élévatoires imaginé dernièrement par M. Beaumont aurait, d'après les expériences, un rendement de 0.60. Cet appareil, très-habilement conçu, ne renferme aucune pièce délicate; c'est un perfectionnement de la roue à palettes, qui donne à cet appareil une portée verticale pour ainsi dire indéfinie[2].

La noria a reçu aussi un perfectionnement récent qui paraît appelé à rendre de bons services. Il est dû à M. Aboilard. Un siphon, placé dans les godets du chapelet, donne issue à l'air au moment où le godet s'enfonce dans l'eau, et lui permet de se remplir entièrement; aucune déperdition de liquide n'est à craindre pendant que le godet remonte[3].

MACHINES HYDRAULIQUES MIXTES.

L'antique fontaine de Héron, appliquée autrefois à l'épuisement des eaux de quelques mines du district de Schemnitz, en Hongrie, où elle est remplacée depuis longtemps par les machines à colonne d'eau, ne se trouve guère aujourd'hui que dans les cabinets de physique.

Le bélier hydraulique de Montgolfier, dont la théorie est encore incomplète, paraît avoir cessé d'attirer l'attention des hydrauliciens. La construction en a été cependant beaucoup améliorée par M. Bollée, habile ingénieur du Mans. Par l'adoption d'un clapet analogue aux soupapes à double siége, il est parvenu à diminuer l'intensité des chocs entre les parties solides de l'appareil. Il a lié ce clapet à un balancier chargé d'un contre-poids qui l'équilibre en partie et qu'on peut augmenter ou diminuer; au moyen de quoi on obtient un ralentissement ou une vitesse plus grande dans le jeu de la machine. Le réservoir d'air est alimenté par une pompe que

---

[1] *Annales des ponts et chaussées,* 1856.
[2] *Commission des inventions de l'École*
des ponts et chaussées, année 1865.
[3] *Ibidem.*

le bélier lui-même met en mouvement, et qui, établie au-dessus du niveau des plus hautes eaux, fonctionne encore quand le bélier est noyé, ce qui permet d'utiliser alors toute la chute disponible.

La machine à colonne d'eau oscillante de M. le marquis de Caligny permet, comme le bélier hydraulique, d'utiliser le travail qui est dépensé lorsque l'eau coule, par un tuyau de conduite, d'un réservoir à un autre situé plus bas, pour élever en un point du trajet une partie de cette eau à un niveau supérieur à celui du premier réservoir. A cet effet, le tuyau de conduite doit s'enfoncer, sur une partie au moins de sa longueur, à une assez grande profondeur au-dessous du bassin de réception, de manière à former un siphon renversé. Au point le plus bas de ce siphon s'adapte le tuyau vertical ascensionnel; ce tuyau, par le moyen d'une valve mobile appliquée près de son pied, est mis alternativement en communication exclusive avec la première partie de la conduite venant du bassin supérieur, et avec la seconde partie allant au réservoir inférieur, et constitue le canal de décharge. Si, à un moment donné, on suppose le tuyau ascensionnel vide, et isolé à la fois des deux parties de la conduite remplie d'eau, qui communiquent, l'une avec le réservoir d'amont, l'autre avec le réservoir d'aval; et qu'on établisse alors la communication de ce tuyau avec la conduite d'amont, l'eau s'y élancera par une oscillation ascendante et viendra dégorger par son orifice supérieur avec une vitesse décroissante, pourvu que la hauteur de cet orifice au-dessus du niveau de l'eau dans le bassin supérieur soit plus petite que l'abaissement du pied du tuyau ascensionnel au-dessous de ce même niveau. Au moment où le dégorgement cessera et où toute la colonne d'eau sera arrivée à l'état de repos, que la valve soit tournée de manière à mettre le tuyau ascensionnel en communication avec la conduite d'aval aboutissant au bassin inférieur, en l'isolant de la conduite d'amont, le contenu tout entier du tube ascensionnel s'écoulera par une oscillation descendante dans la conduite, qui versera un volume d'eau égal dans le bassin inférieur; la valve revenant alors à sa première position, une nouvelle oscillation ascendante, avec dégorgement par l'orifice supérieur du tuyau ascensionnel, se produira, et ainsi de suite.

M. de Caligny a proposé un grand nombre d'applications variées de sa machine, parmi lesquelles nous citerons celle qui se rapporte aux écluses des canaux de navigation, où elle procurerait une diminution de la dépense d'eau. Aucune d'elles n'a encore été réalisée pratiquement. Les difficultés résident uniquement dans la construction et l'installation d'un mécanisme régulateur qui, mis en mouvement par la machine, amène sûrement aux moments convenables, les déplacements alternatifs de la pièce mobile dont dépend le jeu régulièrement périodique de tout le système[1].

RÉCEPTEURS HYDRAULIQUES.

Nous les partagerons en trois catégories : les machines à colonne d'eau, les roues à axe horizontal, enfin les turbines.

Machines à colonne d'eau. — Elles ont été d'abord appliquées exclusivement à l'élévation d'une partie de l'eau d'une chute à un niveau supérieur à celui de cette chute et à l'épuisement de travaux de mines. La plus ancienne machine de ce genre est celle de Denisard et de La Deuille, qui fut établie en 1731 et qui est décrite dans le tome V du Recueil des Machines approuvées par l'Académie royale des sciences. Elle diffère beaucoup, dans son ensemble et dans ses détails, dont quelques-uns sont fort ingénieux, de celles qui ont été construites postérieurement.

La machine imaginée, quelques années après, de 1736 à 1739, par Bélidor, et dont on trouve une description détaillée dans le second volume de son Architecture hydraulique, est disposée, comme celle de Denisard et de La Deuille, pour relever à une hauteur quelconque une partie de l'eau d'une chute; mais on y trouve déjà tous les organes essentiels de la machine à colonne d'eau pour l'épuisement des mines, telle qu'elle fut établie, vers 1749, par

---

[1] Rapport sur un mémoire de M. de Caligny, par M. Coriolis, rapporteur. (Comptes rendus des séances de l'Académie des sciences, t. VII, 1838, p. 419.)

Höll, dans une mine du district de Schemnitz, en Hongrie. Un robinet à double voie met alternativement, suivant la position qu'il occupe, le cylindre contenant le piston moteur en communication avec la colonne de chute et avec un canal de décharge. L'appareil régulateur consiste en un poids en forme de marteau, fixé par son manche sur un arbre horizontal mobile autour de son axe. A chaque excursion du piston dans un sens ou dans l'autre, le poids est élevé jusqu'à sa position d'équilibre instable, qu'il a légèrement dépassée au moment où le piston arrive à la fin de sa course : en retombant au delà de cette position d'un côté ou de l'autre, il fait tourner brusquement le robinet de 90 degrés. La machine motrice et la pompe élévatoire sont l'une et l'autre à simple effet. Les deux pistons sont fixés sur une même tige horizontale, et les cylindres dans lesquels ils se meuvent sont ouverts à celles de leurs extrémités qui sont en regard l'une de l'autre. Le piston de la machine motrice est ramené, dans sa course rétrograde, par la pression que la colonne de chute exerce sur le piston de la pompe élévatoire, tandis que l'eau remplissant le cylindre s'écoule à travers le robinet régulateur dans le canal de décharge.

M. Héron de Villefosse a décrit, dans le troisième volume de la Richesse minérale, des machines à colonne d'eau établies en projet pour l'épuisement des mines, dans le Hartz, à Freyberg, en Carinthie, et en particulier l'une de celles qui furent construites par M. de Reichenbach pour l'élévation et le transport des eaux extraites des puits salés de Reichenhall, aux usines de Rosenheim, en Bavière. Dans cette machine, qui est à double effet et qui met en jeu une pompe également à double effet, dont le piston est fixé sur le prolongement de la tige du piston de la machine, l'admission de l'eau motrice à chaque extrémité du cylindre de la machine, et l'écoulement de cette eau dans le tuyau de décharge, après qu'elle a produit son effet, sont réglés par un système de deux pistons fixés sur une même tige, et qui, à la fin de chaque excursion du piston moteur, se déplacent en montant ou en descendant d'une petite hauteur dans un cylindre alesé vertical placé latéralement à la machine. Dans leur position intermédiaire, les deux pistons se trouvent en face des ouvertures par lesquelles l'eau entre et sort alternativement à chaque extrémité du cylindre; de sorte que celui-ci se trouve isolé à la fois de la colonne de chute et du tuyau de décharge. Dans leur position supérieure, les deux ouvertures sont démasquées : l'eau motrice afflue au bas du cylindre et pousse le piston moteur de bas en haut, tandis que l'eau supérieure à ce piston s'écoule par l'ouverture supérieure dans l'intervalle compris entre les deux pistons du régulateur, et de là passe au tuyau de décharge. Dans leur position inférieure, l'inverse a lieu : l'eau motrice afflue à la partie supérieure du cylindre, et l'eau qui est sous le piston moteur s'écoule à mesure que celui-ci descend, et va au tuyau de décharge. La continuité du jeu de la machine exige donc qu'à la fin de la course ascendante du piston moteur, le système des pistons régulateurs soit brusquement abaissé d'une hauteur égale à deux fois la hauteur des ouvertures d'admission et d'émission, qui est égale à l'épaisseur de chacun des pistons, et qu'à la fin de la course descendante, le système soit brusquement relevé de la même quantité. Cet effet est obtenu par le jeu d'une petite machine à colonne d'eau auxiliaire, dont le piston moteur est fixé sur le prolongement de la tige qui réduit le système des pistons dont nous venons de parler, et qui a elle-même pour régulateur un robinet à quatre voies, que la tige du piston moteur de la machine principale fait tourner d'un quart de révolution dans un sens ou dans l'autre, à la fin de chacune de ces excursions ascendantes ou descendantes, au moyen d'un mécanisme approprié.

La belle machine à colonne d'eau établie par M. Junker à la mine d'Huelgoat (Finistère), et décrite par cet habile ingénieur dans les *Annales des mines* (t. VIII, 3ᵉ série, 1835), est une machine à simple effet, dont le cylindre vertical est ouvert à la partie supérieure et où l'eau motrice est admise sous le piston moteur, à la tige duquel la tige du piston de la pompe élévatoire est liée directement. Les plans en furent arrêtés par M. Junker, avec les conseils de M. de Reichenbach. On y trouve réunis tous les perfectionnements dont ce genre de machines est susceptible. L'admission de l'eau motrice dans le cylindre et sa sortie sont réglées par un piston équilibré par un contre-piston fixé sur la même tige et d'un diamètre légèrement différent, de manière que la résultante des pressions exercées par les eaux en sens opposé sur l'ensemble du système tende à le maintenir dans sa position la plus élevée, où la communication est établie entre le bas du cylindre et le canal de décharge. Le piston moteur est alors à la partie inférieure de sa course, où il est maintenu par l'excès de son poids, et de celui de l'attirail des tiges de la pompe élévatoire, sur les contre-poids qui les équilibrent en partie. Le contre-piston est surmonté d'un cylindre creux, de diamètre un peu moindre que le sien et qui, sortant à l'extérieur à travers une boîte à étoupes, laisse en dessous de cette boîte, entre lui et la paroi du corps de pompe, un petit espace annulaire, à la partie supérieure duquel une ouverture pratiquée dans l'épaisseur du corps de pompe donne alternativement accès à l'eau de la colonne motrice et à l'eau du canal de décharge. Dans le premier cas, l'excès de pression de la colonne d'eau motrice sur la partie de la face supérieure du contre-piston qui forme la base de l'espace annulaire détermine la descente de tout le système, ce qui permet à l'eau motrice de s'introduire sous le piston régulateur. Dans le second cas, le système remonte, tandis que la petite quantité d'eau contenue dans l'espace annulaire s'écoule vers le canal de décharge. Il suffit donc de mettre en communication l'espace annulaire avec la colonne d'eau motrice, lorsque le piston moteur de la machine est au bas de sa course, pour que celui-ci commence son excursion ascendante, en entraînant le piston de la pompe élévatoire; et de mettre en communication le même espace annulaire avec le canal de décharge, quand le grand piston a terminé son excursion ascendante, pour qu'il redescende, entraîné par l'excès de son poids et de celui de l'attirail des pompes, en chassant dans le canal de décharge l'eau dont le cylindre se trouve rempli. Ces effets sont obtenus encore au moyen, non d'un robinet à quatre voies, mais d'un système de petits pistons régulateurs, qu'une légère force suffit pour déplacer dans le corps de pompe où ils se meuvent, et qui est mis en mouvement par le grand piston, lorsqu'il arrive aux extrémités de sa course, à l'aide d'une tige verticale fixée sur sa face supérieure et libre, et d'une combinaison de cames et de leviers dont on peut voir la description dans le mémoire cité de M. Junker.

Les meilleures dispositions sont prises pour éviter toute pression latérale du piston régulateur contre la paroi du cylindre qui le renferme, lorsque ce piston passe devant l'ouverture d'admission ou d'émission du cylindre de la machine; pour obtenir l'occlusion et l'ouverture graduelles de cette ouverture, et éviter les coups de bélier que produirait l'arrêt brusque des colonnes d'eau en mouvement; pour rendre la manœuvre de la machine facile et sûre, lors de la mise en train et de l'arrêt, et afin de pouvoir en ralentir ou en accélérer le mouvement. L'installation dans ce puits ne laisse rien à désirer : aussi l'établissement de la machine d'Huelgoat, et d'une autre machine du même genre établie à Clausthal à la même époque, par M. Jordan, aidé, comme l'ingénieur français, des conseils de M. de Reichenbach, marque-t-il l'époque des derniers perfectionnements apportés aux machines à colonne d'eau appliquées à l'épuisement des eaux des mines.

L'incompressibilité des liquides n'a pas permis de lier directement aux pistons des machines à colonne d'eau, comme on l'a fait pour les machines à vapeur ou à air, les mécanismes qui amènent le déplacement des robinets ou des pistons régulateurs à la fin de chaque excursion. Il a fallu, pour écarter les causes d'arrêts et même de ruptures, employer comme intermédiaires, soit des poids que le piston soulève et qui déplacent le régulateur en retombant brusquement, comme dans les premières machines de Bélidor, de Höll, etc. soit une machine à colonne d'eau auxiliaire, qui déplace le régulateur de la machine principale, et a elle-même un régulateur dont le jeu est déterminé par le piston de celle-ci, comme dans les machines de Bavière, d'Huelgoat, etc. La même cause a longtemps été un obstacle à l'application des machines à colonne d'eau à la mise en mouvement de pièces qui doivent recevoir un mouvement de rotation continu, tels que les tambours des machines d'extraction et les arbres moteurs de la plupart des machines industrielles.

Toutefois M. Schitko, ingénieur à Schemnitz, avait construit, vers 1832, un bocard à minerais ayant pour moteur deux machines à colonne d'eau et à balancier, qui imprimaient à un arbre porteur d'un volant un mouvement de rotation continu; ce mouvement était transmis à l'arbre des cames par l'intermédiaire d'un système de roues dentées. Les machines motrices avaient pour régulateurs des robinets d'une construction particulière, mis en mouvement au moyen d'excentriques calés sur l'arbre du volant.

Ces difficultés, qui compliquaient la régulation des machines à colonne d'eau et la transformation du mouvement rectiligne alternatif de leurs pistons en mouvement de rotation continu, ont été complétement et heureusement surmontées par Armstrong, au moyen d'un artifice ingénieux et fort simple, qui consiste essentiellement à adapter à chacun des tuyaux d'admission et d'émission du cylindre, entre ce cylindre et l'orifice dont le régulateur détermine l'occlusion momentanée, deux conduits latéraux allant aboutir, l'un au canal d'amenée des eaux motrices, l'autre au réservoir ou canal de décharge. Le premier de ces conduits est muni d'une soupape habituellement fermée par la pression même de la colonne d'eau motrice, et qui, lorsqu'elle est ouverte par une pression prépondérante, permet à l'eau refoulée par le piston de la machine de passer dans la colonne motrice. Le second est aussi muni d'une soupape établie de manière à intercepter le passage de l'eau contenue dans le cylindre et le tuyau d'admission de la machine au canal de décharge, et à laisser au contraire l'eau du canal de décharge re-

monter dans le cylindre par l'effet de l'aspiration que produit la continuation du mouvement du piston de la machine, après l'occlusion du
tuyau d'admission par le régulateur. Grâce à ces dispositions, les appareils régulateurs des machines à vapeur à simple ou à double effet
sans détente, en particulier les tiroirs à rebords, de largeur égale ou
un peu supérieure à celle des lumières, et mis en mouvement par
des excentriques, sont applicables aux machines à colonne d'eau.
Depuis que leur construction a été ainsi simplifiée, leur usage s'est
beaucoup répandu. Armstrong en a fait la plus heureuse application
à l'élévation des fardeaux au moyen d'appareils fixes ou de grues,
dans les gares de chemins de fer, les docks et magasins de marchandises. L'eau motrice, élevée, par des machines à vapeur fixes,
dans des réservoirs où elle est soumise à l'action d'un piston chargé
de poids, dit *accumulateur* de pressions, est distribuée, par un système
de conduites souterraines, à toutes les machines établies le long du
quai au pied duquel sont amenées les marchandises à décharger.
Chaque grue a deux machines, dont l'une, à simple effet, élève le
fardeau, et l'autre, à double effet, imprime à la volée de la grue un
mouvement de rotation autour de son pivot. De petites machines
du même genre peuvent être appliquées avantageusement à mettre
en mouvement des tours ou autres outils de petites dimensions et
n'exigeant qu'une faible dépense de travail, dans les ateliers des
villes où il y aurait des distributions d'eau dont les réservoirs do-
mineraient ces ateliers. Enfin Armstrong, et après lui quelques
ingénieurs hongrois et allemands, ont appliqué les machines à colonne d'eau à mouvoir les tambours de machines d'extraction établies sur des puits de mine. On cite en particulier celle de la mine
de plomb d'Allenhead, en Derbyshire, où les pistons de quatre
machines à colonne d'eau à simple effet impriment directement,
au moyen de bielles et de manivelles, le mouvement de rotation au
tambour sur lequel s'enroulent les câbles qui élèvent des poids de
7 à 10 quintaux (350 à 500 kilog.), avec une vitesse moyenne de
15 pieds par seconde. Les pistons des quatre machines ont 6 pouces

de diamètre, 18 pouces de course, et se meuvent avec une vitesse moyenne de 3 pieds par seconde.

Roues à axe horizontal. — La théorie générale des roues hydrauliques montre les conditions auxquelles le récepteur parfait devrait satisfaire; l'eau y entrerait sans choc, en sortirait sans vitesse, et n'éprouverait pendant son passage aucune agitation. Dans ces conditions, impossibles à réaliser, la totalité de la force vive possédée par l'eau motrice se transformerait en travail, et le rendement du récepteur serait égal à l'unité. La théorie particulière des roues employées dans l'industrie consiste principalement dans la recherche des quantités de travail perdues pour le récepteur, et dans la détermination du rendement réel de la machine. L'expérience est nécessaire pour contrôler les résultats de ces théories, qui, dans l'état actuel de l'hydraulique, laissent de côté une foule de circonstances plus ou moins importantes.

Les roues hydrauliques peuvent être classées en roues en dessous, roues en dessus et roues de côté.

La plus ancienne roue en dessous est la roue à palettes planes, emboîtée dans un coursier. Cet appareil est loin de satisfaire aux lois indiquées par la théorie générale. L'eau agit par choc à l'entrée de la roue, et, à la sortie, elle conserve une vitesse sensiblement égale à la vitesse linéaire de la palette sur laquelle elle a perdu une partie de sa force vive. De ces conditions on avait conclu autrefois que le meilleur rendement de cette roue correspond au cas où la vitesse linéaire moyenne de la palette est la moitié de la vitesse de l'eau; il en résulterait un rendement de o.5o. M. Bélanger a fait voir que ce résultat était encore exagéré, et que, pour qu'il fût admissible, il fallait admettre que la nappe d'eau motrice fût d'une épaisseur infiniment petite. Lorsqu'au contraire on tient compte de l'épaisseur effective de cette nappe, la diminution de vitesse qu'entraîne pour l'eau le passage dans les palettes amène une élévation du niveau en aval, qui représente un certain travail résistant de la pesanteur à déduire du travail transmis à la roue. Le rendement donné par la théorie de M. Bélanger s'abaisse à o.40, et l'expérience le fait descendre jusqu'à o.33.

La roue en dessous à palettes planes est la solution la plus simple, mais aussi la plus grossière, du problème des roues hydrauliques. M. Poncelet y a introduit un perfectionnement bien notable, en remplaçant les palettes planes pár des aubes courbes. Grâce à cette disposition, une molécule liquide entre sans choc sur une aube tangente à sa propre trajectoire, s'y élève jusqu'à une hauteur suffisante pour perdre, sous l'action de la pesanteur, sa vitesse relative, redescend en prenant une vitesse relative égale et contraire, et se retrouve, à la sortie, animée d'une vitesse absolue nulle, pourvu que sa vitesse initiale soit double de la vitesse linéaire du pourtour de la roue. Cette théorie approximative suppose que l'aube, dans la portion de son parcours où elle est ainsi parcourue par la molécule liquide, a un mouvement sensiblement rectiligne : le rendement théorique correspondant serait égal à l'unité. Mais la pratique exige des dispositions différentes. Au lieu d'une molécule ou d'une nappe de molécules sans épaisseur, il faut admettre dans la roue une nappe d'eau d'une épaisseur finie; pour lui donner entrée dans la roue, l'aube doit couper sous un certain angle la circonférence extérieure, au lieu d'y être tangente; le point où l'admission a lieu doit être reporté un peu en amont de l'aplomb de l'axe de la roue, et la vitesse de sortie ne peut plus être rigoureusement nulle. M. Poncelet a indiqué le tracé le plus avantageux de l'aube et du coursier, pour éviter le choc de l'eau à l'entrée. Le rendement constaté par expérience varie de o.60 à o.68; il est donc double à peu près du rendement pratique des roues à palettes planes. La roue de M. Poncelet est en définitive considérée comme un des meilleurs récepteurs qu'on puisse adopter lorsqu'on doit utiliser une petite chute[1].

Les autres roues hydrauliques ont ordinairement une allure

[1] M. Poncelet, *Mémoire sur les roues hydrauliques à aubes courbes mues par-dessous*, in-4°, 1825.

plus lente; elles prennent l'eau, les unes de côté, les autres en dessous; une partie de l'eau agit par son poids pendant son séjour dans la roue.

La théorie des roues de côté se résume dans la détermination des différentes pertes de force vive que subit l'eau, depuis son entrée dans la roue jusqu'à sa sortie; on y doit ajouter, pour avoir la perte totale de travail, la force vive qu'elle conserve à la sortie, laquelle est perdue aussi pour le travail moteur. Ces principales pertes sont dues, les unes à l'agitation de l'eau, lorsqu'en entrant dans la roue elle change sa vitesse propre dans la vitesse de l'auget, les autres au frottement du liquide dans le coursier. Un tracé particulier des augets peut diminuer la première cause de perte. En résumé, les roues de côté, bien construites, et marchant à vitesse modérée, ont un rendement de o . 8o, et sont les meilleures roues pour les chutes moyennes.

Les roues en dessus reçoivent l'eau sans vitesse dans des augets, à leur partie supérieure, et la laissent couler dans le bief inférieur, lorsque le godet a pris une position suffisamment renversée. Elles marchent généralement à petite vitesse. Si le godet, après s'être rempli au point le plus haut de la roue, pouvait ne se vider qu'au point le plus bas, la roue utiliserait la totalité de la chute; mais il n'en est pas ainsi. Une théorie approximative démontre que, dans chaque auget, la surface de l'eau affecte une forme cylindrique, dont le profil est circulaire, et a pour centre un point fixe situé sur la verticale passant par le centre de la roue. Ce théorème, dû à M. Poncelet, permet de tracer dans chaque auget les lignes qui limitent l'espace occupé par un volume d'eau défini. On saura donc trouver la position où le godet commence à se vider, celle où il est complétement vide, et, par tâtonnement, on pourra déterminer quelle est la quantité d'eau qu'il convient d'admettre dans les augets pour que le déversement de cette eau ait lieu dans les conditions les plus favorables possibles. Ordinairement on ne les remplit qu'au tiers de leur contenance. Une quadrature fait connaître la quantité d'eau contenue dans la roue à un même moment. Il est facile d'en déduire le travail transmis à la roue pour le déplacement d'un *pas*, c'est-à-dire pour un déplacement en vertu duquel chaque auget vient prendre la place de l'auget suivant. Par là, on arrive à la détermination du rendement, qui, pour une roue bien construite et marchant dans de bonnes conditions, peut varier de 0.75 à 0.80.

Le profil circulaire de la surface de l'eau dans l'auget suppose l'eau en équilibre relatif, et cette hypothèse est démentie par les déformations mêmes que le théorème indique pour le profil en passant d'une position à une autre. Au lieu d'un équilibre réel, il y a simplement tendance vers un équilibre dont les conditions se modifient incessamment. La surface de l'eau dans les augets se déforme à mesure que l'auget s'abaisse; le phénomène des marées, où la surface de l'Océan se déforme à chaque instant sous l'action des forces qui agissent sur la masse de ses eaux, offre un exemple analogue d'une tendance à l'équilibre qui ne peut être satisfaite.

Il existe encore des roues hydrauliques d'une autre espèce, ce sont les roues pendantes, portées par des bateaux, et mises en mouvement par le courant de la rivière. Le rendement en est toujours très-faible. Ce récepteur n'est plus guère employé aujourd'hui; on trouve encore cependant sur le Danube, au-dessous de Vienne, de nombreux moulins à nef, où l'on apporte les grains de la Hongrie.

ROUES À AXE VERTICAL. — L'invention des turbines, ou roues à axe vertical, remonte au siècle dernier; mais c'est seulement dans notre siècle qu'elles sont entrées en grand dans la pratique. Le nom de *turbine* a été proposé, pour la première fois en 1824, par M. Burdin[1], ingénieur des mines. On en connaît maintenant un grand nombre de dispositions; mais on peut les ramener à deux types principaux : dans l'un, l'eau traverse horizontalement la partie mobile de l'appareil; dans l'autre, les filets liquides descendent

---

[1] *Mémoire sur les turbines.* (*Bulletin de la Société d'encouragement,* t. XXIII, p. 256.) — Armengaud, *Moteurs hydrauliques.*

en conservant leur distance à l'axe vertical autour duquel cette partie mobile accomplit sa révolution. La turbine de M. Fourneyron appartient au premier type, la turbine d'Euler au second.

La turbine de M. Fourneyron se compose d'une couronne horizontale, analogue à la roue à aubes courbes de M. Poncelet, reliée à un pivot vertical, autour duquel elle peut tourner. L'eau motrice y pénètre par l'intérieur, guidée dans ce mouvement par des cloisons directrices fixes; la vitesse de rotation étant donnée, le tracé des aubes de la couronne mobile est effectué sous la condition qu'il n'y ait pas de choc à l'entrée de l'eau dans la couronne. Il faut et il suffit pour cela que l'aube, au point où elle rencontre la circonférence intérieure de la couronne, soit tangente à la vitesse relative de l'eau par rapport à la couronne mobile. Le mouvement de l'eau le long des directrices de cette couronne présente un exemple de mouvement relatif; la vitesse relative à l'entrée étant connue, on en déduira la vitesse à la sortie en appliquant au mouvement du filet liquide l'équation des forces vives, dans laquelle doit entrer le travail des forces apparentes, c'est-à-dire le travail de la force centrifuge. On néglige ordinairement le travail du frottement du liquide sur les aubes ; mais on pourrait l'introduire sans difficulté, soit immédiatement, soit par voie d'approximations successives. On arrive donc à trouver la vitesse relative à la sortie, en grandeur et en direction ; on en déduit aisément la vitesse absolue, laquelle doit être aussi petite que possible pour assurer un bon rendement. Il faudrait, pour qu'elle fût nulle, que l'aube directrice fût tangente à la circonférence extérieure de la couronne ; mais alors on retomberait sur la difficulté déjà reconnue dans l'étude de la roue de M. Poncelet : ce tracé tangentiel, admissible pour une molécule isolée, ne l'est plus pour un courant liquide, auquel on doit offrir partout une section libre qui suffise à l'écoulement. On est donc forcé, comme pour la roue de M. Poncelet, de tracer l'aube de manière qu'elle fasse un angle de 30 degrés environ avec la circonférence extérieure.

Sous cet angle, la vitesse absolue conservée par l'eau à la sortie n'est pas nulle ; mais elle est encore très-petite, pourvu que la vitesse relative de l'eau soit égale à la vitesse linéaire d'entraînement du pourtour de la couronne. Telle est, en gros, la disposition de la turbine de M. Fourneyron. C'est un récepteur qui serait parfait au point de vue pratique, si la quantité d'eau à donner à la turbine pouvait être toujours la même. La vraie difficulté que présente l'appareil est celle du vannage nécessaire pour réduire à volonté le volume de l'eau motrice. M. Fourneyron a essayé d'abord des vannes distribuées entre les cloisons fixes sur tout le pourtour du cercle intérieur de la couronne ; on les fait descendre simultanément au moyen de vis dont les écrous sont commandés par une même roue d'engrenage. De cette façon, on peut étrangler d'une même quantité tous les canaux formés par les aubes de la couronne mobile. Cet étranglement n'était pas sans inconvénient, et occasionnait dans la partie mobile des agitations de liquide et une perte correspondante de force vive. On y a remédié en partageant la couronne par de nouvelles cloisons, placées horizontalement, à égale distance les unes des autres, pour offrir au liquide, le vannage étant abaissé de la quantité convenable, des sections d'écoulement bien définies dans tous les sens. Mais, en même temps, ces cloisons augmentent le périmètre mouillé des tubes dans lesquels l'eau doit s'écouler, et, par suite, la résistance due au frottement du liquide. M. Callon a imaginé des vannages fermant complétement les ouvertures des aubes sur une portion seulement de la circonférence de la couronne ; la fermeture doit se faire à la fois pour deux arcs symétriques l'un de l'autre par rapport au centre de cette circonférence ; on conserve ainsi la symétrie d'efforts qui existe autour de l'axe dans la turbine Fourneyron, et qui est l'un des caractères de ce récepteur. Un dernier perfectionnement, dû à M. Girard, a consisté à faire fonctionner la turbine Fourneyron sous une cloche, d'où l'on chasse l'eau dans le bief inférieur, au moyen d'une injection d'air à une suffisante pression. Il résulte de là que, lorsque le vannage est abaissé d'une certaine quantité, la portion de la couronne qui ne sert pas à l'écoulement de l'eau motrice se remplit d'air au lieu de se remplir d'eau, et la couronne se trouve ainsi soulagée du poids d'une masse liquide qu'elle aurait à entraîner dans son mouvement, et dont les remous, au contact de l'eau motrice, occasionneraient des pertes de puissance[1].

La turbine d'Euler[2] est formée d'un tambour mobile, partagé par des cloisons directrices, et tournant autour de son axe, au-dessous d'un second tambour, fixe, partagé de même par des cloisons directrices. L'eau prend une vitesse de direction définie dans le tambour fixe; elle entre sans choc dans les canaux du tambour mobile, si les cloisons de ce tambour sont convenablement dirigées; puis elle sort en conservant une faible vitesse absolue, et sans s'éloigner de l'axe, de sorte que la variation de vitesse dans le passage du tambour mobile est due au travail de la pesanteur, et non au travail de la force centrifuge. C'est, au point de vue théorique, la seule différence qui existe entre la turbine d'Euler et celle de M. Fourneyron.

Euler avait, dès 1752, donné la théorie de ce récepteur, qui a servi de modèle aux turbines Fontaine, aux turbines Kœchlin, appareils que l'on emploie fréquemment aujourd'hui, et qui du reste ne diffèrent les uns des autres que par quelques modifications de détail. Euler admettait que le tambour mobile est à une distance assez grande du tambour fixe au-dessous duquel il tourne, et que la pression atmosphérique s'exerce librement dans cet intervalle; la vitesse d'écoulement et la dépense seraient alors indépendantes de la vitesse de la roue. Il est bien loin d'en être ainsi dans les turbines construites. M. Poncelet, dans son mémoire sur les effets de la turbine Fourneyron, lu à l'Académie des sciences le 30 juillet 1838, et M. Combes, dans son mémoire sur les roues à

---

[1] Armengaud, *Moteurs hydrauliques.* — Leblanc, *Recueil des machines.* — Turbines hydrauliques de M. Girard (t. V du recueil de Leblanc). Le brevet de M. Girard est de 1849. — [2] *Mémoires de Berlin,* 1750, 1751, 1753, 1754.

réaction, présenté dans la même séance [1], ont établi que la vitesse d'écoulement et la dépense d'eau sont modifiées par la vitesse de la roue, et montré comment cette vitesse influe sur la pression de l'eau, à son passage des canaux fixes dans les canaux mobiles.

A la classe des turbines se rattachent les anciennes *roues à cuiller, roues à cuve,* etc. où l'eau agissait par son choc, et qui sont aux turbines perfectionnées dont nous venons d'indiquer la théorie ce que la roue à palettes planes est à la roue de M. Poncelet. Le rendement de ces appareils primitifs est toujours très-petit. On peut encore annexer aux turbines les roues à réaction, analogues au tourniquet hydraulique, qui ne sont pas employées dans la pratique, mais dont la théorie présente un certain intérêt. Nous en citerons cependant dans le paragraphe suivant une application ingénieuse.

Enfin, comme dernière application des principes qui servent de base à la théorie des roues à aubes, nous indiquerons l'essai de chemin de fer à propulsion hydraulique de M. Girard : l'eau qui sert de moteur aux trains jaillit horizontalement par des orifices ouverts de distance en distance au milieu de la voie, sur des aubes courbes attachées aux wagons; ces aubes la rejettent en sens inverse de sa direction primitive, et les pressions qui se développent dans ce mouvement du liquide déterminent la progression du train.

Moulin à vent. — Le moulin à vent est, à certains égards, un récepteur hydraulique, où le mouvement de l'air remplace un courant liquide. Cet appareil, fort ancien, a été l'objet d'une remarquable étude de Coulomb, qui a notamment examiné avec beaucoup de soin les moulins à vent de la Flandre; il y a constaté un degré de perfection dont l'expérience et un certain sentiment mécanique avaient suffi à révéler les conditions aux constructeurs [2]. Coriolis a traité le problème des moulins à vent par l'analyse; il ad-

---

[1] *Comptes rendus de l'Académie des sciences,* 1838, t. VII, p. 292 et 306.

[2] *Observations théoriques et expérimentales sur l'effet des moulins à vent et sur la figure de leurs ailes.* — Coulomb renvoie au *Traité de l'équilibre et du mouvement*

met une vitesse constante pour le vent et une vitesse de rotation constante pour les ailes du moulin. Le travail moteur total, pour les quatre ailes, est donné par une quadrature qui suppose définie la relation entre l'inclinaison de la latte sur le plan général des ailes et sa distance au centre. On peut donc chercher quelle relation il faut établir entre ces deux quantités, pour que l'intégrale du travail devienne un maximum; question qui, à un point de vue général, rentre dans celles que l'on résout à l'aide du calcul des variations, mais qui, dans ce cas particulier, est beaucoup plus simple, parce que les variables dont on cherche la relation entrent seules sous le signe *intégrale,* sans les coefficients différentiels de l'une par rapport à l'autre. Chaque élément de l'intégrale, en un mot, peut être rendu maximum individuellement, de sorte qu'une simple dérivation donne la relation cherchée, qui n'est autre chose que l'équation, rapportée à des coordonnées particulières, l'une linéaire, l'autre angulaire, de la surface gauche que doivent former les ailes.

La pratique n'admet pas entièrement cette solution, parce que la vitesse du vent est très-variable, et celle des ailes du moulin, sans l'être autant, n'est pas absolument constante. On règle la voilure des ailes d'après la violence du vent, de la même manière qu'on prend des ris à bord des bâtiments à voiles; mais la forme même des ailes, dans la portion où l'on conserve la toile étendue, devrait, pour satisfaire à la théorie, se modifier avec la vitesse du vent. Du reste, les petites variations de forme sont sans influence, si l'on ne s'écarte pas trop du maximum indiqué par le calcul.

Le moulin à vent, tel qu'il est généralement construit, tel qu'on l'emploie encore en Hollande et dans toutes les plaines du nord de l'Europe, doit être orienté chaque jour d'après la direction effective du vent, et réglé d'après sa force et d'après le travail que doit accomplir la machine. M. Amédée Durand a construit en 1836 un

des fluides, de d'Alembert, et au traité De constructione molarum alatarum, d'Euler (Nouveaux Commentaires de Saint-Pétersbourg, t. IV, 1752).

système de moulin entièrement *self-acting*, qui s'oriente et se règle de lui-même et auquel il a apporté depuis plusieurs perfectionnements importants[1]. Le vent donne aux ailes l'orientation convenable; en même temps un mécanisme spécial, mû par un contrepoids, sert de régulateur à la machine : il tend à effacer les ailes et à réduire l'action du vent, à mesure que sa vitesse est plus grande. L'emploi de cette machine fort ingénieuse et bien conçue, appropriée à la mise en mouvement de pompes élévatoires pour des irrigations ou des approvisionnements d'eau, n'est pas à beaucoup près aussi répandu qu'il devrait l'être. Elle est pourtant d'une construction solide et rustique, et exige peu de frais d'entretien et peu de soins journaliers. La cause de cet abandon est une tendance générale, et peut-être peu réfléchie, de l'agriculture à imiter les procédés de la grande industrie. Pour celle-ci, une force motrice variable, intermittente, même quand elle est sans valeur, ne saurait équivaloir à une force régulière et continue, même quand elle est fort chère[2]. Il n'en est pas ainsi pour les travaux agricoles, et particulièrement pour ceux de la petite culture.

§ 7. PROPULSION DES NAVIRES.

On ne connaissait guère, il y a un siècle, que les rames et les voiles comme appareils propres à faire mouvoir les bâtiments. L'emploi de ces procédés donne lieu à des problèmes de mécanique que les plus grands géomètres n'ont pas dédaigné de traiter. Euler, notamment, a écrit sur cette matière un ouvrage intitulé : *Construction et manœuvre des vaisseaux*, et dédié au grand-duc Paul, alors grand-amiral, plus tard empereur de Russie[3]. Il y joignit comme supplé-

---

[1] *Notice sur un moulin à vent*, par M. Amédée Durand, brochure in-8°, 1836.

[2] C'est pour une raison analogue que l'industrie tire si peu de parti du mouvement des marées, bien plus régulier cependant que les mouvements de l'atmosphère. Quelques moulins à marée, et les chasses exécutées dans les ports, voilà tout ce qu'on en a pu faire. On a renoncé, après un essai, à s'en servir pour le levage du pont Britannia, au-dessus du détroit de Menai.

[3] Saint-Pétersbourg, 1773.

ment un mémoire sur l'action des rames. Ces travaux montrent
toute la portée pratique de l'esprit d'Euler, esprit universel, et également
supérieur dans l'analyse et dans la théorie des nombres, dans
la mécanique et dans la philosophie. Son ouvrage sur la navigation
est de l'année 1773. Depuis, de nombreux perfectionnements ont
été introduits dans cette branche de l'activité humaine. La vapeur
y a pénétré. En principe, le bateau à vapeur est un perfectionnement du bateau à rames. Dans les deux cas, la propulsion s'effectue
en imprimant à l'eau une certaine vitesse en sens contraire de la
marche du bâtiment; le centre de gravité du système formé par le
bâtiment et l'eau dans laquelle il plonge ne peut être déplacé par
les actions intérieures développées dans ce système; le bâtiment
prendra donc, dans le sens direct, et communiquera à l'eau qu'il
déplace le mouvement nécessaire pour maintenir dans l'immobilité
le centre de gravité général. Toute vitesse transversale communiquée aux filets liquides frappés par la rame ou la palette est
perdue pour la propulsion du bâtiment.

On lit dans les *Acta eruditorum* de Leipzig que Papin avait, à la
fin du xviie siècle, imaginé et même construit sur le Weser un bateau à vapeur à aubes[1]; mais la véritable invention du bateau à
vapeur est due à l'Américain Fulton, et date du commencement
de ce siècle[2]; la solution de Fulton est restée la plus simple et la
plus rationnelle du problème de la propulsion. C'est encore celle
que l'on adopte exclusivement pour les bâtiments à grande vitesse.
L'hélice constitue un procédé plus récent, moins satisfaisant au
point de vue mécanique, mais plus convenable à d'autres égards.
Il est assez difficile de dire à qui en est due l'invention[3]. L'appli-

[1] M. Figuier, *Découvertes scientifiques modernes*, t. III. L'invention de Papin daterait de 1706.

[2] En 1789, d'après M. Figuier.

[3] Voir, sur cette question : de Fré-
minville, ingénieur de la marine, *Cours pratique de machines à vapeur marines,*
1861; — *Traité pratique de la cons-
truction navale,* 1864; — Paris, *Traité de l'hélice propulsive,* 1855; — Brevet d'invention du sieur Dallery, 29 mars 1803;
— Bourgois, *Rapport au Ministre de la marine sur la navigation commerciale de l'Angleterre,* Paris, 1854; — Mémoire du

cation de la vis à la navigation a été proposée simultanément par plusieurs ingénieurs, et dans plusieurs pays à la fois. L'Autriche revendique la gloire de cette découverte pour un de ses nationaux, auquel elle a élevé une statue. Nous n'entreprendrons pas de juger une question de priorité aussi épineuse. L'emploi de l'hélice est aujourd'hui presque général pour les bâtiments de guerre. Son principal avantage est de noyer entièrement l'appareil propulseur, qui se trouve ainsi dérobé aux coups de l'ennemi. On en a fait, à une certaine époque, des essais multipliés sur les bâtiments du commerce, et l'on a cru pendant quelque temps à l'excellence du type offrant la combinaison de l'hélice avec une voilure complète. On obtenait ainsi le bâtiment mixte, marchant à la voile quand le vent est favorable, à la vapeur quand il est contraire, et pouvant pousser très-loin, grâce à ses voiles, l'économie du combustible. Ce type n'a pas justifié toutes les espérances qu'il avait fait concevoir, et le commerce y a presque entièrement renoncé, pour s'en tenir aux dispositions plus tranchées, qui satisfont pleinement à certaines exigences sans avoir la prétention de satisfaire à toutes. Le bateau à aubes est resté le modèle du bâtiment à grande vitesse qui fait les voyages rapides et réguliers entre l'Europe et le nouveau monde. Le bâtiment à voile conserve comme caractère l'économie du fret, et peut-être une sécurité plus grande. Lui aussi, il a gagné en vitesse, non-seulement par suite des améliorations introduites dans ses formes, mais encore par suite de la connaissance, qui chaque jour se développe, des lois des mouvements de la mer et de l'atmosphère. Les faits déjà recueillis sur ce point ont permis d'essayer une théorie des vents et des courants. Un Américain, le capitaine Maury, après avoir fait le dépouillement d'un grand nombre de registres de bord, a été conduit à tracer sur le globe les routes qu'il considère comme les plus avantageuses entre des points définis. D'autres ont cherché les éléments d'une *loi des tem-*

mème auteur *Sur la résistance de l'eau au mouvement des corps,* 1858; — *Revue des* Deux-Mondes du 15 juin 1862, article de M. Xavier Raymond.

pêles, qui, une fois connue, permettrait à l'homme de se dérober plus ou moins à leur influence. Qu'on soit loin de posséder aujourd'hui des données parfaitement certaines sur tous ces problèmes obscurs de la météorologie, c'est ce qui est évident; il n'en est pas moins vrai que ces efforts n'ont point été stériles, et, si l'on ne peut affirmer, comme quelques-uns le pensent, que tout soit déjà éclairci, on peut du moins dire que la lumière est en train de se faire. Les courants et les vents, de mieux en mieux connus, donneront à la navigation des facilités de plus en plus grandes.

L'hélice, réservée presque exclusivement aujourd'hui aux bâtiments de guerre, a été l'objet de nombreuses expériences qui ont amené à en améliorer la forme. Parmi les plus récentes, nous mentionnerons celles de MM. Moll et Bourgois, et, depuis encore, celle de MM. Guède et Jay, du génie maritime. On a réduit l'appareil à une fraction seulement de spire hélicoïdale; on a brisé la directrice de cette surface en lui donnant des pas différents, l'un pour l'entrée de l'eau, l'autre pour la sortie, séparés par un pas moyen; de cette manière, on réduit la violence du choc qu'éprouve l'eau à son entrée dans l'appareil. Les Anglais ont créé un autre type: ils substituent à l'hélicoïde gauche à plan directeur une surface à la fois hélicoïdale et concave, connue sous le nom d'*hélice Griffith*.

On a souvent songé, mais sans succès, à l'emploi des appareils à réaction pour mettre en mouvement les navires : les frottements développés dans les tuyaux d'écoulement enlèvent à ces appareils une grande partie de leur puissance motrice. On vient cependant d'en faire en Écosse une application utile aux bacs de la Clyde, à Glasgow : la machine à vapeur du bateau met en mouvement une pompe, qui puise l'eau dans la rivière par un tube vertical, et l'y fait retourner par des tuyaux horizontaux, différemment orientés, que le timonier ouvre et ferme à volonté. On obtient par le simple jeu des clapets les mouvements de progression, de recul, de dérive latérale, de rotation dans un sens et dans l'autre; le bateau n'a aucun organe qui fasse saillie sur sa coque; il n'a même pas de gouvernail; la manœuvre en est très-rapide; toutes conditions qui conviennent très-bien pour un bac destiné au transport des personnes d'un bord à l'autre d'une rivière très-fréquentée.

Sur les canaux et les rivières, ces dernières années ont vu se multiplier le procédé du touage sur chaîne noyée des remorqueurs destinés à la traction des trains de bateaux. On a essayé de supprimer la chaîne noyée attachée au fond de la rivière, et de la remplacer par une chaîne sans fin qui serait portée par le bateau lui-même, et qui donnerait le point fixe nécessaire au touage par son adhérence sur le fond du lit. Proposé en 1839 par un Bavarois nommé Hoheberger, expérimenté pour la première fois par M. Clément Desormes, en 1847, appliqué par M. Reynaud sur les canaux du Midi, ce procédé a été étudié de nouveau en 1862 par M. Beau de Rochas [1]. Des essais pratiques assez multipliés manquent encore pour faire connaître la valeur exacte de ce mode de traction. On a été plus loin encore en proposant d'employer le courant d'un fleuve comme force motrice pour faire remonter le bateau de l'aval à l'amont. On obtiendrait ainsi un bateau *aquamoteur*. Pour ce dernier problème, on n'en est pas encore arrivé aux essais pratiques, qui seuls, en pareille matière, ont la valeur d'une démonstration.

§ 8. MOUVEMENT DES GAZ.

L'étude du mouvement permanent des gaz forme une division spéciale de l'hydraulique, à laquelle on donne quelquefois le nom de *pneumatique*. A la base de cette doctrine particulière se trouve un théorème fondamental, analogue au théorème de Bernoulli pour les liquides. L'équation différentielle du mouvement permanent d'un filet gazeux résulte encore de l'application du théorème des forces vives; mais, quand il s'agit de l'intégrer, on rencontre une difficulté qui ne se présentait pas pour les liquides : leur incom-

---

[1] *De la traction des bateaux fondée sur le principe de l'adhérence,* Lacroix, 1862. — *Commission des inventions de l'École des ponts et chaussées,* 1864. — *Bulletin de la Société d'encouragement,* 1863, p. 454.

pressibilité presque absolue permettait en effet de regarder comme constant en tous les points du filet le produit de la section normale par la vitesse d'écoulement; lorsqu'il s'agit d'un gaz, la densité dépend à la fois de la pression et de la température, de sorte qu'au lieu d'une quantité constante, on introduit dans le calcul une fonction de deux variables.

La première théorie de l'écoulement permanent des gaz, due à Navier, laisse entièrement de côté les phénomènes calorifiques et admet que le gaz, sans changer de température, subit, d'un bout à l'autre de son trajet, une détente continue, d'après la loi de Mariotte. Cette hypothèse permet d'effectuer l'intégration et donne sous forme finie l'équation qui, pour les gaz, correspond à l'équation de Bernoulli pour les liquides.

Lorsque la différence des pressions extrêmes est peu considérable, la formule se simplifie et se ramène à celle des liquides. La vitesse d'écoulement d'un liquide qui sort d'un vase par un orifice en mince paroi est égale à la vitesse due à la hauteur du niveau du liquide dans le vase au-dessus du niveau de l'orifice; de même, pour les gaz, la vitesse de l'écoulement est due à la différence des hauteurs piézométriques qui mesurent les pressions du gaz à l'intérieur de son enveloppe et à l'extérieur.

Non-seulement l'expérience confirme ce résultat approximatif de la théorie de Navier, mais elle démontre même que l'équation ainsi simplifiée, dans laquelle le gaz est traité comme un liquide, est bien plus voisine de la réalité que l'équation complète, où l'on suppose dans l'intérieur du vase une détente continue. Les expériences faites par MM. de Saint-Venant et Wantzel[1], et répétées par un grand nombre d'observateurs, ont montré qu'on pouvait, dans tous les problèmes d'application où l'on doit considérer l'écoulement permanent d'un gaz, traiter ce gaz comme un liquide de même densité; et c'est ainsi qu'on résout dans la pratique toutes les ques-

---

[1] *Journal de l'École polytechnique*, 1837. — *Comptes rendus de l'Académie des sciences*, 2ᵉ semestre de 1843.

tions de distribution de gaz, d'écoulement dans les tuyaux, de contraction, d'ajutage, etc. Les valeurs particulières des coefficients empiriques restent seules à déterminer.

Cette méthode se réduit à une hypothèse substituée à l'hypothèse de Navier, et la théorie rationnelle du mouvement des gaz
restait encore à faire. Les nouveaux travaux sur la chaleur, principalement ceux de M. Athanase Dupré, de Rennes, et ceux du
professeur Zeuner, de Zurich, permettent aujourd'hui de voir plus
clairement ce qui se passe dans le phénomène si compliqué de
l'écoulement. L'équation différentielle du mouvement étant admise,
les circonstances calorifiques du phénomène ne sont pas toujours
les mêmes et influent sur le résultat définitif que doit donner la
formule. M. Zeuner[1] examine ici trois cas principaux.

Dans le premier cas, on suppose que le gaz n'éprouve, d'un bout
à l'autre de sa trajectoire, aucun changement de volume, ou qu'il
se comporte comme un liquide incompressible. La formule donne
alors pour résultat la loi de l'écoulement des liquides; la vitesse est
due à la différence de hauteur des colonnes piézométriques. Mais,
pour que ce cas se réalise, il faut qu'on enlève au gaz une partie
de sa chaleur pendant qu'il s'écoule.

Le deuxième cas est celui où la température reste invariable;
alors on retombe sur l'hypothèse de Navier, et la loi de Mariotte,
qui se trouve applicable, ramène à la formule logarithmique. Mais
ce cas suppose qu'on introduit une certaine quantité de chaleur
dans le gaz pendant que sa détente graduelle s'effectue, sans quoi
la température ne pourrait rester constante. Ces deux cas extrêmes
font donc retrouver les formules déjà obtenues par les anciennes
théories.

Le troisième cas est intermédiaire aux deux premiers : c'est celui
où on laisserait l'écoulement du gaz s'opérer sans addition ni soustraction de chaleur, ce qui suppose une variation de température.

---

[1] *Das Locomotiven Blasrohr*, 1863.

La formule de M. Zeuner indique la loi correspondante. Le produit de la pression par le volume n'est plus constant, comme
lorsque la température reste invariable, mais d'après une équation
posée par Laplace [1], et confirmée par les recherches plus récentes,
on trouve un produit constant en multipliant la pression par une
puissance du volume, marquée par le rapport des deux chaleurs
spécifiques. Si l'on introduit cette loi dans l'équation générale du
mouvement, on obtient une équation finale qui exprime que la
hauteur due à la vitesse d'écoulement est le produit de la différence
des températures du gaz, dans le vase et à la sortie, par la chaleur
spécifique sous pression constante, et par l'équivalent mécanique
de la chaleur.

Dans la pratique, c'est toujours le premier cas qu'on applique,
parce que la formule correspondante est très-simple, et que les éléments qui y figurent sont d'une détermination facile; parce qu'enfin
l'expérience l'a vérifiée dans tous les cas usuels. Quelques auteurs
ont appliqué cette formule à un cas théorique particulier, celui où
l'écoulement du gaz se ferait dans le vide. La formule donne encore
un résultat, mais il est facile de voir que l'analyse sur laquelle elle
repose ne subsiste plus; car on a supposé que l'écoulement s'effec-
tuait par filets parallèles, et, par conséquent, qu'il existait une certaine section, la section contractée, où la pression du gaz était égale
à celle du milieu ambiant. Si cette dernière pression était nulle, il
faudrait que la première le fût aussi, ce qui supposerait que le gaz
se répand dans toutes les directions autour de l'orifice, hypothèse
incompatible avec le parallélisme des filets.

Le ventilateur est la seule des machines destinées à mettre les
gaz en mouvement dont nous nous occuperons ici. On s'est servi
pendant longtemps des ventilateurs à ailes planes. Le rendement
de ces appareils est toujours très-faible; le ventilateur à aubes
courbes donne des résultats bien préférables et possède un rende-

---

[1] *Mécanique céleste*, t. V, l. XII. — Poisson, *Traité de mécanique.*

ment qui peut s'élever jusqu'à o.5o[1]. Malgré cette amélioration, la ventilation des mines se fait encore mieux au moyen de foyers d'aérage convenablement établis, que par l'intermédiaire des appareils mécaniques. La chaleur appliquée directement est de tous les agents physiques ou mécaniques celui qui, à moins de frais et le plus commodément, peut produire le mouvement des gaz; les machines soufflantes doivent être réservées pour les circonstances où il faut lancer un jet de gaz avec une grande vitesse sur un point défini, comme par exemple dans les hauts fourneaux et dans d'autres foyers métallurgiques.

§ 9. INDICATION DE QUELQUES APPLICATIONS REMARQUABLES DE L'HYDRAULIQUE.

DÉRIVATION D'EAUX DE SOURCE VERS PARIS. — Les divers systèmes de distribution d'eau à Paris peuvent se ramener à trois classes principales : les uns consistent à conduire, par un canal, des eaux de rivière prises en amont, à un niveau suffisamment élevé; les autres à puiser directement les eaux de la Seine ou de la Marne et à les élever au niveau convenable, à l'aide de machines; d'autres enfin, à dériver des eaux de source et à les amener à Paris par un aqueduc. A la première classe appartient le canal de l'Ourcq, qui a été construit sous l'Empire, et qui verse, par vingt-quatre heures, dans le bassin de la Villette, un volume de 100,000 mètres cubes d'eau, pris à un petit affluent de la Marne. La deuxième classe a été longtemps représentée par la machine de la Samaritaine, qu'on a détruite en 1851, et qui utilisait la chute de la Seine, près du pont Notre-Dame, pour élever dans un château d'eau les eaux de la rivière elle-même. Aujourd'hui les machines à vapeur de Chaillot et du pont d'Austerlitz accomplissent un travail analogue. Enfin, comme type de la troisième classe, on a l'aqueduc d'Arcueil, dont la construction remonte au règne de

---

[1] M. Combes, *Traité de l'exploitation des mines*, t. II, p. 452.

Henri IV, et qui amène 1,600 mètres cubes d'eau de source à distribuer, par vingt-quatre heures, dans les quartiers de la rive gauche. On pourrait faire une quatrième classe des puits artésiens, qui donnent à Grenelle et à Passy une certaine quantité d'eau chaude, prise dans les profondeurs du sol.

La dérivation de la Dhuis, terminée dès le mois d'août 1865, rentre dans la troisième classe, dont elle forme à coup sûr l'ouvrage le plus remarquable. Lorsqu'on a voulu doter Paris, dans ses quartiers même les plus élevés, d'une eau pure et fraîche, on a reconnu qu'il fallait prendre l'eau aux sources situées en dehors des terrains séléniteux qui s'étendent autour de Paris dans un cercle d'une centaine de kilomètres de rayon. La source de la Dhuis, petite rivière qui tombe, près de Condé-en-Brie, dans le Surmelin, affluent de la Marne, occupe le fond d'une vallée ouverte dans les plateaux de la Brie; sa distance de Paris est d'environ 120 kilomètres. A elle seule, elle donne par vingt-quatre heures, à l'altitude de 130 mètres, un volume de 20,000 mètres cubes d'une eau exempte de sulfate de chaux, marquant 24 à l'hydrotimètre de MM. Boutron et Boudet; sa température se maintient à 10° en toute saison. L'aqueduc de dérivation est construit en maçonnerie de ciment; il se développe, avec une pente de 10 centimètres par kilomètre, le long des coteaux de la Dhuis, du Surmelin et de la Marne, en perçant quelques contre-forts par des souterrains et en franchissant les plus fortes dépressions par des siphons ou conduites forcées. La longueur totale de la dérivation est d'environ 125 kilomètres; les principales conduites forcées sont celles du Petit-Morin, du Grand-Morin et de la Marne. La dérivation atteint le réservoir de Ménilmontant à la cote de 108 mètres au plan d'eau, hauteur qui permet de distribuer, par le seul effet de la pesanteur, de l'eau dans tous les quartiers de Paris.

Un autre aqueduc est en construction sur la rive gauche de la Seine. Cette nouvelle dérivation recueillera les sources de la Vanne, petit ruisseau qui va tomber dans l'Yonne, près de la ville de Sens, et les amènera dans le réservoir de Montrouge, au point culminant des coteaux de la rive gauche. Ce sera environ 100,000 mètres cubes par vingt-quatre heures mis à la disposition de la ville.

Une fois ce grand travail achevé, l'alimentation de Paris en eau de toute espèce présentera les ressources suivantes :

	Par 24 heures.
Prise d'eau de la Seine, machine de Chaillot............	38,000^{mc}
Idem. Machine du pont d'Austerlitz.................	22,000
Idem. Petites machines : Port-à-l'Anglais, Maisons-Alfort, Neuilly, Saint-Ouen........................	28,000
Prise d'eau de la Marne (*étage inférieur du réservoir de Ménilmontant; usine encore incomplète*)....	40,000
Canal de l'Ourcq (avec les prises de Trilbardou et d'Îles-les-Meldeuses).................................	180,000
Aqueduc d'Arcueil.................................	1,000
Puits de Grenelle (600), de Passy (8,000), de la Butte-aux-Cailles et de la place Hébert (16,000)...............	24,600
Eaux de Belleville et des Prés-Saint-Gervais.............	200
Aqueduc de la Dhuis (ne donne encore que 20,000)......	40,000 [1]
Aqueduc de la Vanne...........................	100,000
TOTAL.............	473,800

Ce volume doit être réduit à 400,000 mètres cubes, pour tenir compte des chômages; ce qui fait, pour une population qu'on suppose devoir monter à deux millions d'âmes, un volume de 200 litres par jour et par habitant, dont 70 litres en eau d'excellente qualité, et le reste en eau moins pure, destinée au lavage des rues et au service des fontaines publiques [2].

Les études qui ont précédé ces beaux travaux de la Dhuis et de la Vanne remontent à l'année 1855; les projets de cette époque

---

[1] Le volume de 40,000 mètres cubes sera complété par les sources de la vallée du Surmelin, qu'on doit dériver dans l'aqueduc de la Dhuis.

[2] Volume des eaux distribuées à Paris, en temps sec, 222,800 mètres cubes par 24 heures (fin 1866); volume des eaux distribuées en 1856 : 80,000 m. c.

comprenaient, outre les dérivations déjà exécutées ou en cours d'exécution sur les deux rives de la Seine, une dérivation beaucoup plus étendue, celle des sources de la Somme et de la Soude, qui se trouvent répandues dans le fond des vallées de la Champagne, à une altitude variable de 100 à 128 mètres. Ces sources donneraient à Paris, à la cote de 83ᵐ,60, une eau plus pure que les eaux de la Dhuis, car elle marque à l'hydrotimètre 14 au lieu de 24. La dérivation de la Somme-Soude aurait eu 180 kilomètres de longueur; elle aurait reçu, en divers points de son développement, les eaux des coteaux de la Brie, telles que les eaux de Vertus, la source du Sourdon et la source de la Dhuis elle-même. Mais cette dernière, jetée dans la conduite de la Somme-Soude, aurait perdu 25 à 30 mètres de sa hauteur; et l'on a préféré avec raison réduire provisoirement l'étendue des anciens projets, en établissant pour la Dhuis une dérivation spéciale, au niveau le plus élevé possible. En définitive, la construction de la dérivation de la Somme-Soude, dont le projet complet était dressé en 1856, est maintenant ajournée à un avenir indéfini. Les études de ce projet n'en ont pas moins présenté un grand intérêt au point de vue scientifique. Elles comprenaient le tracé d'une ligne de pente sous une inclinaison uniforme de 10 centimètres par kilomètre le long des coteaux de la Brie, puis à travers les plaines ondulées de la Champagne; les coupures à opérer dans cette ligne pour percer en souterrain les contre-forts trop longs à contourner, la détermination des points de départ et d'arrivée des conduites forcées, les déplacements de la ligne de pente après toutes ses altérations de longueur, le choix entre les conduites forcées, les aqueducs ou les tracés à fleur de terre pour le passage des dépressions : tous ces problèmes de tracé ont été résolus sur le terrain, d'après les indications du niveau et de la chaîne, et sous les deux conditions de réduire les frais de construction et de ménager la pente totale, conditions quelquefois contradictoires. Le jaugeage des sources au moment de l'étiage s'est opéré au moyen du déversoir en

mince paroi pour les sources de la Brie, qui s'échappent à flanc
de coteaux, dans des ruisseaux à forte pente; et au moyen du
tube de Darcy, pour les sources qui occupent le fond perméable
des rivières de la Champagne. La différence entre les débits
d'une même rivière pour deux profils voisins d'une source,
l'un en amont, l'autre en aval, donne en effet le débit de cette
source.

Une troisième série d'opérations comprenait l'analyse sommaire
des eaux, au moyen de l'hydrotimètre, qui, dans les conditions
où l'on se trouvait, donnait des indications bien suffisantes. On
n'a eu qu'à compléter à cet égard les belles recherches générales
entreprises précédemment pour tout le bassin de la Seine par
M. Belgrand, le premier et le véritable auteur des projets de
dérivation qui s'exécutent aujourd'hui [1].

MACHINE À COLONNE D'EAU ET À AIR COMPRIMÉ EMPLOYÉE AU PERCEMENT
DU MONT CENIS. — Le tunnel du mont Cenis traverse des roches
extrêmement dures sur une longueur de plus de 13 kilomètres.
Les fleurets de la machine perforatrice creusent dans la roche les
trous de mine au moyen desquels on fait le déblai. Le mouvement
des organes de cette machine est obtenu par l'action de l'air comprimé, qui permet la transmission, à grande distance, de la puissance motrice, et qui, à sa sortie des appareils, aère le souterrain.
Pour comprimer cet air, on a recours à une colonne d'eau. Mais
la hauteur limitée de cette colonne n'eût pas suffi à développer
une pression assez considérable; pour atteindre le nombre voulu
d'atmosphères, on emploie, non la pression statique de la colonne
d'eau, comme dans les machines à colonnes d'eau, mais sa force
vive, à l'imitation du bélier de Montgolfier ou plutôt des machines
oscillantes de M. de Caligny. L'eau est animée dans un tuyau d'une
certaine vitesse, qu'elle a acquise par suite de son écoulement au
bas de la chute. L'orifice d'écoulement est fermé à un moment

---

[1] *Documents relatifs aux eaux de Paris,* publiés par M. le préfet de la Seine,
1861.

donné. La colonne d'eau en mouvement ne s'arrête pas pour cela, mais elle épuise graduellement sa force vive en comprimant l'air contenu dans une chambre où une soupape lui donne entrée. L'air comprimé ferme cette soupape et en ouvre une seconde qui le fait passer dans le réservoir d'alimentation de la machine. Ces mouvements accomplis, le jeu des soupapes permet de nouveau l'écoulement de l'eau motrice et laisse rentrer dans la chambre de compression un nouveau volume d'air, qui va être comprimé de la même manière pendant la période suivante du mouvement. La pression obtenue dans le réservoir par cet artifice n'est plus limitée par la hauteur effective de la colonne d'eau, et peut être poussée indéfiniment, du moins jusqu'à la limite marquée par la résistance des appareils [1].

CHEMIN DE FER GLISSANT DE M. GIRARD. — Nous avons déjà parlé, à propos des turbines, du système de propulsion hydraulique imaginé par M. Girard. Nous devons citer ici une autre idée qui appartient au même inventeur, et qui consiste à réduire les frottements dans une proportion considérable par l'interposition d'un fluide en mouvement entre les parties en contact glissant les unes sur les autres. M. Girard a tenté l'application de cette idée aux chemins de fer. Il supprime les roues des wagons et les remplace par des patins qui portent directement sur la surface du rail. Sous ces patins, qui présentent une série de cannelures alternant avec les parties portant sur le rail, il injecte de l'eau à une pression suffisamment grande pour équilibrer le poids du wagon. Cette eau s'écoule en nappe sur le contour des rails. Les expériences ont montré que le coefficient du frottement descend, dans ces conditions, à une

---

[1] *Annales des ponts et chaussées*, 1863, t. V : *Rapport sur le percement du grand tunnel des Alpes*, par M. Conte, ingénieur en chef des ponts et chaussées. — Sommeillier, *Machines du mont Cenis*, dans *Il traforo delle Alpi, tra Bardonnèche e Modani*, relazione, 1863. — Devillez, *Des travaux du percement du tunnel du mont Cenis*, 1863. — De Caligny, *Notice historique et critique*, brochure, 1860. — M. de Caligny réclame la priorité de l'idée de l'application de l'air et renvoie à son mémoire inséré dans les *Annales des mines*, 1838.

valeur très-petite, 0,004 environ. Les essais de M. Girard ne sont d'ailleurs pas assez complets pour qu'on puisse encore se former une idée bien exacte de l'influence que pourrait avoir, sur la vitesse et sur l'économie de l'exploitation, cette substitution bien hardie d'un glissement au roulement dans le parcours des voies ferrées[1].

Les recherches sur cette matière présentent du moins un intérêt incontestable, en ce qu'elles font voir quelle influence exerce sur l'intensité du frottement un fluide interposé entre les surfaces en contact. S'il était possible de conserver une couche d'air entre les deux corps frottants, le glissement deviendrait pour ainsi dire infiniment petit. Mais les appareils connus ne permettent pas de réaliser dans la pratique ce glissement sur l'air. M. Girard a réussi au contraire à maintenir entre les deux corps une couche très-mince d'eau incessamment renouvelée, procédé qui donne d'excellents résultats, surtout lorsqu'on l'applique aux crapaudines sur lesquelles s'opère la rotation des arbres verticaux. On substitue alors à la crapaudine ordinaire, qui n'a qu'un petit diamètre, un large plateau, dans l'épaisseur duquel sont creusées, en dessous, des cannelures concentriques à l'axe, et sous lequel on fait passer une certaine quantité d'eau à une pression suffisante pour soulever légèrement l'arbre sur sa base. Le coefficient du frottement devient assez petit pour compenser, et bien au delà, l'augmentation subie par le rayon moyen du glissement, sans qu'on ait à craindre l'échauffement des parties frottantes, phénomène si fréquent avec les petits diamètres admis généralement dans les machines.

Les graisses, les huiles employées jusqu'ici pour lubrifier les surfaces frottantes sont loin de produire une diminution comparable dans l'effort de glissement. On s'explique néanmoins l'utilité de ces matières, en remarquant que leur viscosité les maintient dans les régions du contact, d'où la pression mutuelle des deux

---

[1] Voir l'ouvrage de M. Girard, *Hydraulique appliquée, chemin de fer glissant;* Paris, 1864, Gauthier-Villars.

corps qui glissent l'un sur l'autre tend sans cesse à les expulser. La disposition qui a pour résultat de conserver le liquide dans ces régions, malgré les grandes pressions qui s'y développent, permet de remplacer ces corps visqueux ou semi-fluides par un fluide véritable, qui adoucit bien davantage les frottements.

CHEMIN DE FER SOUTERRAIN À ASPIRATION. — Le système atmosphérique, appliqué, il y a une vingtaine d'années, à la traction des trains sur la rampe du Pecq à Saint-Germain, n'a jamais réussi complétement, et les perfectionnements de la locomotive l'ont fait abandonner pour le service des fortes inclinaisons. Ce système présentait de grandes difficultés d'ajustement, car il fallait laisser passer, à travers la paroi du tube d'aspiration, une tige reliant le piston mobile contenu dans ce tube à la tête du train, qui se trouve en dehors, et cela, sans compromettre l'étanchéité de la paroi. Les dispositions ingénieuses adoptées pour sauver cette difficulté n'ont pas eu de succès en pratique. De plus, considéré au point de vue du rendement mécanique, le système atmosphérique présentait une grande infériorité par rapport à la traction par locomotives.

Le chemin de fer atmosphérique souterrain, construit et exploité déjà depuis plusieurs années à Londres, et proposé pour Paris en 1864 par M. Chabrier et M. Berens, supprime la difficulté de la liaison du piston au train et réalise une amélioration pratique incontestable, en plaçant le train entier dans le tube d'aspiration. Par contre, ces chemins souterrains ne peuvent admettre que des trains de wagonnets, car la section du tube n'excède pas un mètre carré; les transports y sont donc réduits aux dépêches de la poste et aux denrées à destination des marchés de l'intérieur des villes. Dans le projet de M. Chabrier, les tubes souterrains devaient relier l'hôtel de la direction des postes et les halles centrales aux quatre gares des chemins du Nord, de l'Est, de Lyon et d'Orléans. Le tracé du réseau à ouvrir avait été étudié dans tous ses détails. Pour mettre le train en mouvement, il n'y aurait qu'à produire une aspiration à l'extrémité du tube vers laquelle le train doit se diriger; M. Chabrier proposait d'employer à cet effet l'appareil moteur adopté à Londres, c'est-à-dire un grand ventilateur à ailes courbes, aspirant l'air en son centre pour le répandre à sa circonférence.

Ces chemins souterrains, une fois construits, présenteraient à Paris l'avantage de soulager les voies publiques, dans les directions définies plus haut, de tous les transports de la poste et d'une notable partie des transports destinés aux Halles. Un tel avantage peut racheter la faiblesse du rendement inhérent à un pareil système.

Le moteur épuise l'air contenu dans la cavité formée par le tube jusqu'au piston, c'est-à-dire jusqu'à la tête du train; cette cavité se termine ainsi à une paroi mobile qui cède à l'aspiration. Le mouvement que prend le train a donc pour effet d'augmenter la pression de l'air sur la face du piston, où cette pression est résistante, et de la diminuer sur la face opposée, où elle s'exerce dans le sens de la marche.

Par suite du mouvement continu du train, la pression de l'air décroît d'un bout du tube à l'autre : elle décroît d'une manière continue entre l'extrémité libre du tube et la face postérieure du piston; elle subit une réduction brusque de la face postérieure à la face antérieure, puis elle décroît de nouveau d'une manière continue de cette dernière face à l'appareil d'aspiration. La machine aspirante, pompe ou ventilateur, doit donc fournir un travail proportionnel à la *dépression totale* produite d'un bout du tube à l'autre, tandis que le travail utilisé pour la propulsion est proportionnel seulement à la différence des pressions sur les deux faces du diaphragme qui entraîne les wagons. Or cette différence n'est qu'une fraction de la dépression totale, d'autant plus faible que le tube est plus long et la vitesse du train plus grande.

Pour les tubes de 2,200 mètres prévus par M. Chabrier, et pour un train pesant 13 tonnes et marchant à la vitesse de 30 kilomètres à l'heure, il aurait fallu que le ventilateur maintînt au bout du tube une dépression manométrique de 25 millimètres de mercure, et l'on aurait eu une différence utile de 6 millimètres seulement entre les pressions sur les deux faces du piston mobile. Le rapport de ces deux nombres, o.24, est le rendement, très-faible comme on le voit, propre au système atmosphérique dans les conditions particulières où on l'a supposé placé.

GRUES HYDRAULIQUES. — Les appareils hydrauliques imaginés par M. Armstrong, ingénieur à Newcastle-on-Tyne, ont pour objet d'obtenir, par le travail régulier d'une machine à vapeur, un travail disponible de beaucoup supérieur, pendant un court intervalle de temps, à la limite de puissance que cette machine pourrait développer pendant la même période. Le service des gares et des docks exige la production discontinue de semblables efforts, de durée généralement assez courte. C'est une série de *coups de collier*, qui exigeraient d'une machine à vapeur une action courte et très-énergique; et, pour que la machine fût capable de les produire dans le temps convenable, il faudrait lui donner une puissance qui ne trouverait aucun emploi utile dans les intervalles de ces actions successives. La chaudière brûlerait du charbon sans production de travail pour se trouver en feu au moment où la machine aurait à agir.

M. Armstrong réduit, par le système hydraulique, la puissance de la machine motrice à la somme des travaux à produire dans une période suffisamment longue, vingt-quatre heures par exemple. Concevons, pour simplifier cette exposition, que la machine à vapeur fonctionne d'une manière continue, et qu'on l'emploie à élever de l'eau dans un réservoir placé à un certain niveau. C'est au réservoir ainsi alimenté qu'on empruntera la puissance motrice; on pourra en régler à volonté la dépense par le jeu des robinets; on pourra la faire naître et l'interrompre aux moments opportuns. Le système hydraulique comprend donc en principe un moteur à vapeur, de puissance moyenne, un réservoir d'eau alimenté par ce moteur, et des machines à colonne d'eau, ou presses hydrauliques, qu'on met en action à volonté par un simple mouvement de clapets, en faisant écouler une certaine quantité de l'eau emmagasinée dans le réservoir [1].

On se servira par exemple du système hydraulique pour effectuer dans une gare toutes les manœuvres de force du matériel fixe, pour donner à une grue les deux mouvements qui lui sont nécessaires : l'un pour la tourner autour de son axe vertical, l'autre pour élever verticalement un fardeau ou le laisser descendre sans vitesse. Le système hydraulique s'appliquera de même au service des plaques tournantes. Lorsqu'une plaque porte un wagon à pleine charge, la manœuvre en devient pénible et l'on emploie souvent des chevaux pour l'opérer. Mais l'intervention des chevaux n'est pas sans inconvénients, car, à la fin de la course de la plaque, lorsque la chute des arrêts dans leurs enclaves vient brusquement interrompre le mouvement, un choc violent se produit entre les rails de la plaque et les rebords des roues du wagon, et ce choc, fréquemment répété, prédispose les essieux à la rupture. La manœuvre hydraulique, faite à l'aide d'un appareil qu'on peut régler à volonté, imprime à la plaque un mouvement doux, qui n'a sur le matériel aucune action destructive. Dans les docks, le système hydraulique s'applique au chargement et au déchargement des navires. En quelques heures une grue exécute le travail qu'autrefois des hommes faisaient en plusieurs jours et au prix des plus grandes fatigues.

Les appareils de M. Armstrong ont reçu des perfectionnements de détail qui en rendent l'installation beaucoup plus commode.

Prenons pour exemple la gare de Bercy, au chemin de fer de Paris à la Méditerranée. Le réservoir n'est pas en charge ; mais à côté s'élève une colonne de 10 mètres environ de hauteur, dans laquelle la machine à vapeur injecte l'eau ; la pression y est maintenue au degré convenable au moyen d'un contre-poids très-lourd, qui pèse à la façon d'un piston sur la surface supérieure du liquide.

---

[1] *Rudimentary treatise on the construction of cranes and machinery*, 1854. — *Bulletin de la Société d'encouragement*, 1849. p. 25.

La machine à vapeur amène ce contre-poids à son point le plus
haut; cette hauteur obtenue, elle s'arrête d'elle-même. Mais,
sitôt que les travaux de la gare ont abaissé le niveau de l'eau dans
la colonne, la machine se remet en mouvement, et ne s'arrête que
quand le niveau supérieur est atteint de nouveau. L'eau dépensée
par les presses hydrauliques qui donnent le mouvement à tous les
appareils de la gare retourne au réservoir, où la machine à vapeur
la reprend pour la refouler dans la colonne, de sorte que c'est toujours la même eau qui circule dans cet ensemble de machines.

Telle est la disposition qu'on donne aujourd'hui aux *accumula-
teurs hydrauliques*.

Ce système consiste essentiellement à emmagasiner un travail
dont la production est à peu près continue, pour le dépenser avec
intermittence. A cet égard, il est impossible de ne pas remarquer
l'analogie du système hydraulique avec l'écluse employée sur les rivières et les canaux navigables. Le mouvement naturel de l'eau dans
un canal où elle ne rencontre pas d'obstacle est un écoulement continu, par lequel elle acquiert une certaine force vive, représentant
un travail moteur. Le partage du canal en biefs successifs avec bar-
rages éclusés a pour effet d'accumuler dans des réservoirs ces quantités de travail disponibles, que l'on dépense au moment précis où
l'on a à faire passer un bateau d'un bief dans un bief à un niveau
différent, c'est-à-dire au moment où le travail moteur peut produire un travail utile. A ce point de vue l'écluse est comme une
grue hydraulique primitive, appliquée au mouvement vertical des
corps flottants.

Hydraulique agricole. — Bien que, assurément, on ait toujours
connu le principe du drainage, c'est seulement dans notre siècle
qu'il est entré dans la pratique courante de l'agriculture. L'Angleterre a été le premier théâtre de cette transformation. La France,
dont le sol est moins humide et plus riche en terrains perméables,
a imité l'Angleterre dans la mesure de ce qui lui était utile. Nous
n'avons pas ici à décrire les procédés du drainage, qui sont main-

tenant universellement connus, ni les effets de cette opération, que
tout le monde est à même d'apprécier. Nous nous contenterons
donc de présenter deux observations qui en font voir l'influence dans
certains cas particuliers.

Le service d'un puits de mine exigeait des épuisements conti-
nuels[1]. On draina le sol dans l'étendue du bassin de ce puits; aussitôt une réduction très-notable se produisit dans les épuisements,
qui étaient autrefois fort irréguliers, abondants après les orages,
presque nuls après les longues sécheresses. Depuis que le drainage
est fait, la quantité d'eau à extraire du puits ne subit plus que de
légères variations d'une saison à l'autre. De là une économie sur
la marche des machines d'épuisement. Que se passe-t-il, en résumé?
Les eaux qui tombent sur la surface du bassin, au lieu de pénétrer
dans le terrain à une profondeur indéfinie et d'inonder les travaux
de la mine, rencontrent à une faible profondeur le réseau des drains
et suivent cette route facile, pour revenir aux canaux naturels par
lesquels elles s'écoulent au dehors. Dans cet exemple, le drainage
a pour effet d'empêcher l'eau de s'infiltrer dans le terrain au-dessous
du niveau des tuyaux, plutôt que de dessécher partiellement les
terres situées au-dessus de ce niveau.

Certains terrains voisins du canal de Bourgogne étaient rendus
improductifs par les infiltrations causées par ce canal[2]. Les pertes
d'eau n'étaient pas très-considérables, mais elles rencontraient un
sous-sol imperméable, et, soutenues par ce matelas qu'elles ne pouvaient traverser, elles imprégnaient la couche supérieure du terrain
de manière à la rendre impropre à la végétation. On essaya, en 1854
et en 1855, d'appliquer le drainage à une soixantaine d'hectares
placés dans ces conditions, et l'essai réussit parfaitement. La présence
des drains suffit pour entraîner les eaux d'infiltration et les empêcher
de noyer la couche végétale. Malheureusement, les racines des bois

---

[1] *Mines de Sarthe et Mayenne, puits
Clotilde. (Annales des ponts et chaussées,*
chronique, 1855.)

[2] Renseignement fourni par M. Bazin,
ingénieur des ponts et chaussées, attaché
au service du canal de Bourgogne.

blancs et la végétation connue sous le nom de *queues-de-renard* ont depuis obstrué quelquefois les tuyaux. Le drainage est partout exposé à rencontrer cet obstacle, et l'on ne réussit à l'en garantir qu'en nettoyant les terrains, avec la plus parfaite attention, de tous les bois dont les racines vont chercher sous le sol les courants d'eau, pour s'y développer.

La pratique générale de l'irrigation est bien plus ancienne que celle du drainage. Dans les climats méridionaux, on peut dire que l'agriculture, qui a pour elle la chaleur, n'a besoin que d'eau pour produire la végétation la plus belle. Les irrigations de l'Arabie, du Milanais, de la Provence, du Languedoc et de l'Espagne sont dans de semblables conditions. Mais les pays du Nord n'ont pas moins à gagner à l'emploi de l'eau que ceux du Midi; et les irrigations de la Westphalie, de la Campine belge, et du Lothian en Écosse, font voir quelle richesse agricole est assurée à un peuple industrieux, qui sait se servir des eaux dont la nature lui permet de disposer.

Les agriculteurs de l'Angleterre et de l'Écosse ont essayé un perfectionnement des procédés d'irrigation, en substituant à l'eau pure des engrais liquides. Une ferme organisée pour recevoir les engrais liquides présente une canalisation souterraine analogue à celle des villes. Un réservoir central, où l'eau se mélange aux produits organiques des étables, distribue le liquide aux diverses parties de la ferme; un ouvrier le répand ensuite à la lance sur le terrain. De grandes discussions se sont élevées sur le mérite économique de ce système, que nous n'avons pas à juger ici. Quel que soit le résultat de ces discussions (et ce résultat peut varier, pour chaque ferme, avec les circonstances spéciales où elle se trouve placée), le système lui-même révèle une tendance de l'agriculture, à mesure qu'elle se perfectionne, à emprunter de nouveaux secours à la mécanique, et à prendre ainsi un caractère de plus en plus industriel.

Une grande canalisation a été faite à Londres, pour entraîner les matières organiques élaborées par la nombreuse population de cette ville, et les perdre assez loin dans la Tamise pour que le flot ne puisse plus les ramener à leur point de départ. L'utilisation agricole de ces matières a donné lieu à un nouveau projet : il s'agirait de les rassembler dans un réservoir, et de les élever au moyen de machines dans des aqueducs placés à différents niveaux; ces aqueducs les conduiraient dans la campagne, et les mettraient comme engrais à la disposition des agriculteurs. Un autre projet consisterait à amener les engrais liquides sur des dunes incultes qui bordent la mer du Nord, pour colmater et fertiliser, avec un liquide aussi riche en produits organiques, des terrains aujourd'hui sans valeur.

N'oublions pas de signaler les grands progrès faits, de notre temps, par l'étude de l'hydrologie des terrains, sujet si important pour l'agriculture.

L'hydrologie rend aujourd'hui les plus grands services. A ce point de vue particulier, les terrains se classent en perméables et en imperméables. Les calcaires, les argiles sont les types de ces deux classes. Les sables, d'une perméabilité moins rapide, forment une sorte de classe intermédiaire. La perméabilité plus ou moins parfaite du bassin d'une rivière exerce une grande influence sur son régime : les crues sont moins considérables dans les bassins perméables, et plus volumineuses au contraire dans un bassin d'une complète imperméabilité. La position des sources et le développement de la végétation mettent en évidence le degré de perméabilité des terrains. Ainsi les sources des coteaux de la Brie se trouvent distribuées le long des lignes d'affleurement des couches imperméables d'argile; l'argile plastique ou les marnes vertes donnent les *niveaux d'eau* où l'on trouve répartis les villages et les maisons de campagne; tandis que les sources de la craie blanche, que l'on voit en Champagne, sont les affleurements d'une nappe d'eau courante qui parcourt la profondeur du sol, et que découvrent seulement les fonds des vallées les plus profondes. Aussi les sources s'y montrent-elles seulement dans le lit des rivières. On est parvenu à fixer, dans cette région, par la considération de la perméabilité des di-

vers bassins, le rapport entre le débouché qui convient à un ponceau destiné au passage d'une route au-dessus d'une dépression,
et la superficie totale du bassin de cette dépression en amont du
ponceau. Ce rapport, nul pour les terrains perméables, croît à
mesure que l'imperméabilité devient de plus en plus complète.
Toutes ces remarques, dues à une longue expérience et à un
grand esprit d'observation, ont été réunies en 1852 par M. Belgrand, dans une remarquable étude sur l'hydrologie du bassin de
la Seine[1]. Depuis cette époque, la création, en 1856, de services
spéciaux d'ingénieurs chargés d'étudier les moyens de prévenir le
retour des calamités causées par les grandes crues des fleuves, a
généralisé ces études d'hydrologie, qui intéressent également la géologie, l'agriculture, la météorologie, la science de l'ingénieur et
l'hydraulique.

Les puits artésiens, exclusivement employés autrefois aux usages
agricoles, sont de vrais tubes piézométriques ouverts artificiellement
à travers le sol, jusqu'à la rencontre d'une nappe d'eau souterraine.
Dans les uns, le niveau piézométrique est au-dessus du sol, de
sorte que le puits permet de faire écouler l'eau au dehors et devient une véritable fontaine; tels sont les puits de Grenelle et de
Passy. Dans les autres, le niveau piézométrique reste au-dessous
du sol, et alors le puits, au lieu de donner de l'eau, est propre à
en absorber; tels sont les *boit-tout* où l'on perd quelquefois les eaux
de drainage. Les quantités d'eau qu'on donne ou qu'on prend à un
puits artésien ne sont pas assez grandes pour modifier sensiblement
les conditions de l'équilibre de la masse liquide. L'usage des puits
artésiens n'est pas seulement connu des Européens. Les Arabes y
ont quelquefois recours pour se procurer l'eau, si rare chez eux à
fleur de sol; mais ils n'ont pas les moyens de les tuber, et leur travail n'est pas durable.

FONDATIONS TUBULAIRES. — L'emploi de l'air comprimé dans les

[1] *Annales des ponts et chaussées,* 1846-1852.

fondations des ouvrages est l'une des plus belles applications modernes des principes de l'équilibre des liquides et des gaz. Les nouveaux appareils constituent une heureuse transformation de l'ancienne cloche à plongeur. Le premier perfectionnement qu'on y ait
introduit a consisté dans l'addition d'un sas à air, remplissant le
même rôle que le sas d'une écluse. Un bateau passe dans le sas
d'une écluse quand il a à sortir d'un bief pour entrer dans un autre
bief à un niveau différent du premier; et le sas permet d'opérer
ce transvasement sans modifier radicalement les niveaux respectifs
des biefs. De même le sas à air, ajouté à la cloche à plongeur, est
une chambre garnie de soupapes, au moyen de laquelle l'ouvrier
peut passer de l'air libre dans l'air comprimé de la cloche, ou réciproquement, en ne faisant perdre qu'une petite fraction de la pression intérieure. On obtient ainsi le bateau à cloche, avec lequel on
peut faire sous l'eau un travail suivi, tel que le déblai d'un rocher [1].

Les fondations tubulaires réalisent sur le bateau à cloche un
nouveau perfectionnement. Le tube dans lequel on comprime
l'air fait partie de la fondation. Les ouvriers déblayent les terres au
fond du tube; le déblai, dès qu'il est produit, est enlevé par le sas
à air. Le tube s'enfonce tout entier dans la cavité ouverte à sa
base. A mesure qu'il descend, on ajoute par-dessus les nouveaux
anneaux qui doivent lui appartenir. On parvient ainsi, de proche
en proche, à l'enfoncement total du tube. Alors on maçonne dans
l'intérieur du tube, et l'on obtient de cette manière une colonne
très-résistante, entourée d'une chemise métallique et enfoncée dans
le sol à une profondeur où la maçonnerie faite soit par immersion,
soit par épuisement, n'aurait pu atteindre. On est descendu, par
cette méthode, jusqu'à des profondeurs correspondantes à une
pression de trois atmosphères, limite que la santé des ouvriers ne
permettrait sans doute pas de dépasser.

Ce système si satisfaisant de fondation a été indiqué, pour la

---

[1] *Annales des ponts et chaussées,* 1848, mémoire de M. de la Gournerie.

première fois, par M. Triger, comme application possible des procédés qu'il employait pour ses travaux dans les mines de Cha-
lonnes. Le premier emploi qu'on en ait fait pour des fondations
hydrauliques se rencontre en Angleterre, au pont de Rochester.
Depuis, les chemins de fer se sont développés et ont multiplié les
ponts sur toutes les rivières, dans des conditions de terrain parfois
très-difficiles.

La fondation à air comprimé a été alors pour les ingénieurs
une bien précieuse ressource. On trouve aujourd'hui des fondations
de ce genre dans tous les pays et sous tous les climats, sur le Rhin
comme sur la Garonne, en Hongrie et en Russie comme en Amérique. Divers perfectionnements de détail l'ont encore améliorée.
Ainsi, on a substitué, à l'enveloppe de fonte sous laquelle on avait
à maintenir l'air comprimé, une enveloppe de tôle, où il est bien
plus facile de prévenir les fuites; et cela, tout en conservant les
tubes de fonte dans la plus grande partie de la hauteur de la colonne. Une simple cheminée de tôle, passant au centre des tubes,
raccorde la chambre de travail au sas à air et restreint, par la
réduction de son diamètre, l'espace où la compression doit être
entretenue [1].

D'autres constructeurs ont substitué aux tubes un caisson entièrement de tôle [2], dans lequel des dragues font le déblai. Le procédé des fondations à air comprimé est susceptible, en définitive,
d'une foule de dispositions particulières. Pour l'histoire et la description du procédé, que nous n'avons pu qu'esquisser, nous ne
pouvons mieux faire que de renvoyer aux divers travaux publiés
sur ce sujet, et entre autres à un excellent article, inséré dans les
Annales des ponts et chaussées par M. E. Cézanne, sur le pont de
la Theiss, à Szegedin, dont il avait dirigé les travaux.

---

[1] *Annales des ponts et chaussées*, 1865,
*Notice sur quelques levages exécutés en
Russie*, par M. E. Cézanne, ingénieur
des ponts et chaussées.

[2] *Pont de Kehl. — Description du pont
du Rhin à Kehl*, par MM. Vuignier et
Fleur-Saint-Denys, Paris, 1861.

CHAPITRE III.

MÉCANIQUE SPÉCIALE DES CORPS SOLIDES.

§ 1er. THÉORIE MATHÉMATIQUE DE L'ÉLASTICITÉ. NOTIONS NOUVELLES INTRODUITES DANS LA SCIENCE DE L'ÉQUILIBRE INTÉRIEUR DES CORPS SOLIDES.

De même que l'hydraulique, science appliquée, est plus ancienne que l'hydrodynamique, science exclusivement rationnelle, les phénomènes de la déformation des corps solides ont constitué pendant longtemps une science d'application, et ce n'est que, dans les trente dernières années, que les analystes sont parvenus à en fonder la théorie mathématique générale, théorie très-épineuse, plus récente et déjà plus avancée que l'hydrodynamique, avec laquelle pourtant elle a plus d'un rapport.

C'est Navier qui en a posé les premières bases. A peu près à la même époque, Poisson apportait à cette nouvelle branche de la mécanique le tribut de ses recherches et de ses efforts. Il entreprit le premier de soumettre au calcul le phénomène de la contraction latérale d'une verge solide qui subit une extension, et il arriva à conclure que la compressibilité cubique d'un solide est égale à une fois et demie sa compressibilité linéaire. Une expérience assez grossière sembla d'abord vérifier cette conclusion, qui devint classique et fut enseignée dans tous les cours. Mais des expériences plus précises, comme on sait les faire aujourd'hui, ont montré que le résultat des calculs de Poisson n'était pas d'accord avec la réalité, et que les deux compressibilités sont égales au lieu d'être différentes. Ces expériences, dues à M. Wertheim, ont jeté un grand jour sur la question de la constitution intime des corps solides, et ont permis de rectifier des hypothèses qui jusqu'alors paraissaient

admissibles aux analystes comme aux physiciens. La théorie mathématique de l'élasticité a été enfin fondée par les travaux de
Clapeyron et de Lamé, en même temps que par les recherches
de Cauchy. Les Leçons sur l'élasticité de M. Lamé en sont aujour-
d'hui le résumé le plus complet.

La méthode générale suivie dans cette théorie par les géomètres
est la même que celle de l'hydrostatique et de l'hydrodynamique.
On partage le solide dont on cherche les conditions d'équilibre
élastique en éléments de volume infiniment petits; chaque élément
se trouve en équilibre sous l'action des forces extérieures et des
tensions et pressions qui y sont développées. L'équilibre de l'élément s'exprime au moyen de six équations entre les forces extérieures, comme pour un corps solide quelconque; mais ces forces
extérieures comprennent, outre les forces données appliquées à
l'élément, les actions exercées par les éléments voisins, actions qui
peuvent s'exprimer en fonction des déformations diverses subies
par l'élément considéré. Tous les éléments de volume ne sont pas
entièrement compris dans l'intérieur du solide; il est nécessaire de
traiter à part l'équilibre des éléments rencontrés par la surface
extérieure, lesquels ne sont pas forcément complets, et qui d'ailleurs ne subissent pas sur toutes leurs faces l'action des éléments
voisins. En résumé, les équations de la théorie de l'élasticité expriment les relations analytiques qui lient les déformations éprou-
vées par un corps de forme quelconque aux forces extérieures qui
y sont appliquées. La difficulté qu'on rencontre à s'en servir est
une difficulté toute analytique, du moins lorsqu'on admet comme
une vérité absolue l'hypothèse faite sur la loi des déformations
simples du solide élémentaire.

L'analyse des équations aux dérivées partielles est encore trop
peu avancée pour qu'on puisse tirer un parti bien avantageux des
équations si complexes de l'équilibre élastique des solides. L'intégration peut s'opérer dans un nombre restreint de cas particuliers,
presque tous compris dans la théorie vulgaire de la résistance des

matériaux[1]. Néanmoins la nouvelle théorie a déjà rendu de grands services même à la science élémentaire, en donnant sur la déformation des pièces des notions plus justes et plus complètes que celles dont on se contentait auparavant.

C'est ainsi qu'on a été conduit à considérer, dans la déformation d'un corps, certains phénomènes accessoires qui pendant longtemps avaient passé inaperçus. Les premiers géomètres qui ont étudié la déformation d'une pièce horizontale chargée de poids se sont exclusivement occupés de déterminer la flexion de cette pièce, qui forme pour ainsi dire la portion apparente du phénomène. Quant aux diverses tendances auxquelles la pièce se trouve intérieurement soumise, ce n'est que plus tard qu'on a essayé de s'en rendre compte par le calcul. On ne connaissait pas autrefois les constructions légères, qui de nos jours se sont tant multipliées, et dont toutes les parties sont réduites aux moindres dimensions résistantes possibles. Ce progrès des constructions a imposé la nécessité d'étudier de plus près les véritables lois de la transmission des efforts, et d'appliquer une analyse plus rigoureuse à des problèmes que l'on avait pu regarder comme entièrement résolus.

Quand une pièce, droite ou courbe, fléchit sous l'action des forces qui y sont appliquées, la flexion prise par la pièce n'est pas l'unique phénomène à étudier, et le calcul fait connaître diverses tendances auxquelles la matière est soumise, lors même que ces tendances ne sont accusées extérieurement par aucune déformation appréciable. Si l'on coupe, par exemple, la pièce par un plan transversal, les forces extérieures qui agissent sur chacune des deux portions ainsi séparées tendront généralement à faire glisser en sens inverse chaque portion sur la portion voisine, et cette tendance devra être équilibrée par une résistance particulière développée par les molé-

---

[1] Voici la liste des cas particuliers déjà complétement étudiés : pièce à section constante, droite ou courbe, sollicitée par des couples ; — calotte sphérique ; — corps cylindrique de chaudière ; — traction ou compression simple ; — compression superficielle ; — torsion du cylindre circulaire.

cules matérielles comprises dans le plan de la section. Les anciens géomètres connaissaient cette tendance; Navier la signale en termes très-précis; mais ce n'est que de nos jours, et après le développement pris par les constructions en fer, qu'on a reconnu qu'elle pouvait avoir de l'importance dans la pratique, et qu'on lui a donné un nom, celui d'*effort tranchant*, expression consacrée aujourd'hui, bien qu'elle ne soit pas d'une parfaite justesse. Dans les poutres de bois comme dans les poutres de fonte, l'effort tranchant n'est pas essentiel à évaluer, parce qu'il se répartit sur une section matérielle toujours suffisamment nourrie dès que la résistance à la flexion est assurée; il n'en est pas de même pour les poutres de fer laminé, où les semelles dans lesquelles se développent principalement les efforts de résistance à la flexion sont reliées l'une à l'autre par une paroi de faible épaisseur.

Si, au lieu de couper par un plan vertical une poutre droite, que nous supposerons placée horizontalement et chargée de poids, nous la coupons par un plan horizontal qui la partage en deux régions, égales ou inégales, les tensions et les pressions développées dans ces deux parties par suite de la flexion générale de la poutre donneront dans chacune des efforts dirigés en sens contraire, et variables d'un point à l'autre de la portée; l'équilibre de chaque élément de la poutre exige donc que les molécules situées dans le plan coupant développent certains efforts, qui constituent ce qu'on a appelé la *résistance au glissement longitudinal des fibres*. C'est à un ingénieur russe, M. le colonel Jouraffski[1], qu'on doit les premiers calculs relatifs à cette tendance; il était alors chargé de la construction d'un pont américain sur le Verebia, pour le passage du chemin de fer de Saint-Pétersbourg à Moscou. Des expériences sur la flexion des poutres composées de planches superposées, dont il cherchait à faire un assemblage entièrement rigide, le conduisirent à évaluer les tendances au glissement auxquelles les liaisons auraient à résister.

---

[1] *Annales des ponts et chaussées*, 1856, t. II, p. 328.

La théorie vulgaire de la flexion des prismes renferme les éléments de la solution de ce problème; un détail de construction, interprété par un ingénieur habile, a ainsi doté la science d'une notion nouvelle et utile.

La théorie mathématique de l'élasticité a lié entre elles d'une manière générale les deux tendances que nous venons d'indiquer sous les noms d'*effort tranchant* et de *tendance au glissement longitudinal*, et a révélé entre elles une curieuse réciprocité. En un point quelconque de la section d'une poutre, l'effort tranchant par unité de surface est égal à la tendance au glissement le long de la fibre qui passe en ce point, rapportée à la même unité de surface, et cette égalité conduit à une autre conséquence, à la répartition de l'effort tranchant entre les divers points d'une section transversale. La théorie vulgaire donne l'effort tranchant total; la connaissance du glissement longitudinal permet ensuite de décomposer cet effort total en efforts élémentaires, localisés chacun en des points définis.

La théorie mathématique de l'élasticité a rendu un autre service à la science, en transformant de la manière la plus heureuse les notions relatives à la torsion des prismes. Coulomb avait étudié expérimentalement la torsion de cylindres droits à base circulaire, et avait découvert des lois très-simples, appliquées par lui et par d'autres physiciens à la mesure des attractions et des répulsions électriques. La simplicité de ces lois tenait à la forme symétrique des pièces soumises aux expériences, et le calcul pouvait y être appliqué sans qu'on eût à craindre aucune méprise. Mais on alla trop loin en voulant étendre les lois constatées pour la torsion des cylindres circulaires à la torsion des prismes de forme quelconque. L'observation, quand on y eut recours, démentit bien vite cette induction prématurée. M. de Saint-Venant entreprit ensuite d'appliquer à la torsion des prismes les équations générales de l'équilibre élastique, et ses intégrations ayant réussi, il peut être regardé comme le vrai fondateur de la théorie de la torsion dans le cas général où le prisme tordu n'a pas pour base un cercle [1].

La forme des équations générales de l'élasticité met en évidence un principe très-utile et très-fécond, pressenti depuis longtemps par les géomètres et fréquemment employé dans la théorie ordinaire de la résistance des matériaux, le principe de la *superposition des effets des forces*, analogue au principe d'hydrodynamique relatif à la *superposition des petites oscillations*. Enfin l'étude des effets dynamiques de l'élasticité forme dans la science une branche particulière, qu'on pourrait appeler la *mécanique vibratoire*, et qui se rattache aux doctrines les plus élevées de l'optique et de l'acoustique.

§ 2. RÉSISTANCE DES MATÉRIAUX.

La théorie de la résistance des matériaux, comme toute la mécanique moderne, remonte à Galilée, qui, en 1638, essaya de traiter le problème particulier de la flexion des solides encastrés. Outre les principes de la mécanique sur lesquels elle repose, elle invoque certaines hypothèses qui doivent être confirmées après coup par l'expérience. L'hypothèse adoptée par Galilée ne se trouva pas d'accord avec les observations; aussi les physiciens auxquels il avait ouvert la voie, Mariotte entre autres, essayèrent de la modifier. Enfin c'est à Jacques Bernoulli [2] qu'on doit l'hypothèse fondamentale dont on déduit toutes les lois de la flexion des pièces droites ou courbes, et dont l'expérience a fait reconnaître l'exactitude. A partir de cette découverte, qui remonte à 1705, on peut dire que la théorie de la résistance des matériaux est fondée; elle n'a cessé de faire des progrès, sous la double influence des analystes, Euler, Lagrange, Navier, et des expérimentateurs, Parent, Coulomb, Barlow, Tredgold, Dupin, etc.

---

[1] Navier, *Mécanique appliquée*, édition de M. de Saint-Venant, 1864.

[2] Mariotte paraît avoir connu dès 1680 la véritable loi de la flexion des prismes. (Voir *Résistance des solides*, de Navier, édition de Saint-Venant, 1864 : *Historique*.)

La première étude à faire pour cette théorie est celle du phénomène de l'allongement pris par une pièce droite tirée par une force donnée dans le sens de sa longueur, et du raccourcissement qu'elle éprouve quand elle est.comprimée sans flexion latérale. On déduit de l'étude attentive de ce phénomène bien élémentaire la définition de la limite d'élasticité, la relation qui lie les allongements relatifs aux forces qui les produisent, enfin la définition du coefficient d'élasticité, constante spécifique qu'on retrouve dans toute la suite des calculs de déformation. Lorsque les allongements sont suffisamment petits, on admet la proportionnalité entre la force et l'allongement relatif.

Le problème de l'oscillation d'un poids suspendu à l'extrémité d'une tige élastique de masse négligeable est un exemple du mouvement rectiligne d'un point attiré vers un centre fixe par une force proportionnelle à sa distance à ce centre : le mouvement est analogue à celui du pendule circulaire lorsque l'angle d'écart reste infiniment petit. Ce problème montre, par un calcul très-élémentaire, quelle influence fâcheuse les oscillations et les chocs peuvent avoir sur la résistance des divers organes entrant dans les constructions.

La quantité totale de travail développée pendant l'allongement d'un prisme élastique, sous l'action d'un choc brusque qui tend à l'étirer, a reçu de M. Poncelet le nom de *résistance vive*.

La contraction latérale des pièces, qui se manifeste pendant qu'une force de traction les allonge, est un phénomène accessoire, qu'on laisse de côté dans la suite de la théorie.

Après ces préliminaires relatifs à l'extension et à la compression des prismes, on passe à l'étude de la flexion.

C'est dans cette question qu'on rencontre l'hypothèse de Jacques Bernoulli sur la déformation des pièces droites ou courbes. Elle consiste à admettre que, si l'on coupe la pièce, avant la flexion, par un plan transversal qui en rencontre les fibres à angle droit, les molécules contenues dans ce plan, quand la pièce est dans son état

naturel, se retrouveront encore dans un plan, lorsque la flexion se
sera produite.

La théorie élémentaire des poutres ne considère que des pièces
symétriques par rapport à un plan moyen, et fléchies par des
forces situées dans ce plan. Il résulte de là que l'équilibre des divers éléments de la poutre est exprimé par trois équations, permettant de déterminer trois quantités inconnues. L'hypothèse de
Bernoulli est la plus simple qu'on puisse faire pour utiliser ces
données générales de la statique; car elle ramène le problème à déterminer les altérations des coordonnées qui définissent la position
des divers plans normaux menés à la pièce. Ces coordonnées sont
au nombre de trois : deux d'entre elles indiquent la position de la
fibre qui, après la déformation, a conservé sa longueur primitive;
la troisième est l'angle dont la déformation fait basculer le plan
normal autour de cette fibre non altérée. La solution du problème
de la flexion des pièces droites ou courbes est tout entière contenue
dans cette analyse, et pourrait être traitée d'une manière tout à
fait générale. Mais on a préféré jusqu'ici, pour l'enseignement, étudier d'abord les cas les plus simples, c'est-à-dire la flexion des
pièces droites soumises à des forces normales, puis la flexion des
pièces droites sollicitées par des forces obliques, et enfin la flexion
des pièces courbes.

Lorsqu'une pièce prismatique droite est sollicitée par des forces
normales à sa direction, la *fibre neutre* passe par le centre de gravité
des sections transversales; le *moment des forces élastiques* est égal au
produit du *moment d'inertie* de la section, par rapport à une droite
menée dans son plan perpendiculairement au plan de symétrie,
par la courbure que prend la fibre neutre et par le coefficient d'élasticité. On lui donne le signe adopté en analyse pour la courbure [1].

L'équation de la fibre neutre fléchie s'exprime en égalant, pour
chaque section, le moment des forces élastiques au *moment fléchis-*

---

[1] Nous substituons ici l'expression *moment des forces élastiques* à l'expression
moment d'élasticité, employée par certains
auteurs, parce que d'autres auteurs ap-

sant, c'est-à-dire au moment des forces extérieures qui agissent sur la pièce d'un même côté du plan sécant. Si l'on prend la fibre neutre avant la déformation pour axe des abscisses, le moment des forces élastiques est approximativement égal au produit du coefficient d'élasticité, du moment d'inertie de la section, et enfin de la seconde dérivée par rapport à l'abscisse de l'ordonnée de la fibre déformée. L'effort tranchant est en chaque point la dérivée du moment fléchissant par rapport à l'abscisse, prise positivement ou négativement, suivant les conventions.

Un grand nombre de problèmes usuels trouvent leur solution dans ces simples formules. On y considère une pièce horizontale posée ou encastrée en un point ou en deux points, et chargée de poids appliqués en des points déterminés, et en outre d'une charge également répartie. Le calcul exigeant une double intégration, il y a dans chaque question particulière deux constantes arbitraires à déterminer. Dans les problèmes de cette nature, on admet que la déformation n'altère pas sensiblement les positions des points où s'appliquent les forces données, de sorte qu'on peut prendre les moments des forces dans l'état naturel de la pièce, au lieu de les prendre dans son état déformé, ce qui serait plus rigoureux, mais ce qui compliquerait beaucoup plus la question. Nous verrons tout à l'heure un problème particulier où l'on ne peut suivre cette méthode.

Lorsqu'une poutre continue donnée repose sur plusieurs appuis, la question de la détermination des constantes devient beaucoup plus difficile. Les équations générales suffisent assurément pour la résoudre, car elles ne dépassent pas le premier degré. Mais le nombre des inconnues s'accroît rapidement avec le nombre des appuis, et l'on arriverait bientôt à des calculs d'une longueur rebutante. C'est dans cet état que Navier avait laissé la question. Elle

pellent *moment d'élasticité* le produit du moment d'inertie de la section du prisme par le coefficient d'élasticité de la matière. La confusion est du reste peu à craindre.

n'avait pas de son temps l'intérêt pratique qu'elle a acquis depuis peu d'années, par suite de l'établissement des ponts métalliques à plusieurs travées. M. Clapeyron, le premier, a indiqué une nouvelle méthode, beaucoup plus simple que celle de Navier, et dont l'esprit consiste à chercher d'abord les moments fléchissants sur les appuis, au lieu des réactions de ces appuis. Sa méthode a été presque sur-le-champ perfectionnée par la découverte d'un beau théorème, exprimant, sous forme linéaire, une relation qui lie entre eux les moments fléchissants sur trois appuis consécutifs. Ce théorème est dû à M. Bertot, ingénieur civil. Il contient une transformation de la première méthode de M. Clapeyron, transformation bien vite reconnue par M. Clapeyron lui-même, et développée par lui dans une Note présentée en 1857 à l'Académie des sciences.

Depuis on a encore perfectionné et développé cette méthode, grâce à laquelle un ingénieur peut aujourd'hui faire, en quelques heures, des calculs qui autrefois lui auraient pris plusieurs journées de travail [1].

La flexion des pièces droites sollicitées par des forces obliques se ramène aux mêmes équations que la flexion des pièces droites soumises à des forces normales, lorsqu'on admet, ce qui n'est pas rigoureusement vrai, que la flexion de la pièce n'est pas changée par suite des variations de longueur que les forces obliques font subir à la fibre moyenne. Les composantes parallèles à la pièce des forces extérieures influent sur la valeur des pressions locales, mais leur influence peut être négligée quand on cherche la figure de la pièce déformée. L'incertitude qui règne et qui régnera probablement toujours sur la valeur exacte du coefficient d'élasticité, nombre extrêmement grand, et la petitesse des variations de

---

[1] Voir, sur cette question, M. Clapeyron, *Note* présentée en 1857 à l'Académie des sciences; — M. Bresse, *Cours de résistance des matériaux*, t. III, Paris, 1865; — M. Piarron de Montdésir, *Ponts métalliques à poutres droites continues*, Paris, 1859; — M. Ed. Collignon, *Théorie élémentaire des poutres droites*, Paris, 1865.

longueur de la fibre moyenne dans les cas pratiques, permettent d'adopter sans inconvénient cette simplification des calculs. L'effort tranchant est encore donné par la dérivée du moment fléchissant par rapport à l'abscisse, lorsque les composantes des forces extérieures parallèles à la pièce, prises d'un même côté d'une section transversale, ont une résultante qui passe par le centre de gravité de cette section.

La déformation des pièces droites comprimées par leurs abouts rentre dans la question générale d la flexion des pièces sollicitées par des forces obliques. Mais ici on n'obtiendrait rien si l'on prenait les moments des forces extérieures avant la déformation, car on trouverait partout un moment nul, et la tendance à la flexion ne serait pas exprimée dans les formules. La pièce comprimée par ses abouts est en effet dans une position d'équilibre, qui peut être instable; l'analyse indique les conditions de stabilité, mais elle laisse dans l'indétermination la forme définitive que tend à prendre la pièce lorsque, la stabilité faisant défaut, la flexion latérale se produit. On se rend compte de cette particularité en remarquant qu'à mesure que la flexion s'accroît, le moment fléchissant augmente; de sorte que la déformation tend à s'accroître par le fait même de ses accroissements antérieurs. Ce fait n'a pas lieu pour une pièce soumise à des forces transversales; la déformation n'altère pas sensiblement alors les moments des forces qui contribuent à la flexion, et la déformation de la pièce peut atteindre rapidement la position d'équilibre. Les moments des forces élastiques doivent croître jusqu'à une limite fixe dans un cas; ils auraient à atteindre une limite qui fuit devant eux, dans l'autre.

La théorie des pièces pressées par leurs abouts, complète en ce qui concerne les conditions de stabilité de l'équilibre et l'influence des points fixes que peut posséder la pièce, laisse donc dans le vague le phénomène de la flexion, quand il se produit, et montre qu'une pièce ainsi comprimée, lorsqu'elle commence à fléchir, est en danger de rupture. Cette conclusion est nécessaire, si la force de compression est constante; mais elle ne serait plus admissible, si la force diminuait à mesure qu'on augmente la flexion. S'il en était ainsi, il est clair que la déformation pourrait atteindre une position d'équilibre définitive. On en a un exemple dans la figure qu'affecte un arc élastique dont la corde reçoit une tension donnée; figure déterminée, parce que le moindre excès de flexion dans l'arc ferait disparaître la tension de la corde. L'étude du phénomène considéré à ce nouveau point de vue exigerait d'ailleurs l'emploi de formules rigoureuses, car les formules approximatives que l'on emploie supposent que la déformation est très-petite, et que la pièce ne diffère pas sensiblement, en longueur, de sa projection sur la corde, toutes suppositions incompatibles avec la courbure qu'il s'agirait de calculer.

L'étude des solides élastiques dont une dimension est très-grande par rapport aux deux autres, et qu'on peut assimiler à une ligne, est complétée par la théorie de la flexion des pièces courbes.

Les grands analystes du xviiie siècle, Euler et Lagrange, ont cherché la solution générale du problème de la flexion des lames élastiques, mais leurs efforts avaient plutôt pour but de déterminer la figure prise par la lame que de déterminer la répartition des pressions et des tensions auxquelles la matière doit résister. C'est Navier qui, le premier, reprit le problème au point de vue strict de l'ingénieur. Sa méthode, simplifiée par un choix habile de coordonnées, ne laissait à désirer que quelques améliorations de détail. Aujourd'hui, après le beau travail que M. Bresse a publié en 1853 sur ce sujet, la question peut paraître épuisée. Les tables calculées par M. Bresse, et jointes à son mémoire et à ses cours, renferment tous les éléments dont un constructeur a besoin pour trouver rapidement les résultats qui l'intéressent. Les formules de M. Bresse, plus complètes que celles de Navier, tiennent compte de l'influence de l'extension des fibres, et de la dilatation de la pièce, que Navier avait considérée d'avance comme sans effets sensibles sur la déformation. Si les résultats essentiels sont désormais acquis par ces belles et consciencieuses recherches, il reste encore peut-être à perfectionner les méthodes de calcul au moyen desquelles on parvient à les établir. La théorie mathématique de l'élasticité peut opérer d'heureuses transformations dans l'exposition de ces doctrines.

Une des plus belles applications de l'analyse à la théorie de la flexion se rencontre dans le problème des poutres vibrantes. Nous avons déjà rappelé que d'Alembert avait résolu la question de la vibration des cordes; celle de la vibration longitudinale des verges, celle des colonnes d'air renfermées dans les tuyaux, etc. se résolvent par les mêmes équations. Le problème devient plus compliqué quand on cherche les vibrations transversales d'un système qui a de la rigidité, par exemple d'une poutre sur laquelle passe une surcharge mobile. La mise en équation du problème n'offre pas de difficulté spéciale : il y a toujours à exprimer l'équilibre des forces réelles qui agissent sur les éléments de poutre, des pressions et des tensions qui s'y développent, et des forces d'inertie où entrent les masses des divers éléments mobiles. Mais les équations aux dérivées partielles que l'on obtient ne sont pas intégrables sous forme finie ; la solution ne peut s'exprimer que par des séries d'un nombre indéfini de termes. Ces séries peuvent, d'ailleurs, recevoir deux formes différentes, qu'on utilise suivant la question spéciale qu'on a en vue d'étudier. S'il s'agit de mesurer les flèches prises par la poutre, on ordonnera les séries suivant les puissances entières de l'abscisse; si l'on veut seulement constater les lois du mouvement vibratoire, le développement en sinus et cosinus est préférable. On peut ensuite passer à la détermination des arbitraires et à la recherche des flèches, au moyen de la méthode fort élégante que, pour la première fois, Fourier a appliquée dans sa Théorie mathématique de la chaleur, et que Navier a suivie pour traiter le problème de l'oscillation des ponts suspendus. Dans les recherches plus récentes, on a généralement suivi la première méthode, la seule applicable au cas d'une charge mobile.

Parmi ces recherches analytiques, nous citerons l'étude de
M. Phillips, celle de M. Bresse, enfin celle de M. Renaudot [1]. La
question avait été d'abord traitée en Angleterre à un point de vue
expérimental, par une commission dont M. Willis faisait partie.
M. Stokes a joint au travail de cette commission des recherches
analytiques très-remarquables. Le problème est aujourd'hui encore
l'objet d'études du même genre, poursuivies au Conservatoire des
arts et métiers. Les expériences de la commission anglaise ont eu
un grand intérêt pratique, car elles ont permis d'apprécier les effets
dynamiques des charges en mouvement sur les ponts métalliques
que l'on commençait à construire pour les chemins de fer. Néanmoins elles n'étaient pas faites sur l'échelle qui se rencontre ordinairement dans les applications, et les résultats obtenus pouvaient
inspirer certaines craintes. Les travaux postérieurs, confirmés par
l'expérience en grand, ont montré au contraire que l'influence des
charges mobiles est de moins en moins sensible à mesure qu'on
augmente la portée des ouvrages, et qu'en définitive l'ingénieur n'a
pas à s'en effrayer, pourvu qu'il assure à ses ouvrages une roideur
suffisante. Les ponts suspendus eux-mêmes ont été appropriés au
passage des trains par une simple modification de construction, qui
donne de la rigidité aux chaînes. La ville de Vienne en présente
aujourd'hui deux remarquables exemples.

A ces études il faut ajouter divers travaux sur des questions de
détail, dans lesquelles on a à joindre les forces d'inertie aux forces
extérieures qui agissent sur les pièces pour les déformer : les deux
beaux mémoires de M. Phillips, l'un sur les ressorts, inséré dans
les Annales des mines, année 1852 [2]; l'autre sur le spiral réglant
employé dans les chronomètres, publié en 1864, par décision de

---

[1] M. Phillips, *Annales des mines*, 1855.
— M. Bresse, *Cours de mécanique appliquée*, t. II. — M. Renaudot, *Annales des
ponts et chaussées*, 1860.

[2] Ce travail a été aussi, sur le rapport
de M. Combes, inséré dans le recueil des
Mémoires des savants étrangers. Les règles
de construction des ressorts qui s'en déduisent ont été adoptées dans la pratique
des chemins de fer.

l'Académie des sciences, dans le recueil des Mémoires des savants
étrangers[1] ; travaux de longue haleine, où une savante analyse
conduit à des résultats pratiques ; les recherches de M. Résal sur
le fouettement de la bielle des locomotives[2], etc.

§ 3. EXPÉRIENCES SUR LA RÉSISTANCE DES PIÈCES PRISMATIQUES.

Les méthodes expérimentales n'ont pas reçu à notre époque des
développements moins importants que les méthodes analytiques.
Autrefois les expériences portaient sur des morceaux de petites dimensions, à l'aide desquels on déterminait les constantes spécifiques
applicables aux mêmes matériaux dans les plus grands comme dans
les plus petits ouvrages. C'est de cette manière que procédaient
les anciens expérimentateurs : Buffon, pour les bois; Rondelet, Ren-
nie, pour les matériaux entrant dans la composition des maçonneries; Barlow et Tredgold, pour le fer et la fonte; Vicat, pour
les mortiers. Leurs expériences avaient en général pour objet la
détermination de quatre quantités distinctes : le poids spécifique
qui entre dans le calcul des charges propres des ouvrages, le coefficient d'élasticité, la limite de l'élasticité, enfin la charge de rupture. Une cinquième quantité restait encore à déterminer, c'est la
limite de la charge qu'on peut faire supporter aux matériaux dans
la pratique, sans danger pour la durée des constructions. Cette limite n'est pas toujours constante, et elle diminue, pour une même
matière, d'un tiers ou d'une moitié, lorsque les charges sont per-
manentes. Ces expériences, répétées par un grand nombre d'observateurs, dans les conditions les plus diverses, ont jeté un grand
jour sur la pratique de l'art de l'ingénieur. Les tables de Genieys,
dans la section consacrée à la résistance des matériaux, en présentent sous forme succincte un excellent compte rendu.

La question des pièces pressées par leurs abouts, qui, comme
nous l'avons vu, conduit à des conséquences si particulières, a été

---

[1] *Annales des mines*, 1861.—*Journal de M. Liouville*, 1860. — [2] *Annales des mines*.

étudiée expérimentalement, et Rondelet, dans son Art de bâtir,
résumant tous les faits recueillis par ses devanciers sur la compression des bois, a donné une règle pratique qui indique les réduc-
tions successives que l'on doit faire subir à la limite de la charge,
à mesure qu'on augmente le rapport de la longueur de la pièce à
sa moindre dimension transversale. Il résulte de cette règle qu'une
pièce ayant en longueur vingt-quatre fois le côté du carré qui lui
sert de base ne doit supporter que la moitié de la pression que
supporterait avec sûreté la même pièce ramenée à la forme cubique. Ce sujet a été repris et perfectionné dans les expériences
des ingénieurs anglais, que nous allons passer en revue.

Parmi ces expériences, les plus nombreuses et les plus remarquables sont celles dont M. Hodgkinson publia en 1846 les résultats, sous le titre : *Recherches expérimentales sur la résistance et les
autres propriétés de la fonte*, ouvrage dont M. E. Pirel donna, en
1855, une traduction dans les Annales des ponts et chaussées. Les
expériences de Hodgkinson ont eu pour objet de déterminer avec
précision la résistance extrême des pièces de fonte à la traction,
à la flexion ou aux efforts transversaux, et de déduire des faits
observés les formes les plus avantageuses qu'il convient de donner
aux solides exécutés en cette matière. Les anciens observateurs,
préoccupés surtout de l'usage des formules déduites de la théorie
de la flexion, n'attachaient pas une grande importance aux phénomènes accompagnant la rupture, et la plupart d'entre eux né-
gligeaient de pousser leurs expériences au delà de la limite où
l'élasticité s'altère et où les formules cessent de s'appliquer. Les
observations de Hodgkinson ont sensiblement élargi le champ des
anciennes expériences.

A la même époque, le développement des travaux métalliques
sur les chemins de fer, et notamment la construction des grands
ponts en fer laminé de Conway et du détroit de Menai, furent
l'occasion de nouvelles expériences, très-nombreuses et très intéressantes, qui ont porté non-seulement sur des échantillons de

matière, mais encore sur des constructions de différentes formes, et qui ont permis d'apprécier à un point de vue pratique la valeur des nouveaux types qu'on venait de créer. Le compte rendu de ces observations, poussées généralement jusqu'à la rupture, se trouve dans les monographies de la construction des grands ponts de Stephenson.

Toutes ces observations ont conduit à des déterminations plus exactes des constantes spécifiques relatives au fer; elles ont montré que le fer obéissait sensiblement, pour les petites déformations, aux lois théoriques de la flexion transversale; que le coefficient d'élasticité subissait une réduction dans les grands ouvrages; qu'enfin la rupture des pièces de fer arrivait généralement sous une charge moindre à la compression qu'à l'extension. Le contraire a lieu pour la fonte. De plus, pour celle-ci, la limite d'élasticité a, pour la compression, une valeur plus grande qu'à l'extension, tandis que, pour le bois et pour le fer, les limites d'élasticité sont les mêmes. Le coefficient d'élasticité de la fonte n'est pas non plus le même quand on la comprime et quand on l'étend : anomalie singulière, qui rendrait extrêmement difficile le calcul rigoureux des flexions des pièces de fonte. MM. Collet-Meygret et Desplaces, ingénieurs des ponts et chaussées, ont déduit des observations faites sur le viaduc de Tarascon une autre conséquence intéressante [1] : dans la fonte, les sections du métal ne présentent pas partout une élasticité égale, et, pour serrer de près la réalité, il faudrait distinguer le noyau de la pièce des parties voisines de la surface, et attribuer à chacune de ces régions un coefficient d'élasticité particulier. La ligne de démarcation des deux régions à considérer paraît difficile à tracer d'une manière rigoureuse. Le fer sortant de la filière sous un très-petit diamètre présente des phénomènes analogues, et les constructeurs savent depuis longtemps que les fils de fer ont dans leur pourtour les éléments d'un surcroît de résistance à

---

[1] *Rapport sur le viaduc de Tarascon.* (*Annales des ponts et chaussées,* 1854.)

l'extension, propriété qu'on utilise pour la composition des câbles des ponts suspendus.

Hodgkinson a étudié d'une manière spéciale la résistance des pièces pressées par leurs abouts, et entre autres des colonnes de fonte. Ses formules empiriques donnent la charge de rupture d'une colonne creuse, en fonction de sa hauteur et de ses diamètres intérieurs et extérieurs. La charge qu'on peut faire porter avec sécurité à une colonne est fixée au sixième de la charge de rupture donnée par la formule. Hodgkinson a montré par de nombreuses expériences l'influence de la fixité des bases, de leur forme plate ou arrondie, enfin du renflement des colonnes vers le milieu. Pour les bois, il a substitué une formule à la table donnée par Rondelet, et montré que la charge qu'on peut faire supporter à une pièce de chêne varie à peu près proportionnellement à la quatrième puissance de la moindre dimension divisée par le carré de la longueur. M. Love, discutant les expériences de Hodgkinson, a posé des formules plus commodes pour les colonnes pleines, de fonte ou de fer; elles conduisent sans difficulté au meilleur choix à faire entre le fer et la fonte pour une colonne dont les dimensions sont données.

L'observation des mouvements vibratoires des solides élastiques mène à la détermination des coefficients d'élasticité. C'est le seul procédé applicable aux lames minces ou aux fils. A cet ordre de recherches se rattachent les expériences de Wertheim, et celles de M. Phillips sur le spiral réglant.

A un point de vue scientifique les expériences sur la résistance des matériaux ont montré qu'on ne peut pas regarder comme vraies d'une manière absolue les hypothèses admises pour appliquer le calcul au problème de la flexion des poutres. La limite d'élasticité est d'une détermination à peu près impossible. Une tige métallique, une fois qu'elle a été soumise à une tension, ne revient pas exactement à sa première forme lorsque la tension cesse, et son élasticité a déjà subi une certaine altération. La limite d'élasticité, telle qu'on doit l'entendre dans la pratique, est la limite à partir de la-

quelle l'altération devient sensible par les procédés grossiers d'expé-
rimentation; mais, à mesure que l'expérience devient plus précise,
on voit cette limite s'abaisser graduellement, et elle disparaîtrait
tout à fait sans doute, si les procédés arrivaient à la perfection. La
limite d'élasticité a sans doute une grande importance pratique,
mais on ne doit pas prétendre la déterminer avec une rigueur qui
n'est pas de mise dans les problèmes d'application. Les nouvelles
expériences ont ainsi mis en évidence certaines lacunes de la théorie, sans toutefois combler ces lacunes. Elles ont montré la grande
complication des problèmes, sans donner les moyens de triompher
de cette complication; de sorte qu'en résumé, l'ancienne théorie
de la flexion demeure encore le seul guide qu'on puisse suivre
avec confiance, en attendant les perfectionnements plus complets
qu'il est permis d'espérer des travaux de l'avenir.

§ 4. RÉSISTANCE DES ENVELOPPES.

Le problème général de la déformation des surfaces élastiques
sous l'action de forces quelconques exige une haute analyse. Il a
été traité avec une grande habileté par Lagrange, par Poisson,
par Mlle Germain, par Navier, etc. et c'est ainsi qu'on a créé une
théorie du phénomène de la vibration des plaques, l'une des parties les plus difficiles de l'acoustique. La science de la résistance
des matériaux se place à un point de vue moins élevé; elle ne s'occupe que de la résistance des enveloppes de chaudières pressées
normalement en tous leurs points par une force uniformément répartie. Les formes géométriques simples, sphère ou cylindre droit
à base circulaire, sont celles qu'on emploie le plus ordinairement
dans la pratique et ne donnent lieu à aucune difficulté. On cherche
d'abord la résistance du métal dans le sens de la section droite,
pour une enveloppe ayant la forme d'un cylindre droit à base
circulaire, et renfermant un gaz à une pression donnée. On détermine ensuite la résistance du métal dans le sens des généra-
trices du cylindre, et on la trouve égale à la moitié de la résistance

transversale. La même méthode donne la tension du métal dans une enveloppe sphérique : elle est aussi égale à la moitié de la tension transversale d'une enveloppe cylindrique de même diamètre ou à la tension longitudinale de cette même enveloppe. La meilleure forme à donner aux couvercles qui terminent une chaudière cylindrique serait une forme hémisphérique, raccordée suivant un grand cercle à la surface convexe du cylindre. L'usage a prévalu de remplacer ces moitiés de sphère par des calottes sphériques d'un rayon plus grand.

C'est sur cette théorie que reposent les règles suivies pour déterminer les épaisseurs à donner aux chaudières des machines à vapeur, et introduites dans les règlements.

Les chaudières doivent résister généralement à une pression qui s'exerce de dedans en dehors. Dans ce cas, le profil circulaire est un profil d'équilibre stable. Mais les phénomènes d'extension ne sont pas aussi simples que le suppose la théorie. En effet, l'extension du métal ne peut s'opérer sans entraîner une contraction dans le sens de son épaisseur; le profil de la chaudière, après la déformation, n'est donc plus semblable à ce qu'il était d'abord; car la distance entre la circonférence intérieure et la circonférence extérieure diminue, tandis qu'elle devrait augmenter avec le diamètre de la chaudière. Aussi les diverses fibres circulaires qui composent le profil sont-elles soumises à des efforts inégaux, et les fibres intérieures sont-elles plus fatiguées que les autres. Cette inégalité est sans conséquence quand l'enveloppe a une épaisseur très-petite, mais elle devient de plus en plus sensible à mesure que l'épaisseur s'accroît. Pour les très-fortes épaisseurs enfin, l'inégalité de répartition des pressions deviendrait tellement grande, que la paroi intérieure du métal pourrait se déchirer, et que cette exagération d'épaisseur ne serait pas une garantie de solidité.

Lorsqu'une paroi plane doit supporter sur une de ses faces une pression plus grande que sur l'autre, elle serait exposée à fléchir, si on ne la renforçait par des armatures ou des liaisons propres à lui donner de la rigidité. Les parois de la boîte à feu des locomotives sont un exemple de la nécessité de ces consolidations.

Lorsque l'enveloppe cylindrique est soumise à une pression extérieure, la section circulaire est encore une forme d'équilibre, mais d'équilibre instable, parce qu'une faible déformation de l'enveloppe tend à s'accroître sous l'action de la pression du dehors, tandis qu'elle tendrait à s'effacer sous l'action d'une pression intérieure. Aussi doit-on roidir les enveloppes exposées à de semblables efforts en les entourant d'anneaux métalliques. Il y a une différence essentielle, en effet, entre les résistances des enveloppes et des anneaux rigides. L'enveloppe est supposée sans roideur transversale; elle résiste à la façon d'un fil qu'on plie sans effort. L'anneau a, au contraire, de la roideur transversale, et résiste à la façon d'une poutre. Une enveloppe de grande épaisseur, perdant de sa flexibilité, pourrait rendre inutile l'addition des armatures.

Il est nécessaire d'admettre la roideur propre de l'enveloppe lorsqu'on cherche les conditions d'équilibre d'une enveloppe à profil elliptique; si en effet elle était flexible, la section circulaire serait sa seule forme d'équilibre. Avec la forme elliptique, il se développe non-seulement des tensions, mais encore des couples de forces élastiques; et le problème, qui devient bien plus difficile, exige l'emploi des formules de la flexion des pièces courbes.

Les calculs auxquels conduit l'étude de cette question ne se simplifient que lorsqu'on admet une faible excentricité pour l'ellipse qui forme le profil de la chaudière. Les formules donnent alors le moment de rupture en un point quelconque de la paroi, la tension du métal au point le plus fatigué, c'est-à-dire au sommet du grand axe, et les variations de longueur des axes de l'ellipse. On reconnaît que l'excentricité tend à s'accroître, si la pression s'exerce sur l'enveloppe de dehors en dedans, et qu'elle tend au contraire à diminuer, si la pression agit de dedans en dehors. La tension au sommet du grand axe s'accroît très-rapidement avec l'excentricité. Enfin, une inégalité permet de reconnaître si l'enveloppe a une roideur suffisante, c'est-à-dire une assez grande épaisseur, pour que l'équilibre soit stable sans armature.

Un accident, arrivé en 1848, au levage du pont Britannia, a montré les effets désastreux que peut avoir l'extension des enveloppes. Le cylindre de fonte de l'une des presses hydrauliques destinées à lever le pont avait un profil circulaire; son rayon intérieur était de 0^m,279 et son épaisseur de 0^m,254; il était terminé par un fond plat. La pression intérieure de l'eau s'élevait à 5 kil. 74 par millimètre carré. Sous cette pression le cylindre s'est brisé[1]. La rupture d'une pièce aussi massive peut être attribuée, d'abord, à l'emploi de la fonte, qui résiste mal aux efforts d'extension; ensuite, à la trop grande épaisseur du cylindre, comparée à son diamètre, qui a donné lieu à une répartition très-inégale des efforts dans l'intérieur du métal; enfin, à la présence du fond plat, qu'on aurait dû remplacer par un fond sphérique raccordé avec le cylindre, pour que la déformation du fond fût compatible avec celle du pourtour. Les grandes épaisseurs ne sont donc pas toujours une garantie de sécurité et ne suppléent pas à l'habileté du tracé des formes.

§ 5. ÉQUILIBRE DES MASSIFS.

Les théories diverses de l'équilibre et de la stabilité des voûtes, des murs de soutenement, des terres, des colonnes, etc. ont pour principal objet de déterminer la pression supportée par la matière en un quelconque des points du massif. Pour résoudre ce problème, on applique à la répartition des pressions dans la surface d'un plan de joint une hypothèse analogue à celle de Jacques Bernoulli sur la flexion des poutres. Elle consiste à admettre que la déformation qui s'opère aux environs du plan de joint altère les longueurs des fibres qui aboutissent à cette surface, de manière que les molécules primitivement situées dans un plan parallèle au plan de

---

[1] M. C. Couche, *De la résistance du fer et de la fonte*. (*Annales des mines,* 1851.)

joint se trouvent encore dans un plan après la déformation. Lorsqu'on applique cette loi à la déformation des poutres, les fibres pouvant être les unes étendues, les autres comprimées, la formule de la répartition des efforts est générale. Dans les massifs de maçonnerie, au contraire, les fibres matérielles sont coupées en tous les plans de joints, et liées les unes aux autres par le mortier seulement; elles ne peuvent développer de résistance à l'extension, de sorte que toutes les pressions négatives données par la formule doivent être exclues et regardées comme nulles. De là deux cas à distinguer : si la résultante des pressions mutuelles développées dans le joint considéré passe dans le tiers central de la dimension du joint supposé rectangulaire, la formule donne pour tous les points une pression positive, et toute la surface du joint est comprimée. Si elle tombe en dehors de cette région, la formule est en défaut, parce qu'elle donnerait une pression négative sur l'une des arêtes, et on doit la modifier, en réduisant la portion de surface à laquelle elle s'applique au triple de la portion comprise entre la résultante et l'arête la plus voisine. Dans ce cas, la pression maximum est double de la pression moyenne, et une portion de la surface du joint n'est pas utilisée pour la résistance. Dans cette portion, le joint tend à s'ouvrir.

Cette hypothèse, la plus simple qu'on puisse faire, entraîne une conséquence remarquable et qui semble paradoxale. Supposons deux massifs dans des conditions toutes pareilles de charge : pour l'un la résultante des pressions mutuelles passe par le milieu d'une surface de joint rectangulaire; on donne à l'autre joint un excès de largeur égal à la moitié du côté du premier, de sorte que la résultante passe au tiers de cette seconde largeur. La pression, d'après la formule, sera également répartie dans le premier joint, et inégalement répartie dans le second, et l'addition d'épaisseur faite à celui-ci aura pour effet d'augmenter d'un tiers la pression qui s'exerce sur l'une des arêtes. La pression moyenne aura diminué dans le joint, mais les matériaux se trouveront néanmoins dans des conditions de résistance plus défavorables. Nous avons déjà montré par quelques exemples qu'il n'y a pas là contradiction.

Dans tout ce qui précède, la résultante des actions mutuelles est supposée contenue dans le plan moyen du joint. On peut généraliser la question, et chercher à tracer dans un joint de forme quelconque le contour au dedans duquel doit passer la résultante, pour que la surface entière du joint soit comprimée. Si le joint est rectangulaire, on trouve pour ce contour un losange dont les sommets divisent en trois parties égales les droites joignant les milieux des côtés opposés. Une section circulaire donne un cercle concentrique. Ce sujet se trouve traité avec détail dans le Cours de résistance des matériaux de M. Bresse[1].

Cette question rappelée, passons à l'examen des divers problèmes appartenant à la théorie de l'équilibre des massifs.

COLONNES EN MAÇONNERIE. — La répartition des pressions dans les divers joints horizontaux d'une colonne est très-simple : chaque section supporte le poids de la portion de colonne située au-dessus de son plan, et la pression totale se répartit d'une manière égale sur tous les éléments de la section. La question la plus intéressante à traiter à ce propos est celle de la détermination de la forme qu'il convient de donner à une colonne chargée, à sa partie supérieure, d'un poids connu, pour que les matériaux y soient partout soumis à une pression égale. Si l'on suppose que la surface extérieure de la colonne soit une surface de révolution autour de son axe vertical, et que la colonne soit pleine, on arrive aisément, par de simples considérations géométriques, ainsi que l'a fait voir M. Poncelet dans sa Mécanique industrielle, à reconnaître que le méridien de la surface est une courbe logarithmique. Si la colonne est creuse et que le vide central soit un cylindre droit à base circulaire d'un rayon donné, de même axe que la colonne, il suffit d'engendrer la surface extérieure en faisant tourner autour de l'axe vertical de la

---

[1] *Mécanique appliquée*, 1re partie, 2e édition, 1866.

colonne la logarithmique qui conviendrait à la colonne pleine, après avoir reporté cette courbe parallèlement à elle-même dans un plan tangent au cylindre vide. Ce mode de génération par une courbe non méridienne rappelle la génération de l'hyperboloïde de révolution par une droite ne rencontrant pas l'axe de la surface.

La forme d'égale résistance ainsi obtenue donne à la colonne un renflement à la base, et M. Poncelet fait observer que cette forme convient également pour assurer la résistance du massif aux efforts horizontaux qui tendent à le renverser. C'est la forme ordinaire des colonnes des phares en mer, c'est aussi la forme prise naturellement par les tiges des arbres qui sont exposés aux coups de vent.

POUSSÉE DES TERRES. — Un massif de terres fraîchement remuées se termine latéralement à des plans inclinés sur l'horizon d'un angle au plus égal à l'angle du frottement de terre sur terre. Si l'on coupe le pied du talus, l'équilibre sera rompu, et, pour le rétablir, il faudra soutenir les terres par un mur. Lorsque les terres ne sont pas fraîchement remuées, la cohésion qui s'y développe ajoute à la stabilité du massif. On a dans tous les cas à déterminer les dimensions du mur qui doit soutenir, aux moindres frais possibles, une masse de terre de forme et de densité données.

Ce problème s'est présenté pour la première fois dans la construction des places fortes, lorsque les perfectionnements de l'artillerie firent écrouler les murailles qui jusqu'alors pouvaient résister par elles-mêmes aux coups des assiégeants. Les fortifications en terre, ressource des ouvrages de campagne, présentent l'inconvénient de faciliter les escalades, en offrant à l'ennemi l'inclinaison trop douce du talus naturel. On fut donc conduit à couper verticalement le pied du talus, et à soutenir les terres par un mur qui ne peut être vu directement des environs de la place. Les règles pour la construction de ces grands murs de soutenement, découvertes après de longs tâtonnements, ont été posées avec une remarquable précision par Vauban, dès la seconde moitié du xviiᵉ siècle ; elles étaient chez l'illustre ingénieur le résultat de sa longue pra-

tique, éclairée par un sentiment mécanique très-sûr et très-fidèle.
Vauban n'a pas donné de théorie des murs de revêtement, et il
faut aller jusqu'à Coulomb pour trouver un essai sur cette matière.
Perfectionnée en quelques points par Prony, par Français et par
d'autres ingénieurs, cette théorie a été complétée, et ramenée de
la manière la plus heureuse à des considérations géométriques, par
M. Poncelet, dans un Mémoire sur la stabilité des revêtements,
inséré dans le Mémorial du génie. M. Poncelet commence par chercher les conditions d'équilibre d'un prisme de terre, qu'il isole dans
le massif au moyen d'un plan incliné conduit arbitrairement par
l'arête la plus basse de la face interne du mur; il fait entrer dans
les équations d'équilibre toutes les forces qui ont un rôle effectif
dans la question : frottement et cohésion des terres, frottement des
terres sur la pierre. Mais la cohésion doit être regardée comme
négligeable, parce qu'elle ne se produit qu'au bout d'un certain
temps, et que généralement on ne saurait y compter pendant la
période d'exécution des remblais. Les anciennes théories n'attei-
gnaient pas un degré de précision aussi élevé. Il est facile de déduire de là l'intensité de la poussée exercée par le prisme sur le
mur. Le plan sécant ayant été mené d'une manière arbitraire, la
poussée varie avec l'inclinaison de ce plan, et l'on pourra déterminer la direction qu'il faut lui attribuer pour avoir la poussée maximum. C'est cette recherche que M. Poncelet a enseigné à faire par
des constructions géométriques les plus simples et les plus commodes. Connaissant la poussée maximum, on sait à quelle force,
dans le cas le plus défavorable, doit résister le mur par son poids
et son frottement sur sa base. La répartition tranche par tranche
de la poussée des terres conduit à localiser les efforts élémentaires,
dont on n'avait d'abord que la résultante. On en déduit la répartition des pressions dans les diverses assises du mur. Lorsque le
profil supérieur des terres est une ligne droite, le point de passage
de la résultante est au tiers de la hauteur du mur, comme s'il
s'agissait de la poussée d'un liquide.

M. Poncelet s'est occupé aussi de la *buttée des terres*, ou de la résistance que peut opposer au déplacement du mur la présence des
terres qu'il rencontre à son pied. Il a montré, par des considérations toutes semblables à celles qui l'avaient guidé dans la solution
du problème de la poussée, comment on pouvait déterminer l'effort
minimum des terres qui contribuent à augmenter la stabilité du
mur. Il a aussi traité la question des contre-forts intérieurs au
massif des terres, et fait voir comment on doit les distribuer pour
donner à un mur, à moins de frais, la plus grande stabilité possible. Son ouvrage renferme la discussion des accidents arrivés aux
murs des places de Bergues, d'Ypres et de Soissons, accidents qui
mettent en évidence les principes physiques sur lesquels repose la
théorie. Enfin, les nombreux tableaux contenus dans son mémoire
facilitent l'application des formules et en font un guide commode
pour tous les constructeurs. La théorie de M. Poncelet, qui a paru
en 1840, est devenue aussitôt classique; M. Bélanger en a introduit un résumé très-substantiel dans son Cours de l'École des ponts
et chaussées.

Les murs de soutenement n'intéressent pas seulement le génie
militaire, et les travaux publics y ont souvent recours. Tantôt il
s'agit de créer un mur de quai le long d'un cours d'eau, ou dans
un port de mer: c'en a été le premier usage. Ensuite on a reconnu
que, dans certains cas, il était préférable de remplacer par un
mur le pied du talus d'un remblai à construire à travers une
vallée. Dans certaines routes à flanc de coteau, les murs, ou tout
au moins les revêtements, doivent soutenir un des côtés de la
route et le rattacher par un talus plus roide à l'inclinaison naturelle du terrain. Les chemins de fer ont aujourd'hui multiplié ces
applications. Les murs à profils courbes du remblai de Marktschor-
gast, sur le chemin de fer saxon-bavarois[1], les grands talus de
pierres sèches du passage du Brenner, sur le chemin d'Inspruck à

_____

[1] M. C. Couche, *Des progrès des locomotives.* (*Annales des mines,* 1852.)

Botzen, sont devenus en peu de temps célèbres dans la science de l'ingénieur. Enfin, une dernière application des murs est celle qu'on en fait aux réservoirs; ils supportent alors la poussée de l'eau au lieu de la poussée des terres. Dans ce cas, la poussée est connue sans incertitude, en grandeur, en direction et en position, et l'on peut par conséquent déterminer rigoureusement la forme la meilleure à assigner au profil. On reconnaît qu'il est plus avantageux de rapprocher le centre de gravité du profil de la face sur laquelle agit l'eau que de la face opposée : conclusion qui n'a pas été toujours bien sentie par les constructeurs. On peut voir en effet des murs de réservoir où l'inclinaison donnée à la face mouillée a eu pour résultat de réduire la région sur laquelle s'exerce la résultante de la poussée de l'eau et du poids du mur, et d'exposer le mur à de petits mouvements de bascule, amenés par la variation de hauteur du plan d'eau.

Stabilité des voûtes. — Les voûtes sont connues depuis une haute antiquité, et ce n'est cependant qu'au siècle dernier qu'on a cherché à traiter scientifiquement le problème de leur équilibre. Les premiers essais de théorie remontent à La Hire et à Couplet, et la première théorie complète à Coulomb. On en vérifiait les résultats au moyen d'expériences faites sur des modèles; telles sont entre autres les expériences de M. Boitard.

La théorie de Coulomb consiste à exprimer l'équilibre de chaque portion de voûte comprise entre la clef et un plan de joint quelconque. Chacune de ces portions est sollicitée par son poids et le poids des surcharges qu'elles portent, et par les réactions des portions de voûte contiguës. On admet généralement que la poussée à la clef est horizontale; il faut pour cela que la voûte soit symétrique et symétriquement chargée par rapport au plan vertical de la clef. Comme on ignore le point de passage de la poussée, on devra discuter les conditions d'équilibre, en le supposant successivement placé au point le plus bas du joint, au point le plus haut, ou en un point quelconque intermédiaire. Il faut, pour l'équilibre

de toute portion de voûte ainsi isolée, exprimer qu'il n'y a ni tendance au glissement sur le plan de joint, ni tendance à la rotation
autour des arêtes de ce joint. Ces diverses conditions s'expriment
par plusieurs inégalités, où entrent la poussée à la clef et l'ordonnée de son point d'application. On les écrira pour tous les cours
non interrompus de voussoirs compris entre la clef et chaque plan
de joint; et l'équilibre sera possible si l'on peut satisfaire à toutes
ces inégalités par une valeur positive de la poussée, et une valeur
de l'ordonnée à la clef comprise entre les limites correspondantes
à l'épaisseur de la voûte. Si cette détermination est possible, il
faudra encore, pour la stabilité, qu'en aucun point la charge de la
matière n'excède la limite de résistance qu'on s'impose dans les
constructions.

La théorie de Coulomb est complète, mais elle serait dans la
pratique d'un usage peu commode, si on ne lui avait pas fait subir
une transformation géométrique, indiquée pour la première fois
par M. Méry, ingénieur des ponts et chaussées, dans un article
inséré dans les Annales de 1840. Cette méthode est fondée sur la
considération de la *courbe* ou du *polygone des pressions*. Si la poussée à la clef était donnée de grandeur et de position, il suffirait
de la composer avec le poids d'une portion de voûte limitée à la
clef et à un plan de joint quelconque, la surcharge comprise, pour
avoir la réaction des parties situées au delà de ce plan de joint.
La construction géométrique de cette réaction montrerait s'il y a
tendance au glissement ou à la rotation autour des arêtes; car il
n'y aurait tendance au glissement qu'autant que la résultante ferait avec la normale au joint un angle supérieur à l'angle du frottement des voussoirs les uns sur les autres; et il n'y aurait tendance
à la rotation qu'autant que la réaction mutuelle passerait en dehors
du joint au lieu de le traverser. Si donc la poussée à la clef est
donnée, on pourra, en la composant successivement avec les poids
des voussoirs et de leurs surcharges, tracer le polygone des réactions mutuelles qui s'exercent dans les divers plans de joints; pour

l'équilibre, ce polygone devra couper tous les joints dans l'épaisseur même de la voûte, et les couper sous un angle suffisamment
voisin de l'angle droit. Le lieu des points de passage des réactions
successives sur les plans de joints correspondants devient, à la limite, quand on réduit par la pensée les voussoirs à une largeur
infiniment petite, une courbe qui est la *courbe des pressions*. Au lieu
de prendre les plans de joints réels, on partage ordinairement la
voûte par des plans verticaux pour faire la composition des poids
avec la poussée à la clef; on altère ainsi légèrement le tracé de la
courbe, mais on lui donne une propriété géométrique utile, celle
d'avoir pour tangentes les réactions mutuelles; la courbe a alors
une analogie complète avec les courbes funiculaires, dans lesquelles
la tension a une direction tangentielle. Cette propriété n'existe pas
en général pour la courbe des pressions lorsque les plans de séparation des diverses parties de la voûte sont inclinés sur les directions
des forces.

La courbe des pressions n'est définie qu'autant qu'on donne son
point de départ à la clef avec la direction et l'intensité de la poussée;
elle est définie par une équation différentielle du troisième ordre,
dont l'intégrale renferme trois constantes arbitraires. On peut donc
assujettir la courbe à passer par trois points arbitrairement choisis,
et ordinairement on en prend un à la clef et un dans chacun des
plans des naissances. Si la voûte est symétrique par rapport au plan
de la clef, on pourra choisir ces deux derniers points symétriquement, et la courbe sera elle-même symétrique : c'est le cas le plus
général. La poussée à la clef est alors dirigée horizontalement. Des
constructions géométriques très-simples font connaître la grandeur
de la poussée d'après la position assignée aux points par lesquels
doit passer la courbe. Connaissant la poussée en grandeur et en
direction, on en déduira le tracé de la courbe elle-même, en partageant la voûte en éléments suffisamment petits. Le tracé indi-
quera si l'équilibre de la voûte est possible; il faut pour cela que
la courbe soit tout entière dans l'épaisseur de la voûte; cette pre-

mière condition remplie, on dirigera les plans de joints réels de manière qu'ils fassent avec la courbe des angles voisins de l'angle droit; il suffit en général, dès que l'intrados a une certaine courbure, de mener les joints normalement à l'intrados. Grâce à cette disposition, le glissement des voussoirs les uns sur les autres n'est plus possible. Enfin, on pourra chercher la répartition des pressions dans chaque joint, d'après l'intensité de la réaction mutuelle et la position qu'elle occupe par rapport aux arêtes. La courbe des pressions peut être prolongée aussi dans la culée, et elle fera connaître la répartition des pressions jusque dans les fondations de la voûte. Lorsque la courbe est entièrement comprise dans l'épaisseur de la voûte, sa distance à l'intrados ne sera pas généralement constante en tous les points. On appellera *joint de rupture* le joint où cette distance est la plus petite possible. C'est là que les matériaux de la voûte subissent la plus grande pression et qu'ils peuvent s'écraser quand la distance de la courbe à l'intrados est trop faible. Le joint de rupture s'ouvre alors vers l'extrados et peut se prolonger par une lézarde à travers les maçonneries des tympans. Là au contraire où la courbe des pressions se rapproche de l'extrados, le joint tend à s'ouvrir vers l'intrados.

Ces diverses tendances se manifestent dans toutes les voûtes qu'on peut observer, et le tracé de la courbe des pressions rend compte des faits que les anciens expérimentateurs avaient reconnus sans en trouver d'explication positive. Ainsi, dans les voûtes en arc de cercle, le joint des naissances est voisin du joint de rupture, et il se produit généralement une lézarde dans les tympans de la voûte, par suite de l'ouverture du joint à l'extrados. Dans les pleins cintres, la voûte a une légère tendance à s'ouvrir vers l'intrados à la clef et vers les retombées des naissances; tandis qu'à égale distance de ces deux joints au joint de rupture, elle a une tendance à s'ouvrir en sens opposé.

Le problème de la courbe des pressions est, comme nous l'avons vu, indéterminé, puisque l'équation de la courbe à construire renferme trois constantes arbitraires dans le cas général, et deux quand il y a symétrie. Cela indique qu'au point de vue de la.statique, il y a une infinité d'équilibres possibles. Parmi tous ces équilibres, un seul existe en réalité. Si l'on connaissait les vraies lois des actions moléculaires, on aurait les éléments qui peuvent servir à déterminer cet équilibre particulier. Mais on est arrêté dans cette recherche par l'ignorance de ces véritables lois. On a essayé d'introduire dans ce problème des considérations de minimum. Le problème devient bien déterminé alors, mais cette détermination est arbitraire, et rien ne prouve qu'elle soit la bonne. Il semble au contraire qu'elle laisse de côté les conditions spéciales de pose, qui, pour être difficiles à introduire dans le calcul, n'en ont pas moins, sur la répartition des pressions dans la voûte, une influence prépondérante. M. Drouets, ingénieur des ponts et chaussées, a repris la question à un autre point de vue. Dans un beau mémoire, inséré en 1865 dans les Annales des ponts et chaussées, il a discuté les résultats fournis par la méthode de M. Méry, et, s'aidant de considérations géométriques ingénieuses, il a pu définir une courbe des pressions particulières, laquelle doit nécessairement satisfaire aux conditions générales pour que l'équilibre soit possible. Si elle sort de l'épaisseur de la voûte ou si elle révèle des pressions locales trop élevées, on est certain que l'équilibre ne peut avoir lieu. Cette étude complète en quelque sorte la théorie de la courbe des pressions.

Les constructeurs se contentent généralement de prendre pour points de passage de la courbe le tiers supérieur du joint à la clef, et le milieu du joint des naissances, et cette méthode expéditive suffit dans la plupart des cas.

La méthode de la courbe des pressions est, comme celle de Coulomb, d'où elle dérive, une méthode de vérification d'équilibre plutôt qu'une méthode d'invention de forme de voûte. Elle a rendu les plus grands services en permettant de réduire les épaisseurs des voûtes, et de les soulager d'un poids qui contribuait plu-

tôt à les écraser qu'à les rendre plus résistantes. Mais les formes
consacrées par une longue pratique n'ont pas été modifiées sous
l'influence des nouvelles théories. On a essayé cependant de chercher par le calcul la meilleure forme à donner aux voûtes. M. Yvon-
Villarceau a publié sur ce sujet un mémoire fort intéressant, dans
lequel il indique les tracés de voûtes d'égale résistance. Ces résultats de l'analyse n'ont pas pénétré dans la pratique des constructions. M. Carvalho a publié, en 1853, dans les Annales des ponts
et chaussées, un travail dans lequel il cherche la meilleure forme
à donner à l'extrados d'une voûte dont l'intrados est supposé
connu ; et il détermine ce tracé de manière que la courbe des
pressions de la voûte avec sa surcharge coïncide avec la courbe
des pressions de la voûte non surchargée. Les tables jointes à ce
mémoire en font un travail utile aux constructeurs.

Au point de vue pratique, la question des voûtes peut être regardée comme à peu près résolue. On applique généralement les
formules données par Perronnet pour le calcul de l'épaisseur de
la voûte à la clef et de l'épaisseur des pieds-droits. Une inégalité
donne la limite inférieure d'épaisseur qu'il faut leur assigner pour
prévenir le renversement autour de l'arête extérieure de leur base ;
et l'on reconnaît facilement que cette épaisseur limite ne s'accroît
pas indéfiniment à mesure que la hauteur du pied-droit augmente.
Des tables jointes aux aide-mémoire, des formules empiriques
plus ou moins complexes, achèvent de déterminer les principaux
éléments de la construction. Les constructeurs, il est vrai, ne sont
pas d'accord sur certains points : doit-on, par exemple, extradosser
parallèlement les voûtes, ou faire varier l'épaisseur de la clef aux
naissances ? Doit-on faire monter le pied-droit avec ou sans retraites ?
Les avis sont partagés à cet égard.

L'équilibre des voûtes sur cintre est une question encore bien
obscure ; elle a été traitée autrefois par Couplet, puis par Perronnet
qui, dans ses constructions des beaux ponts de Mantes et de Neuilly,
avait employé des cintres retroussés, d'une légèreté surprenante.

La méthode de la courbe des pressions permet aujourd'hui d'aborder le problème d'une manière plus rationnelle; mais la détermination complète des efforts développés dans le cintre et dans la voûte supposerait résolue la question de la déformation du cintre, qui exigerait des calculs extrêmement compliqués et sans doute impraticables. Aussi les ingénieurs qui veulent traiter cette question éludent-ils la difficulté en renversant le problème. Ils admettent que le cintre a pour effet de rendre la courbe des pressions parallèle à l'intrados. Cette hypothèse fait connaître l'action du cintre sur la voûte, et peut guider dans le choix des formes à donner à la charpente.

VOÛTES BIAISES. — On ne connaissait autrefois qu'un appareil particulier pour les voûtes biaises, l'appareil du *biais passé*, où la surface de l'intrados était une surface réglée, connue sous le nom de *corne-de-vache*, et non la surface cylindrique des voûtes en berceau. Encore cette solution ne s'appliquait-elle simplement qu'à des voûtes de faible longueur. Lorsque la voûte était longue, on l'appareillait comme si le biais était nul, méthode vicieuse dès que l'angle du biais dépasse un petit nombre de degrés.

C'est en 1839 que M. Lefort, ingénieur des ponts et chaussées, donna dans les Annales la solution générale du problème des voûtes biaises, connue sous le nom d'*appareil orthogonal*. Cet appareil consiste à partager la voûte par une série de plans parallèles aux têtes, et à tracer sur l'intrados des lignes coupant à angle droit les courbes dessinées par ces plans sur l'intrados. Les trajectoires orthogonales ainsi tracées forment les courbes de joints continus; elles servent de directrices pour les surfaces des joints qui sont engendrées par le mouvement d'une normale à l'intrados. Les joints discontinus recoupent à angle droit les joints continus. L'appareil orthogonal a, en un mot, pour résultat d'assurer l'appareil ordinaire d'une voûte droite à toute voûte élémentaire comprise entre deux plans infiniment rapprochés, conduits parallèlement aux têtes.

Cette solution, à la fois rationnelle et élégante, présentait dans la pratique quelques légers inconvénients de détail. Les ingénieurs anglais, en cherchant des solutions plus pratiques, ont été conduits à un tracé approximatif, qui convient surtout très-bien aux voûtes biaises dont la section est un arc de cercle ; on l'appelle l'*appareil hélicoïdal*. Les joints dessinent sur l'intrados deux séries d'hélices se coupant mutuellement à angle droit. Rigoureusement, les surfaces des joints sont des portions d'hélicoïde gauche à plan directeur.

Les courbes suivant lesquelles ces surfaces coupent les plans de tête ont une propriété géométrique très-remarquable : leurs tangentes, aux points où elles sont rencontrées par une ellipse semblable à la courbe de tête, vont concourir en un même point situé au-dessous du centre de cette ellipse, à une distance proportionnelle au carré de son axe vertical. Cette propriété a une liaison intime avec une autre propriété de l'hélicoïde gauche à plan directeur, en vertu de laquelle la courbe de contact de cette surface avec un cylindre qu'on lui circonscrit parallèlement à une direction donnée, se projette sur un plan perpendiculaire à l'axe suivant une circonférence. L'appareil hélicoidal est une imitation simplifiée de l'appareil orthogonal ; il donne une approximation ordinairement suffisante, et il se prête à toutes les exigences des constructions courantes.

On a imaginé encore d'autres appareils, parmi lesquels on remarque l'appareil *cycloïdal* de M. Hachette, et l'appareil de M. Lucas [1], pour lesquels nous renverrons aux mémoires publiés par ces deux ingénieurs.

Il nous reste à examiner, au point de vue de la mécanique, la question des voûtes biaises, que nous n'avons encore considérées qu'au point de vue de la stéréotomie [2].

Considérons une voûte droite comprise entre deux plans de tête infiniment voisins ; nous pourrons rendre biaise cette voûte par une

---

[1] *Annales des ponts et chaussées :* appareil cycloïdal de M. Hachette, 1854 ; appareil de M. Lucas, 1861.

[2] Sur ces questions de stéréotomie, on peut consulter, dans les *Annales des ponts et chaussées*, les mémoires de M. de la Gournerie (1851-1853), et ceux de M. Graeff (1852-1854).

simple altération de la surface de douelle, et cette altération infiniment petite ne changera rien à la poussée de la voûte et à la
répartition des pressions dans la matière qui la compose. Imaginons ensuite une infinité de voûtes, toutes égales entre elles et af-
fectées toutes du même biais, puis plaçons ces voûtes les unes à côté
des autres, en leur donnant la retraite convenable pour qu'elles
.composent par leur ensemble une voûte biaise unique, de longueur
finie. Toute voûte biaise peut être obtenue par un procédé semblable ; toute voûte biaise peut donc être regardée comme le résultat de la liaison d'un nombre infini de voûtes droites infiniment
minces, échelonnées les unes à côté des autres dans des plans parallèles aux têtes. Si les dimensions attribuées à ces voûtes élémentaires et si l'appareil adopté pour elles suffisent pour l'équilibre,
chaque élément de la voûte biaise étant en équilibre par lui-même,
l'équilibre de la voûte biaise entière sera lui-même assuré. En résumé, l'épaisseur à la clef d'une voûte biaise et toutes les dimensions de la voûte et des pieds-droits doivent se déterminer comme
s'il s'agissait d'une voûte droite ayant pour profil l'élévation de tête
de la voûte biaise.

Cette décomposition en voûtes droites échelonnées est, comme
on l'a vu, celle qui justifie le tracé de l'appareil orthogonal.

Dans tous les autres tracés, les voûtes élémentaires ne se trouvent pas appareillées comme une voûte droite ; et si l'appareil est
trop loin de satisfaire aux conditions de l'équilibre individuel d'une
voûte prise isolément, cette voûte, pour rester en équilibre, devra
subir certaines actions de la part des voûtes voisines. La nouvelle
répartition des efforts est alors extrêmement obscure, et dans certains cas la voûte peut se briser par suite des tendances contraires
auxquelles elle est soumise. Mais cet effet ne peut se produire que
si l'appareil est défectueux.

Préoccupés de cette éventualité, un grand nombre de constructeurs ont admis l'existence d'une *poussée au vide*, qui existerait dans
toutes les voûtes biaises, bien ou mal construites, et qui, quo

qu'on fasse, tendrait toujours à compromettre plus ou moins leur
stabilité. On prétend justifier l'existence de cette force obscure,
en décomposant la voûte en parties qui ne seraient point en équilibre d'elles-mêmes et sans l'intervention des parties voisines; et,
comme on néglige cette intervention parce qu'elle est trop difficile
à apprécier, on arrive à conclure que toute arche biaise a une tendance à la rupture. Un tel raisonnement ne prouve rien. On peut
conclure avec sûreté que la réunion de systèmes individuellement
en équilibre donne un système en équilibre, dont la stabilité ne
saurait être altérée par de nouvelles liaisons; mais on n'est pas
autorisé à affirmer que des morceaux qui ne sont pas en équilibre
par eux-mêmes conserveront leur tendance au renversement, après
qu'on les aura liés les uns aux autres. On pourrait employer un
raisonnement analogue pour prouver l'existence d'une poussée au
vide dans les arches droites. Nous l'avons dit, les faits qui ont paru
aux constructeurs démontrer l'existence de la poussée au vide dans
les voûtes biaises sont les résultats d'un vice de l'appareil; c'est
quelquefois aussi le glissement des voussoirs, pendant la pose, le
long des lignes de plus grande pente du cintre.

Des tirants de fer placés à travers les maçonneries ont été destinés, par ces constructeurs craintifs, à combattre par de nouvelles
liaisons la tendance, réelle dans certains cas, et le plus souvent
fictive, des voûtes biaises à se déjeter et à se rompre.

Il est certain que cette addition de liens de fer, peu conforme
du reste aux saines traditions de l'architecture, peut avoir pour
résultat d'assurer l'équilibre de voûtes qui ne possèdent pas par
elles-mêmes une stabilité suffisante; mais la théorie et l'expérience sont d'accord pour montrer que, dans une voûte biaise
bien appareillée, de semblables consolidations sont tout à fait inutiles. Cette doctrine a été soutenue avec un talent remarquable par
M. Le Blanc, ingénieur des ponts et chaussées, dans un article des
Annales[1]; et les grands ponts biais qu'il a construits sur la ligne de

---

[1] 1856, t. I, p. 54.

Rennes à Redon, et dans lesquels le fer n'entre pas, confirment de
la façon la plus éclatante les idées théoriques développées dans ce
mémoire. On est donc fondé à affirmer aujourd'hui que la poussée
au vide ne se manifeste jamais dans les voûtes construites suivant
un appareil satisfaisant, dont le type est l'appareil orthogonal de
M. Lefort.

Et cependant une certaine poussée au vide existe dans les
arches biaises; elle résulte de la liaison même des voûtes droites
échelonnées qui se réunissent pour former la voûte oblique. Les
tassements qui se produisent dans l'une de ces voûtes élémentaires,
quand on l'isole des autres, sont gênés par les liaisons avec les
voûtes voisines. Là se manifeste la différence essentielle entre les
voûtes biaises et les voûtes droites. Dans celles-ci toutes les voûtes
infiniment minces peuvent se déformer à la fois de quantités égales;
et la voûte, après déformation, couvre le même espace qu'avant
d'être déformée. Dans les voûtes biaises, le tassement ne peut plus
s'opérer de la même manière, et chaque voûte élémentaire étant
influencée par les voûtes voisines, on peut admettre que les déformations substitueront en projection des courbes sinueuses aux côtés
rectilignes du parallélogramme recouvert par la voûte. Les molécules qui sortiront des plans de tête manifesteront donc une certaine tendance vers le vide. Mais toutes ces déformations restent
extrêmement petites : c'est un fait d'expérience qu'une voûte droite
construite avec soin n'éprouve pas de tassement appréciable. La
poussée au vide ainsi entendue est une simple tendance due à l'élasticité de la matière.

La théorie de l'élasticité permettra peut-être de la calculer avec
exactitude, mais on peut affirmer, dès aujourd'hui, que les constructeurs n'auront pas à s'en préoccuper, parce que pour eux elle
sera toujours négligeable.

Voûtes non cylindriques. — Les voûtes de révolution se distinguent spécialement des voûtes à intrados cylindrique, en ce qu'il
n'est pas nécessaire pour l'équilibre que la voûte soit fermée : on

peut arrêter la pose à une assise quelconque, pourvu que cette assise soit montée entièrement.

L'équilibre d'un tel système est possible d'une infinité de manières. La plus simple solution consiste à considérer la dernière assise comme un anneau qui reçoit sur tout son pourtour extérieur la poussée de voûtes en berceau élémentaires, jetées entre cet anneau et les naissances de la voûte, et n'ayant d'ailleurs aucune action les unes sur les autres. Cette hypothèse permet de calculer la compression générale qui se développe dans l'anneau, et de tracer la courbe des pressions dans l'une quelconque des voûtes élémentaires qui le soutiennent. On doit tenir compte de l'inégalité des dimensions longitudinales de ces voûtes, dont la longueur, tout en restant infiniment petite, varie proportionnellement à la distance à l'axe de la surface de révolution.

Le dernier anneau posé est soumis, toujours dans cette hypothèse, à un effort différent de ceux qui se développent dans le reste de la voûte. Il contre-butte à lui seul la poussée horizontale de cette dernière partie. Lorsque la voûte est entièrement fermée, la clef remplit les fonctions de l'anneau central. Elle est comprimée sur toute sa surface latérale. On peut aussi regarder comme clef une calotte quelconque. La distribution des pressions variant avec ces suppositions diverses, on pourra déterminer celle qui donne aux naissances la plus grande poussée horizontale, ce qui fera connaître les dimensions qu'il convient d'attribuer à la frette métallique, si l'on en emploie une pour tenir cette poussée en équilibre.

L'ouvrage du docteur Schœffler sur la Résistance des matériaux [1] renferme le développement d'une autre hypothèse sur la distribution des efforts dans une voûte de révolution. Chaque anneau serait soumis comme l'anneau central à une certaine compression intérieure. Le savant auteur de ce traité fait observer avec raison qu'il est contradictoire de faire partir la courbe des pressions de

---

[1] Traduction de M. Fournier, ingénieur des ponts et chaussées.

l'axe même de la voûte, en la traçant dans les voûtes obtenues par la décomposition en onglets; car la poussée à la clef s'exercerait alors sur une arête sans épaisseur, hypothèse incompatible avec la limite de résistance qu'on suppose pour les matériaux.

Quelle que soit la décomposition qu'on adopte pour la voûte, on arrive à reconnaître que la poussée des voûtes de révolution est toujours très-faible. Cette propriété n'a pas échappé aux anciens architectes, et l'un d'eux, Brunelleschi, annonçait qu'il pourrait construire sans employer aucun cintre la grande coupole à profil ogival de l'église Sainte-Marie-des-Fleurs, l'une des plus grandes qui existent dans le monde.

La méthode pour déterminer les conditions de stabilité d'une voûte quelconque consiste à la décomposer en parties assimilables à des voûtes en berceau. La stabilité des arcs de cloître, des voûtes d'arêtes se vérifie de cette manière. Dans les escaliers *vis-à-jour en tour ronde* on peut considérer chaque marche comme formant voussoir dans une voûte *frettée* par le mur de la tour ronde, et poussée vers le centre vide. Les paliers servent de culée à cette voûte hélicoïdale. La recherche des conditions d'équilibre d'un tel système échappe au calcul; la pose des maçonneries et des marches a en effet dans la question la principale influence, et il est impossible de l'apprécier.

La méthode de la courbe des pressions rend compte de l'utilité des contre-forts des cathédrales gothiques; ils sont destinés à équilibrer la poussée des voûtes d'arêtes de la nef. La poussée horizontale se transporte, par l'intermédiaire du contre-fort, à un pilier extérieur, moins élevé que la voûte principale.

Pour terminer ce paragraphe consacré à l'équilibre des voûtes, occupons-nous de l'immense voûte dont nous habitons l'extrados, de la voûte terrestre. L'augmentation de la température intérieure, à raison de 1 degré centigrade par 30 mètres, ne permet pas d'assigner à la croûte solide de notre planète une épaisseur de plus de 45 kilomètres. Imaginons que cette croûte soit détachée du

noyau liquide, et qu'elle ait à résister par elle-même à son propre
poids. On peut admettre que 2 est la densité moyenne de cette
écorce, et qu'elle a un rayon de plus de 6 millions de mètres. La
pression résultante dans la matière de la voûte sphérique se cal-
cule très-simplement par la formule des chaudières sphériques pressées extérieurement; on la trouve égale à 634,000 kilogrammes par
centimètre carré, c'est-à-dire à 300 fois la charge d'écrasement
du basalte le plus résistant. Encore doit-on ajouter que la haute
température des couches les plus profondes de l'écorce ne permet
pas de leur attribuer la résistance entière qu'on observe dans
les mêmes matières à la surface du globe et à des températures
modérées. Que conclure de là? Que la croûte terrestre se rom-
prait si on l'isolait du noyau central, et que son équilibre n'est
assuré qu'autant qu'elle porte sur ce noyau, comme une voûte sur
son cintre. Les pressions considérables qu'elle supporte ne se manifestent pas toujours à nous, parce que nous ne pouvons pénétrer
à d'assez grandes profondeurs. Elles sont d'ailleurs très-inégalement
réparties dans les portions voisines de la surface. Mais certains phénomènes viennent parfois les mettre en évidence. Par exemple,
une cavité souterraine remplie d'eau peut se maintenir en équilibre; la pression de l'eau se transmet par les parois aux terres
environnantes. Mais, si l'on vient à épuiser cette eau, la pression
fait défaut aux terres, et un effondrement se produit.

Si le noyau central éprouve un retrait, la voûte, abandonnée
à elle-même par ce retrait, subit un tassement qui la ramène en
contact avec son cintre. De là des ruptures, des basculements
de prismes, des soulèvements et tous les autres accidents géolo-
giques. On peut en tirer une autre conséquence. Le noyau liquide
subit, comme l'Océan, l'action attractive du soleil et de la lune; il
a comme l'Océan des marées qui se transmettent tout entières à
l'écorce, molle et flexible dans son ensemble, dont il est entouré.
Si ces déformations sont trop faibles pour qu'on puisse les constater par des moyens directs, divers phénomènes, entre autres les

variations des actions magnétiques, le retour périodique des secousses pendant les tremblements de terre, semblent accuser extérieurement l'influence des marées du noyau central.

§ 6. ÉQUILIBRE DE CERTAINS SYSTÈMES PARTICULIERS.

Nous allons examiner dans ce paragraphe les principaux progrès
de la mécanique appliquée, en ce qui concerne la recherche des
conditions de l'équilibre intérieur de certains systèmes de construction, la plupart d'invention moderne, tels que les ponts suspendus,
les ponts métalliques, les ponts en charpente et les fermes à grande
portée.

La théorie des ponts suspendus, application pratique de la théorie générale des courbes funiculaires, se trouve exposée avec tous
ses développements dans le grand ouvrage publié en 1823 par
Navier, à une époque où ce type de ponts venait d'être créé en Angleterre. Depuis, on en a fait en France de nombreux emplois, le
plus souvent à cause de l'économie que présente une construction
aussi légère. Mais les inconvénients de ce type, son peu de roideur,
les accidents auxquels il est sujet, détruisent en partie l'avantage
de cette construction peu coûteuse. Aujourd'hui on se borne à entretenir les ponts suspendus établis avec soin, et l'on remplace
petit à petit les autres par des systèmes plus rigides.

On a cherché à leur donner de la roideur; l'essai le plus intéressant en ce genre est peut-être celui qui a été fait à Vienne, sur le
chemin de fer de ceinture, essai dont nous avons déjà parlé, et qui
consiste à poser l'un au-dessus de l'autre deux câbles parallèles,
qu'on entretoise par des barres découpant en triangles l'intervalle
qu'ils laissent libre entre eux. Des ponts suspendus plus ou moins
rigides sont aussi appliqués sur quelques points du réseau des chemins de fer de l'Amérique du Nord.

La question des oscillations des ponts suspendus primitifs avait
été traitée d'une manière abstraite par Navier dans son Traité de
1823; elle a été reprise à un point de vue plus pratique par

M. Carvalho en 1850, à l'occasion de l'accident arrivé au pont suspendu de la Basse-Chaîne à Angers, et ses calculs ont mis en évidence le danger auquel les ponts de cette espèce sont exposés lorsqu'ils se trouvent soumis à des oscillations concordantes. L'effet des charges en mouvement peut être extrêmement nuisible à la stabilité d'un système où aucune liaison n'est prévue pour restreindre les déformations.

Les ponts métalliques sont de fer ou de fonte; on leur donne la forme de poutre droite, d'arc de cercle ou de parabole. Ces types ont été appliqués et ont chacun leur mérite spécial.

Les arcs métalliques exercent sur leurs appuis une poussée latérale; les poutres droites, au contraire, pèsent verticalement sur leurs appuis, et les actions horizontales qui se développent dans la matière s'y font d'elles-mêmes équilibre. Le système des ponts en arc utilise donc mieux la matière que le système des ponts à poutre droite; mais il exige des fondations plus résistantes, ce qui, en certains cas, entraîne de graves inconvénients.

Les poutres droites peuvent être pleines ou évidées. Dans le premier cas, le calcul de leurs dimensions s'effectue par les règles ordinaires de la résistance des matériaux. Dans le second, une théorie particulière devient nécessaire pour justifier l'emploi de ces mêmes règles. Il existe jusqu'à présent deux théories de la résistance des poutres à treillis. Dans l'une, on considère les treillis comme des systèmes articulés, et l'on ramène la recherche des efforts développés dans les divers éléments de la construction à de simples compositions de forces concourantes. L'autre méthode, exposée dans les Annales des ponts et chaussées (année 1863)[1], part d'hypothèses analogues, et conduit très-directement aux équations générales de l'équilibre intérieur. Elle réduit le calcul d'un pont à treillis à un algorithme extrêmement rapide, et donne une formule au moyen de laquelle le constructeur peut calculer d'avance avec

[1] M. Ed. Collignon, *Théorie des poutres droites à treillis et des poutres américaines.*

toute la précision désirable le poids minimum d'une poutre destinée à franchir une portée donnée, sous une charge déterminée par mètre courant. Cette formule permet aussi de déterminer par approximation en combien de travées il convient de partager le débouché total d'une rivière pour rendre le plus économique possible l'ouvrage destiné à la franchir. Elle indique enfin, pour les portées des poutres droites, les limites au delà desquelles la poutre s'écraserait sous son propre poids.

Lorsqu'on n'employait que des poutres de fonte, on faisait varier leurs dimensions extérieures d'un point à l'autre de leur portée, pour assurer partout au métal la même charge dans les points les plus fatigués. On obtenait ainsi des solides d'égale résistance, dont le balancier des machines à vapeur offre l'exemple le plus vulgaire. Quelques constructeurs ont appliqué un tracé analogue aux poutres de fer, et notamment aux poutres à treillis; mais l'analogie est loin d'être complète. Dans les ouvrages de fer laminé, on peut faire varier partout les sections du métal, de manière à satisfaire sensiblement à la condition d'égale résistance, sans rien modifier du reste aux dimensions extérieures de la pièce; et, comme une poutre est en général d'autant plus légère qu'elle a une hauteur plus grande, l'économie veut qu'on laisse à une poutre de fer, en tous les points de sa portée, toute la hauteur qu'elle peut recevoir, sauf à faire varier les sections en conséquence.

On reconnaît aisément que le moindre volume du treillis correspond au cas où les deux systèmes de barres qui le composent font avec la verticale un angle de 45 degrés; dans ce cas, le plus favorable de tous pour les treillis, la paroi évidée a un poids double du poids d'une paroi pleine, à égalité de charge : résultat qui, au premier abord, semble paradoxal, mais qui peut être mathématiquement démontré.

La compression des barres d'un même système dans un treillis a vivement préoccupé les constructeurs. Ces barres se trouvent comprimées par leurs abouts. Elles sont donc exposées à fléchir latéralement. Pour éviter cet effet, certains constructeurs leur donnent des sections plus ou moins compliquées, propres à leur assurer du relief dans tous les sens. D'autres abandonnent les treillis simples pour n'employer que les treillis doubles, dans lesquels deux parois semblables, entretoisées l'une à l'autre, ne peuvent subir aucune flexion latérale. Ces précautions, utiles à coup sûr, ne paraissent pas indispensables; la liaison intime qui existe entre les deux systèmes de barres, le système comprimé et le système étendu, est un obstacle suffisant à opposer aux flexions latérales qui tendraient à se produire, et un grand nombre d'ingénieurs pensent que des montants verticaux également espacés ont le double avantage de roidir le treillis et de répartir avec une parfaite uniformité la charge extérieure entre toutes les barres. C'est la solution la plus simple du problème des ponts à treillis, et ce n'est pas la moins sûre.

Le célèbre ingénieur anglais Brunel est l'inventeur d'un type de pont métallique qui rentre dans la classe des *bow-strings*[1] et dont il a fait, à Chepstow et sur le bras de mer de Saltash, deux remarquables applications. Ce type tient à la fois du pont en arc et du pont suspendu. Il a été simplifié par les ingénieurs allemands, et l'on en trouve de nombreux emplois dans la Bavière et les provinces du Rhin, sous le nom de *système Pauli*. On cherche aujourd'hui à l'approprier aux travées continues. Jusqu'à présent la théorie de ce système compliqué est restée un peu obscure, et les avantages qui lui sont attribués par ses partisans ne semblent pas démontrés définitivement.

Les ponts en charpente, ressource des pays où le bois est abondant, cèdent le pas, de notre temps, aux ponts métalliques, et ne se construisent plus guère qu'à titre d'ouvrages provisoires ou d'échafaudages destinés à la construction d'ouvrages définitifs. Le calcul de ces systèmes présente toutefois un certain intérêt théorique. Les

---

[1] *Cordes de l'arc.* Ce sont les ponts en arc dans lesquels la poussée de l'arc est équilibrée par une pièce droite, courbe ou polygonale.

ponts américains, parmi tous les types qui ont été créés, ont été l'objet de nombreuses études. Les deux cours de longerons de la poutre américaine sont réunis par des croix de Saint-André, dont les bras sont comprimés, et par des tirants de fer, toujours soumis à une extension qu'on peut régler à volonté. La construction n'est donc pas livrée définitivement à elle-même, comme le sont généralement les ouvrages une fois construits, et renferme des liaisons dont, à toute époque, on peut disposer arbitrairement. Les théories proposées pour ces sortes d'ouvrages supposent que, sous l'action d'une charge uniformément répartie, une seule des deux barres des croix de Saint-André supporte une compression, et que l'autre repose sur ses appuis sans y exercer d'effort.

Cette hypothèse suffit pour déterminer toute la répartition des pressions dans les diverses pièces de la charpente. Elle a été développée, notamment par M. le colonel Jouraffski, qui en a fait la base d'une théorie, en suivant une méthode analogue à celle que l'on suit pour les systèmes articulés. Le calcul aux différences finies, établi d'après la même hypothèse, conduit plus rapidement à des formules définitives. Cette méthode modifiée est exposée dans le mémoire des Annales des ponts et chaussées, année 1863, sur les poutres à treillis. Elle conduit à une règle bien plus rapide encore pour la détermination des efforts dans les divers tronçons des longerons de la poutre uniformément chargée. Il suffit en effet de diviser un binôme du premier degré, variable avec le nombre d'entre-boulons, par un polynôme du troisième degré, qui est toujours le même : les coefficients numériques de la série obtenue au quotient sont proportionnels aux efforts cherchés.

De notables perfectionnements ont été introduits, pendant les trente dernières années, dans la construction des fermes destinées à soutenir la couverture des édifices. Autrefois on ne connaissait que le bois pour cet usage; après les combles classiques à la Palladio ou à la Mansard, on avait vu paraître les combles à grande portée du colonel Emy : c'était le dernier terme de la charpente de bois.

La couverture des halles, des stations de chemins de fer, a donné naissance, on peut le dire, aux grandes charpentes métalliques, dont la ferme de M. Polonceau reste encore le type le plus accrédité. Le calcul des efforts dans un pareil système est une application fort simple de la méthode des pièces continues reposant sur plusieurs appuis et du théorème des trois moments. Il peut être nécessaire d'ailleurs d'avoir recours à une hypothèse sur le règlement adopté pour certaines pièces, dont le calcul laisserait la tension arbitraire. Les constructeurs en général font usage de formules simplifiées pour de telles recherches. Les fermes des gares de Liverpool et de Birmingham, construites dans un système qui diffère de celui des fermes Polonceau, sont jusqu'ici les plus grandes du monde; elles forment une sorte de poutre à treillis, et se distinguent à la fois par leur grande rigidité et par le soin qu'on a mis à en effectuer la pose.

C'est à l'invention des chemins de fer que l'on doit ces progrès de l'art de la construction et les progrès parallèles de la théorie et des méthodes de calcul. Les divers réseaux des chemins de fer n'ont pas plus d'une trentaine d'années d'existence, et déjà, à la fin de 1862, on en comptait 61,719 kilomètres dans l'Europe, 2,265 kilomètres aux Indes, 52,923 dans l'Amérique du Nord, 495 kilomètres dans l'Australie. Des ponts fixes franchissent le Rhin, le Danube, la Vistule, la Dvina, le Saint-Laurent[1]; et c'est seulement devant de larges bras de mer, comme le Pas-de-Calais, que s'arrêtent aujourd'hui les voies ferrées. Combien d'applications grandes et utiles de cette modeste science de la résistance des matériaux !

[1] Le *Victoria-Bridge,* sur le Saint-Laurent, à Montréal (Canada), l'un des ouvrages de Stephenson, est le plus grand pont existant. — Les chiffres précédents doivent être grossis aujourd'hui d'un cinquième de leur valeur pour l'Europe et l'Amérique, d'un dixième pour l'Inde et l'Australie.

CHAPITRE IV.

THÉORIE MECANIQUE DE LA CHALEUR.

§ 1ᵉʳ. ANCIENNE THÉORIE.

Les idées des physiciens sur la chaleur ont subi, depuis vingt ans, une transformation radicale, et c'est la mécanique qui a opéré ette tr ansformation. Rappelons d'abord les principes de l'ancienne théorie.

Elle consistait à admettre l'existence d'un fluide impondérable, le calorique, pénétrant les corps et formant comme une atmos-phère autour de leurs molécules. On attribuait aux particules de ce fluide la propriété d'exercer les unes sur les autres une répulsion mutuelle, et d'attirer au contraire les molécules pondérables; et l'on expliquait par cette hypothèse les divers phénomènes de la dilata-tion des corps et de leurs changements d'état. On pouvait définir très-nettement la quantité de chaleur contenue dans un corps à un moment donné, par la quantité de fluide adhérent dans ce moment à ses molécules : la température du corps à cet instant représentait la *tension* du fluide; et, de même qu'un fluide renfermé dans une enveloppe s'écoule, en vertu de sa pression, si l'on ouvre à travers cette enveloppe un orifice donnant accès à une région où la pres-sion est moindre, de même un corps chaud, exposé dans un milieu froid, laisse s'écouler par rayonnement une partie de son calorique, en vertu de la différence des tensions du calorique du corps et du calorique ambiant, c'est-à-dire en vertu de la différence des tempé-ratures.

Cette hypothèse, adoptée par presque tous les anciens physi-ciens, se trouve développée analytiquement dans la Mécanique céleste de Laplace (livre XII), et Fourier en a fait la base de sa

Théorie mathématique de la chaleur. Dans ce dernier ouvrage, la chaleur n'est traitée qu'au point de vue de la physique; le problème général que Fourier se propose de résoudre consiste à déterminer quelle sera, à un moment et en un point donnés, la température d'un corps placé, à l'origine, dans des conditions thermiques définies. Ces recherches si intéressantes ont enrichi l'analyse de méthodes utiles pour l'étude des différents phénomènes naturels; et comme elles ne sont, après tout, que le développement analytique de faits bien observés, les résultats auxquels elles conduisent subsistent encore après qu'on a renversé l'hypothèse qui leur avait servi de point de départ. De même une grande partie des phénomènes lumineux peut s'exposer encore par l'ancienne théorie de l'émission; la nouvelle théorie des ondulations laisse subsister tout ce que l'ancienne théorie avait acquis, et l'on n'y a recours que pour l'étude des phénomènes que celle-ci serait impuissante à expliquer.

Il restait à considérer la chaleur au point de vue mécanique, étude d'autant plus importante que, depuis Watt, les machines à vapeur, ou les *pompes à feu*, comme on disait autrefois, amenées à un haut degré de perfection, rendaient à l'industrie de grands services, bien propres à appeler l'attention des observateurs.

C'est en 1824 que Sadi Carnot publia la première étude sur la chaleur considérée dans les machines, sous le titre de *Réflexions sur la puissance motrice du feu*. Cet ouvrage fait époque dans l'histoire de la science, et, s'il est aujourd'hui dépassé, c'est néanmoins à Carnot qu'on doit rapporter le mérite d'avoir ouvert la voie aux recherches qui ont fait reconnaître l'insuffisance des anciennes doctrines et découvrir les principes nouveaux. Il cherchait à expliquer, par la théorie du fluide calorique, la puissance motrice que la chaleur possède et que les machines à vapeur mettent dans une si complète évidence. Pour cela, il compare la machine à vapeur à un récepteur hydraulique : l'eau met en mouvement une roue en tombant du bief d'amont dans le bief d'aval, et la pesanteur produit sur elle un travail dont une partie est recueillie et utilisée.

De même, d'après Sadi Carnot, le fluide calorique, qui est le véritable moteur des machines à vapeur, comme la pesanteur est le vrai moteur des machines hydrauliques, tombe de la température de la chaudière à la température du condenseur, et produit, par cette chute, un travail que la machine recueille et utilise en partie. La température joue bien ici le rôle de tension de fluide que lui attribuait l'ancienne théorie. C'est une sorte de cote de niveau de la chaleur. La machine à vapeur utilise une chute de chaleur, comme le récepteur hydraulique une chute d'eau. La vapeur dans l'une, l'eau dans l'autre, ne sont que des intermédiaires employés pour faire agir les vraies forces, la tension de la chaleur et l'attraction du globe terrestre.

Cette idée ingénieuse fut le point de départ des recherches publiées par Clapeyron, dix ans après l'ouvrage de Carnot, dans le Journal de l'École polytechnique. Clapeyron donna les développements analytiques du principe de la chute de chaleur, et créa la première théorie mécanique de la chaleur déduite de la considération du calorique. Il en introduisit l'exposition dans son Cours de machines à vapeur de l'École des ponts et chaussées; ses méthodes, toujours très-élégantes, ont été utiles aux fondateurs de la nouvelle théorie.

D'après Sadi Carnot et Clapeyron, toute la chaleur possédée par la vapeur lorsqu'elle pénètre dans les cylindres doit se retrouver dans l'eau de condensation. D'après la théorie du calorique, la quantité de chaleur contenue dans un corps s'accroît de toute la chaleur que l'on communique au corps, et diminue de toute celle qu'il communique aux corps voisins. Le calorique est un fluide d'une nature particulière, qui peut se déplacer, mais qui ne peut se détruire. Si donc on vient à constater qu'une certaine quantité de chaleur a disparu, si l'on ne retrouve pas dans l'eau de condensation toute la chaleur que la vapeur contenait au moment de son introduction dans la machine, l'ancienne théorie, convaincue d'erreur, devra céder la place à une théorie nouvelle.

§ 2. PRINCIPES DE LA NOUVELLE THÉORIE.

On trouve éparses dans les œuvres de plusieurs philosophes quelques notions qui font pressentir les principes modernes de la théorie de la chaleur. Bacon, dans son *Novum organum*, admet que « la chaleur est le mouvement expansif par lequel un corps tend « à se dilater, » et que « l'essence même de la chaleur est le mou- « vement, et rien autre chose[1]. » Locke définit la chaleur : « une « agitation très-vive des parties insensibles de l'objet, qui produit « en nous la sensation par laquelle nous déclarons l'objet chaud, « de sorte que ce qui dans notre sensation est chaleur n'est dans « l'objet que mouvement[2]. »

Huyghens, l'immortel fondateur de la doctrine des ondulations de la lumière, qu'il eut la gloire de soutenir contre Newton, semble aussi avoir vu dans la chaleur un mouvement vibratoire des molé- cules; c'est à ce mouvement qu'il attribue la propriété qu'ont les liquides, quand on les verse dans un vase, de prendre en quelques instants une surface libre horizontale. Un amas de grains change ses talus inclinés pour une surface horizontale, lorsqu'on lui donne de légères secousses. La chaleur, d'après Huyghens, imprimerait de même aux molécules liquides de petits mouvements analogues à des secousses qui produiraient le même effet final[3].

En 1798, Rumford fit connaître à la Société royale de Londres des expériences très-précises au moyen desquelles il avait mesuré la chaleur produite par le frottement et par le forage des métaux, et il en tirait la conclusion que la chaleur communiquée aux mo- lécules des corps solides dans ces expériences n'est autre chose que du mouvement. C'est la première série d'observations dans les-

[1] *Novum organum*, livre II, apho- rismes XI et XX.

[2] Locke, *Essai philosophique concernant l'entendement humain;* Amsterdam, 1729.

[3] Conférence du 17 avril 1866, de M. J. Bertrand, à la Société des amis des sciences, sur l'histoire de l'ancienne Aca- démie des sciences.

quelles on voie paraître des mesures exactes; or l'exactitude des mesures est le fondement de la nouvelle théorie, qui s'est constituée définitivement par des expériences dont les plus importantes et les plus précises sont dues à M. Regnault.

En 1842, un médecin allemand, M. Mayer, donna dans les Annales de chimie de Wohler et Liebig, sous ce titre : *Remarques sur les forces de la nature inanimée*, la véritable formule de la théorie mécanique de la chaleur, et fixa les opinions, un peu flottantes jusque-là, de tous ceux qui avaient admis l'identité de la chaleur et du mouvement. Le principe de Mayer consiste dans la conversion possible de la chaleur en travail mécanique et réciproquement, de sorte que la chaleur se comporte comme une force vive. Une quantité définie de chaleur correspond à une certaine quantité de travail, toujours la même, quel que soit le corps qui en soit dépositaire. On peut déterminer le rapport constant de la chaleur au travail qu'elle est susceptible de développer, et c'est ce rapport que M. Mayer a très-justement appelé l'*équivalent mécanique* de la chaleur; l'inverse de ce nombre est l'*équivalent calorifique* du travail. Dans son premier mémoire, M. Mayer indiquait une méthode pour la détermination expérimentale de cet équivalent, sans toutefois effectuer les calculs. Cette méthode conduit à fixer l'équivalent à environ 424 kilogrammes. De nombreuses expériences poursuivies par M. Joule, de Manchester, de 1843 à 1849, ont confirmé très-sensiblement ce résultat. On peut donc admettre comme un fait bien constaté qu'une élévation d'un degré centigrade dans la température d'un kilogramme d'eau, c'est-à-dire la quantité de chaleur désignée par les physiciens sous le nom de *calorie*, équivaut, à très-peu près, au travail mécanique représenté par l'élévation d'un poids de 424 kilogrammes à un mètre de hauteur.

La mécanique montre que tout mouvement consiste dans une série d'échanges entre le travail et la force vive; la quantité de chaleur doit être mise en ligne de compte dans cette suite d'opérations, et elle y figure au même titre que la force vive; la quantité

de chaleur contenue dans un corps représente en effet, dans la
théorie moderne, la demi-force vive *non apparente*, correspondante
à des mouvements propres des molécules, lesquels échappent à
l'observation directe. Ainsi la force vive d'un système matériel se
décompose en réalité en trois parties : l'une est la force vive de la
masse entière, concentrée au centre de gravité du système; l'autre
la force vive du système dans son mouvement général par rapport
à son centre de gravité; la troisième partie est la force vive du
mouvement propre des molécules, abstraction faite des deux mouvements déjà considérés. C'est cette force vive dont la moitié représente la quantité de chaleur contenue dans le système. La théorie
de la chaleur ajoute donc un troisième terme aux deux premières
parties que la mécanique rationnelle avait seulement à considérer
dans les systèmes géométriques dont elle étudie les mouvements.

Sur quels faits repose le premier principe de la théorie de la
chaleur, le principe de Mayer?

Sur une multitude de faits bien constatés et bien connus des physiciens. On sait depuis longtemps, par exemple, que, pour élever la
température d'un gaz d'un nombre déterminé de degrés, il ne faut
pas la même quantité de chaleur lorsque pendant l'échauffement
ce gaz est maintenu sous un même volume invariable, et lorsqu'il
se dilate sous une pression constante. De là les deux *chaleurs spécifiques* des gaz, dont le rapport, si important dans la physique, entre
notamment dans la formule de la vitesse du son dans l'air. Dans
un des cas, lorsque le volume reste constant, le gaz n'effectue aucun travail extérieur; la quantité de chaleur qui lui est communiquée contribue tout entière à élever sa température, ou, suivant les
idées nouvelles, à accroître la force vive intérieure des molécules.
Si au contraire on laisse le gaz se dilater, sa pression restant constante, il y a un travail extérieur produit par la dilatation du gaz;
ce travail est égal au produit de la pression constante par la variation du volume. La quantité de chaleur communiquée au gaz
se partage alors en deux parts : l'une augmente la force vive in-

terne des molécules gazeuses et contribue à l'élévation de la température, l'autre représente le travail extérieur effectué. Pour un même nombre de degrés d'élévation de la température, il faudra donc une quantité de chaleur plus grande dans le second cas que dans le premier; et la calorimétrie a montré en effet que la chaleur spécifique de l'air sous pression constante excède la chaleur spécifique sous volume constant des 4/10 de la valeur de celle-ci. La nouvelle théorie rend un compte parfaitement satisfaisant de cette différence, et elle s'en sert pour le calcul de l'équivalent mécanique de la chaleur. C'était la méthode indiquée par le docteur Mayer. Elle suppose que, dans la dilatation d'un gaz, l'écartement des particules ne donne lieu à aucun travail mécanique, c'est-à-dire que les particules n'exercent aucune action attractive ou répulsive les unes sur les autres.

Une expérience très-intéressante, due à Gay-Lussac et répétée par M. Joule et M. Regnault, met encore mieux en évidence la relation intime entre la chaleur et le travail. Deux ballons d'une égale capacité, l'un plein d'air, l'autre vide, sont mis en communication par un tuyau muni d'un robinet. On ouvre le robinet : l'air contenu dans le ballon plein se répand dans le ballon vide; la pression intérieure se réduit à moitié, mais le calorimètre n'indique aucune variation dans la quantité de chaleur renfermée dans l'appareil. Si au contraire on remplace le ballon vide par un corps de pompe dans l'intérieur duquel on place un piston mobile, et si après l'ouverture du robinet le piston se déplace sous la pression du gaz qui se détend, l'expansion du gaz produira un travail extérieur égal au produit de la contre-pression par le volume que le piston engendre dans son déplacement. Le calorimètre accuse dans ce cas la disparition d'une quantité de chaleur équivalente au travail extérieur produit. Dans le premier cas, la détente du gaz n'opère pas de travail extérieur, et l'invariabilité de la température montre que l'expansion ne donne lieu à aucun travail moléculaire appréciable, ainsi que l'avait admis Mayer. La quan-

tité de chaleur reste donc la même. Dans le second cas, la détente du gaz produit un travail extérieur qui vient en déduction
d'une certaine quantité de force vive moléculaire, et qui représente la quantité de chaleur dont le calorimètre indique la disparition.

Cette belle expérience a conduit quelques physiciens à admettre
que les molécules qui composent une masse gazeuse sont douées,
à un instant donné, de mouvements rectilignes et uniformes, qui
les amènent à se réfléchir, sans rien perdre de leur force vive,
contre les parois de l'espace occupé par la masse gazeuse; la mobilité des molécules de gaz, l'absence de cohésion, suffisent pour
qu'on puisse admettre la conservation de ce mouvement. La pression du gaz contre son enveloppe mesure l'intensité du choc que
l'enveloppe subit de la part des molécules gazeuses. Si la température du gaz s'élève, le mouvement des molécules s'accélère, et la
pression s'accroît quand le volume reste le même. Dans l'expérience
des deux ballons, l'ouverture du robinet change les trajectoires
des molécules gazeuses, et fait décroître la pression en répartissant
les chocs sur une surface plus grande; mais rien n'est changé aux
vitesses des molécules sur leurs trajectoires, et, la force vive interne
restant la même, il n'y a pas de variation dans la chaleur.

La théorie mécanique de la chaleur explique de même l'expérience du briquet à air : élévation de température ou développement de force vive interne dans la masse gazeuse, quand elle subit
une compression ou un travail extérieur; abaissement de température ou diminution de la force vive des molécules, si la masse
éprouve un accroissement de volume en surmontant une pression
extérieure. Dans l'ancienne théorie, on admettait que la compression faisait sortir du corps la portion de calorique *latent* qui correspond à la différence des volumes; c'était assimiler le corps à
une éponge qui, comprimée, laisse échapper une certaine quantité
d'eau qu'elle réabsorbe quand on la dilate. Aujourd'hui la notion
du calorique étant remplacée par celle de la force vive interne,

qui est beaucoup plus nette, il n'est plus nécessaire d'avoir recours à cette hypothèse bien obscure du calorique latent.

Lorsqu'un corps animé d'une grande vitesse est brusquement ramené au repos, une partie de sa force vive apparente se transforme en force vive interne, et aussitôt la chaleur apparaît. C'est ce qu'on observe en faisant tourner un disque entre les pôles d'un électro-aimant : lorsqu'on fait passer le courant, le mouvement du disque s'éteint en quelques instants, comme s'il se déplaçait dans un milieu doué d'une grande résistance, mais en même temps sa température s'élève très-sensiblement.

Il en est ainsi toutes les fois qu'il y a disparition apparente de force vive par le travail négatif du frottement ou de la résistance des milieux. La quantité de chaleur développée dans les corps en contact représente l'équivalent du travail développé ou de la demi-force vive perdue, de sorte qu'à ce point de vue, la conservation des forces vives, ce grand principe posé, il y a deux siècles, par Huyghens, subsiste même dans les cas qui semblent au premier abord présenter une exception, et devient une loi générale de la nature.

Ces expériences élémentaires mettent le principe de Mayer en évidence et peuvent servir de base à la théorie. Mais les expériences les plus importantes sont celles qui ont eu pour objet l'étude de la machine à vapeur.

Sadi Carnot admettait, comme nous l'avons dit, que tout le calorique contenu dans la vapeur à l'admission se retrouvait dans la vapeur condensée; et il regardait le travail moteur communiqué à la machine comme étant proportionnel à la différence des températures entre la chaudière et le condenseur. La nouvelle théorie modifie l'hypothèse de Carnot en ceci, qu'une partie de la chaleur contenue dans la vapeur est convertie en travail mécanique et fournit à la machine la puissance motrice, tandis qu'une autre partie est simplement transportée de la chaudière au condenseur. Mais lorsque la chaleur est convertie en travail par l'intermédiaire d'un

corps qui, étant mis alternativement en communication avec deux
sources indéfinies de chaleur, à des températures données, passe
par des variations successives de volume et de pression, et que ces
variations le ramènent finalement à son état primitif par une *évolution
complète et renversable*, sans qu'il ait été en contact avec des corps
dont la température diffère d'une quantité finie de celle qu'il possède
lui-même, le travail mécanique définitivement obtenu est un maximum. Ce maximum, ainsi que les rapports de la quantité de chaleur
équivalente au travail produit, à celle qui est puisée dans la source
supérieure et à celle qui est versée dans la source inférieure, dépendent uniquement des températures des deux sources et restent
les mêmes, quelle que soit la nature du corps intermédiaire. Par
évolution renversable, on entend celle qui pourrait avoir lieu en sens
inverse, en appliquant au corps un travail mécanique égal à celui
qui résulte de l'évolution directe, auquel cas une quantité de
chaleur précisément égale à celle qui a été d'abord transmise de la
source supérieure à la source inférieure remonterait de celle-ci à
celle-là. Tel est le second principe fondamental de la théorie nouvelle établi par M. Clausius; il complète, en la rectifiant, la théorie
de Sadi Carnot, dont il confirme les principales conséquences. On
démontre en effet que, si le corps intermédiaire est un gaz dont le
volume, la pression et la température varient conformément aux
lois de Mariotte et de Gay-Lussac, les quantités de chaleur respectivement fournie par la source supérieure et versée dans la source
inférieure, sont proportionnelles aux températures *absolues* de ces
sources, c'est-à-dire aux températures comptées à partir du point
où la force élastique du gaz serait nulle. Ce point se trouverait
au-dessous du zéro de notre thermomètre centigrade d'un nombre
de degrés exprimé par l'unité divisée par le coefficient constant de
dilatation, soit à 273°. Aucun gaz, il est vrai, ne suit exactement
les lois de Mariotte et de Gay-Lussac; mais ceux qu'on n'est pas
parvenu à liquéfier jusqu'ici, notamment l'hydrogène, l'oxygène,
l'azote, et le mélange de ces derniers gaz qui constitue l'air atmos-

phérique sec, s'en écartent extrêmement peu, dans les conditions accessibles à l'expérience, et de moins en moins à mesure qu'on les prend à des densités plus faibles. De plus M. Regnault, par les expériences les plus délicates, n'a constaté aucun changement de leur chaleur spécifique à pression constante, avec la température et la pression. On peut, au moins dans une première approximation, négliger ces écarts. Pour ces gaz, par conséquent aussi pour tous les corps, et en particulier pour l'eau, à l'état liquide ou à l'état de vapeur, employée dans une machine qui réaliserait les conditions du maximum de rendement et de l'évolution complète et renversable, telles qu'elles ont été précédemment définies, les quantités de chaleur respectivement contenues dans la vapeur au moment de l'admission, et dans l'eau qu'elle produit en se condensant, sont donc proportionnelles aux températures absolues de la chaudière et du condenseur. Il résulte de cette proportionnalité que, pour une température donnée de la chaudière, la quantité de chaleur transformée en travail, différence entre les quantités de chaleur contenues à poids égal dans la vapeur motrice et dans la vapeur condensée, est proportionnelle à la différence des températures de la chaudière et du condenseur, et la portion utilisée de la chaleur est par suite d'autant plus grande qu'il y a un écart plus considérable entre ces deux températures.

Cette conséquence du second principe fondamental de la nouvelle théorie est d'accord avec les vues de Carnot; elle est pleinement confirmée par l'expérience de la pratique. Ce n'est pas seulement dans le travail des machines, c'est encore dans le travail des moteurs animés que M. Hirn a étudié le rôle de la chaleur. Dans ces machines naturelles, la chaleur est produite par la combustion qui s'effectue dans les poumons; elle se partage encore en deux parties : l'une reste à l'état de chaleur et contribue à entretenir la température des organes, malgré les pertes de chaleur par rayonnement ou par contact avec les corps extérieurs plus froids; l'autre se transforme dans le travail extérieur développé par l'animal;

et lorsque le moteur animé subit un travail extérieur au lieu d'en
développer un, lorsque, par exemple, un cheval descend une côte
sans accroissement de vitesse, le travail extérieur se transforme en
chaleur, et vient s'ajouter sous cette forme à la chaleur produite
par la respiration. Ces résultats étaient d'autant plus importants
à constater, que l'échauffement des organes ne dépend pas seulement de la quantité de chaleur produite dans les poumons, mais
encore du pouvoir absorbant de ceux-ci; or leur pouvoir absorbant
s'accroît en général lorsque le corps développe des efforts, et l'excès
de température qui résulte de cet accroissement d'absorption pouvait faire croire à des observateurs superficiels que le travail extérieur crée de la chaleur au lieu d'en consommer.

La force des animaux n'est donc qu'une transformation de la
chaleur produite dans les poumons par la combustion des éléments
que la nutrition y apporte. Rumford semble avoir soupçonné cette
loi, lorsque, dans son Essai sur la chaleur engendrée par le frottement[1], il compare la chaleur développée par le travail d'un cheval
à celle que pourrait fournir la combustion directe du fourrage qui
lui a servi de nourriture.

Tels sont les principes de la nouvelle théorie mécanique de la
chaleur. Nous allons en montrer les applications principales, et les
suivre dans leurs plus remarquables conséquences.

§ 3. DES LOIS DES GAZ ET DES VAPEURS.

Ainsi que nous l'avons dit dans le paragraphe précédent, pour
les corps dont le volume, à température constante, varierait en raison inverse de la pression, conformément à la loi de Mariotte, et
qui, maintenus sous une pression constante tandis que la température varierait, éprouveraient une dilatation proportionnelle à l'élévation de température, suivant la loi de Gay-Lussac, la relation qui
lierait la pression, le volume et la température, consisterait en ce

[1] *Société royale de la Grande-Bretagne,* 25 janvier 1798.

que le produit de la pression par le volume serait égal à la température absolue multipliée par un nombre, constant pour un même corps, et variable d'un corps à un autre en raison inverse des densités des deux corps pris sous une même pression et à une même température.

L'hydrogène, l'oxygène, l'azote, l'oxyde de carbone et le petit nombre d'autres gaz qu'on n'est point encore parvenu à liquéfier, s'écartent fort peu de la loi précédente. Tous ont à peu près le même coefficient de dilatation, sensiblement égal à la fraction $\frac{1}{273}$, la température étant mesurée en degrés centigrades; leur chaleur spécifique à pression constante reste la même, quelles que soient la pression et la température, ou du moins les expériences les plus délicates n'y ont fait découvrir aucune variation.

Il est loin d'en être de même pour les substances qui, entre les limites de pression et de température que nous pouvons réaliser, se présentent tantôt à l'état de gaz ou de vapeur, tantôt à l'état liquide, et parmi celles-ci se rangent l'acide carbonique, l'acide sulfureux, le protoxyde d'azote. Les expériences de M. Regnault montrent que la compressibilité de ces substances, prises à l'état de vapeurs, augmente, à mesure que la pression croît, plus rapidement que ne le suppose la loi de Mariotte, et que cet accroissement est de plus en plus rapide, à mesure qu'on approche du point de liquéfaction. L'écart de la loi de Mariotte est encore très-sensible à une grande distance de ce point. Même pour les gaz de la première espèce, auxquels on conserve encore la dénomination de *gaz permanents*, cet écart n'est pas nul et est mis en évidence par l'observation directe. Il est à remarquer enfin que, pour l'hydrogène, l'écart est en sens inverse des autres gaz, c'est-à-dire que la compressibilité diminue, au lieu d'augmenter, lorsque la pression augmente.

Le gaz qui suivrait rigoureusement les lois de Mariotte et de Gay-Lussac est donc purement idéal; mais l'hydrogène, l'oxygène, l'azote et l'air atmosphérique s'en écartent tellement peu, que, dans le plus grand nombre de cas et pour les conséquences prochaines de cette hypothèse, les écarts peuvent être négligés. Leurs chaleurs spécifiques sont invariables. Les expériences de Gay-Lussac, de M. Joule et de M. Regnault font voir que la dilatation de ces gaz ne donne lieu à un abaissement de température que dans le cas où elle a lieu avec un développement extérieur de travail mécanique ou de force vive, et démontrent que, dans leurs changements de volume et de température, il ne se produit aucun travail mécanique sensible intramoléculaire, c'est-à-dire que leurs molécules n'exercent aucune action attractive ou répulsive les unes sur les autres.

L'application des principes de la théorie nouvelle de la chaleur aux gaz permanents ainsi considérés est d'une extrême simplicité. La totalité de la chaleur qu'ils reçoivent du dehors est employée à élever leur température ou est convertie en travail mécanique extérieur. Leur chaleur spécifique à volume constant ne diffère pas de leur chaleur spécifique *vraie*, et l'excès de leur chaleur spécifique à pression constante sur la chaleur à volume constant est proportionnel à l'équivalent calorifique du travail mécanique externe dû à la dilatation, et qui a pour mesure le produit de l'accroissement du volume par la pression constante sur l'unité superficielle. On peut ainsi obtenir cet équivalent, quand on connaît les deux chaleurs spécifiques, ou calculer la chaleur spécifique à volume constant, si l'équivalent calorifique du travail et la chaleur spécifique à volume constant sont connus par l'expérience.

Si le gaz se dilate sous une pression extérieure qui contrebalance à chaque instant sa force élastique, sa température ne peut demeurer constante qu'autant qu'il reçoit de l'extérieur une quantité de chaleur équivalente au travail mécanique extérieur développé, c'est-à-dire à l'intégrale de la pression multipliée par l'accroissement du volume, intégrale qui, dans l'hypothèse admise d'une température invariable, est égale au produit constant de la pression et du volume correspondant à la température donnée, par le logarithme hyperbolique du rapport du volume final au volume initial, ou de la pression initiale à la pression finale.

Si le gaz, tandis qu'il se dilate en surmontant une pression extérieure faisant à chaque instant équilibre à sa force élastique, ne reçoit ni ne perd de chaleur, la chaleur équivalente au travail mécanique développé doit être fournie par le gaz lui-même. Sa température doit donc s'abaisser à mesure que son volume augmente, et le produit de l'excès de sa température initiale sur sa température finale par la chaleur spécifique vraie, c'est-à-dire par la chaleur spécifique du gaz à volume constant, sera précisément l'équivalent calorifique du travail mécanique produit. D'un autre côté, entre l'équation différentielle qui exprime l'équivalence de la chaleur fournie à chaque instant par le gaz et du travail mécanique extérieur, et la différentielle de l'équation qui exprime la proportionnalité constante de la température absolue au produit du volume par la pression, on élimine aisément la température et l'on obtient une équation entre la pression et le volume qui s'intègre sans difficulté. En ayant égard à la relation qui lie la différence des deux chaleurs spécifiques à l'équivalent calorifique du travail, cet équivalent devient facteur commun à tous les termes de l'équation, et l'on arrive à cette conclusion que, dans la dilatation du gaz, sans addition ni émission de chaleur, le volume varie en raison inverse de la pression élevée à une puissance dont l'indice est le rapport de la chaleur spécifique à volume constant à la chaleur spécifique à pression constante, rapport qui est le même pour tous les gaz. C'est le résultat auquel Laplace et Poisson étaient déjà arrivés en partant des idées admises de leur temps par l'universalité des physiciens, et en y joignant l'hypothèse, mieux justifiée aujourd'hui qu'elle ne l'était alors, de l'invariabilité du rapport des deux chaleurs spécifiques.

Ces principes, appliqués à la théorie des machines à air chaud, des pompes de compression d'air, des appareils soufflants, de l'écoulement des gaz, ont conduit à quelques conséquences nouvelles, parfaitement en harmonie avec les faits observés. Mais elles ne sont admissibles que pour les gaz permanents et ne peuvent être étendues ni aux vapeurs d'eau, d'éther, etc. ni même au gaz acide carbonique, au gaz ammoniac, et autres gaz qu'on est parvenu à liquéfier.

On sait que, pour une vapeur donnée, il existe, pour chaque température, une limite de pression ou de force élastique que cette vapeur ne peut jamais dépasser, et qu'elle atteint lorsqu'elle est mélangée, ou simplement en contact avec la substance liquide à la même température. On dit alors que l'espace occupé par la vapeur en est saturé et, par abréviation, que la vapeur est *saturée*, ou encore qu'elle est à son maximum de pression et de densité. En effet, toute tentative d'augmenter l'espace occupé par la vapeur, en diminuant légèrement la pression qui contrebalance et mesure sa force élastique, toute tentative de réduire cet espace par une augmentation légère de cette pression, la température étant maintenue invariable, ont pour résultat unique d'amener la conversion d'une partie du liquide en vapeur, qui se joint à celle qui existait déjà pour remplir l'espace agrandi, ou la liquéfaction d'une partie de la vapeur existante proportionnelle à la diminution de l'espace primitif. Si la pression est maintenue constante, une addition de chaleur au mélange de liquide et de vapeur ne donne lieu à aucune élévation de température et ne produit que la vaporisation du liquide, et une soustraction de chaleur détermine la condensation de la vapeur, sans abaissement de la température. Il existe donc une relation entre la température et la pression ou force élastique de la vapeur saturée.

Les expériences de Dulong et d'Arago, puis celles de M. Regnault ont déterminé cette relation et épuisé la question pour la vapeur d'eau. Les tables dressées par ces habiles expérimentateurs, ou les formules empiriques qui peuvent en tenir lieu, renferment la vraie expression de la loi de la saturation, l'une des plus importantes de la théorie de la chaleur. M. Regnault a aussi repris les recherches sur la calorimétrie des vapeurs et déterminé d'une façon très-précise la quantité de chaleur nécessaire pour réduire en vapeur, sous diverses pressions et aux températures correspondantes, un kilogramme d'eau prise à la température de la glace fondante. Cette quantité se compose de trois parties : 1° de la chaleur employée à élever la température de l'eau liquide au degré voulu, correspondant à la pression; 2° de la chaleur équivalente au travail intramoléculaire dû à l'écartement des molécules liquides pour la conversion en vapeur; 3° de la chaleur équivalente au travail extérieur, ou au produit de l'excès du volume de la vapeur sur celui de l'eau liquide, par la pression sous laquelle a lieu cet accroissement de volume. Ces deux dernières parties constituent ce que les physiciens ont appelé la chaleur *latente* et que l'on appelle aujourd'hui chaleur de *vaporisation*, dénomination préférable en ce qu'elle exprime simplement le fait révélé par l'observation, tandis que la première impliquait la réalité de l'existence d'une chaleur qui serait seulement dissimulée. Or, d'après la théorie nouvelle, la chaleur de vaporisation n'existe pas dans la vapeur. Elle peut, à la vérité, être reproduite et apparaître de nouveau lorsque la vapeur est liquéfiée. Mais des deux parties dont elle est formée, celle qui est équivalente au travail intramoléculaire sera seule reproduite intégralement dans tous les cas; celle qui est équivalente au travail mécanique extérieur ne le sera qu'à une condition, c'est que le travail mécanique externe durant la liquéfaction sera exactement égal, en valeur absolue, et de signe contraire, au travail externe développé pendant la vaporisation, ce qui n'a pas nécessairement lieu dans tous les cas.

Lorsque l'eau, prise à 0° centigrade, est chauffée et vaporisée sous une pression constante, les expériences de M. Regnault nous apprennent que la chaleur communiquée est une fonction linéaire de la température finale et donne les deux coefficients numériques de cette fonction. Nous connaissons aussi, par d'autres expériences du même physicien, la chaleur nécessaire pour l'échauffement de l'eau liquide de zéro degré à la température finale, et une simple soustraction nous donne la chaleur totale de vaporisation dans les circonstances indiquées. Les équations fondamentales de la théorie de la chaleur sont applicables à cette conversion de l'eau en vapeur, puisqu'elle a lieu par un procédé évidemment renversable. L'invariabilité de la température et de la pression durant le changement d'état rendent cette application particulièrement simple et facile. On obtient ainsi une seconde expression de la chaleur de vaporisation, dans laquelle entrent comme facteurs, avec l'excès du volume de la vapeur sur celui de l'eau liquide, la température absolue, l'équivalent calorifique du travail mécanique et la dérivée de la pression de la vapeur saturée par rapport à la température, dérivée qu'on peut calculer au moyen des formules empiriques, des tableaux ou des courbes graphiques, dans lesquelles se résument les expériences de M. Regnault sur ce sujet. De là une équation où ne figure plus qu'une seule inconnue, l'excès du volume de la vapeur sur celui de l'eau liquide, à la température donnée et sous la pression correspondante. En la dégageant, nous avons le volume relatif et la densité de la vapeur saturée, dont la détermination par l'expérience a ·présenté des difficultés jusqu'ici insurmontables. Le volume de la vapeur étant connu, on en déduit la chaleur équivalente au travail mécanique extérieur développé pendant la vaporisation et l'on a ensuite, par différence, la chaleur équivalente au travail intramoléculaire. C'est encore à M. Clausius que nous devons ces belles conséquences de la théorie dont il a posé les fondements.

M. Zeuner a remarqué que la chaleur équivalente au travail extérieur, dans la vaporisation de l'eau, est très-approximativement proportionnelle au logarithme népérien de la température absolue divisée par le nombre 100. Quant à la chaleur équivalente au travail intramoléculaire, elle décroît à mesure que la température augmente et est exprimée par une formule composée d'un pre-

mier terme constant et d'un second terme négatif, où la température entre comme facteur au premier degré. Si on y ajoute la
chaleur employée à l'échauffement de l'eau de 0° centigrade à la
température finale, la somme peut encore être exprimée, avec
une grande approximation, par une formule à deux termes, l'un et
l'autre positifs, dont le premier est constant et l'autre renferme la
température au premier degré.

La théorie complète des mélanges de vapeur et de liquide et
des vapeurs à l'état de saturation découle aisément des mêmes
principes. Ainsi l'on obtient sans difficulté l'expression algébrique
de la somme de la chaleur réellement existante dans un kilogramme
d'un mélange d'eau liquide et de vapeur d'eau en proportions connues et à une température quelconque donnée, et de la chaleur
équivalente au travail intramoléculaire correspondant à la formation de la vapeur existante dans ce mélange. Cette expression renferme la température absolue du mélange, la chaleur spécifique de
l'eau, qui est une fonction de la température, et cette première partie de la chaleur de vaporisation qui représente le travail intramoléculaire. On reconnaît, en discutant l'équation, qu'un changement
infiniment petit de température, occasionné non par une addition
ou une soustraction de chaleur, mais par une variation infiniment
petite du volume en plus ou en moins, entraîne un changement
du même ordre dans les proportions relatives d'eau liquide et de
vapeur qui constituent le mélange, c'est-à-dire soit une vaporisation d'eau liquide, soit une précipitation de vapeur, et que la
question de savoir si l'abaissement de température amènera une
précipitation de vapeur ou une vaporisation d'eau, et *vice versa*,
dépend du signe positif ou négatif d'une expression dans laquelle
entrent la température absolue du mélange, la chaleur nécessaire
pour porter un kilogramme d'eau liquide de 0° centigrade à cette
température, la chaleur nécessaire pour convertir un kilogramme
d'eau liquide prise à zéro degré en vapeur à la même température, sous la pression constante qui y correspond, et enfin la dé-

rivée de cette dernière quantité de chaleur par rapport à la température. Ces dernières quantités étant parfaitement connues entre les températures 0° et 230° par les expériences de M. Regnault, leur substitution dans l'expression dont nous venons de parler montre qu'entre ces limites toute dilatation du volume du mélange, qui produira nécessairement un abaissement de température, sera suivie d'une précipitation de vapeur; qu'au contraire toute contraction déterminée par une force extérieure, qui produirait une élévation de température, sera suivie d'une vaporisation d'eau; d'où cette conséquence, annoncée d'abord par M. Clausius et vérifiée depuis expérimentalement par M. Hirn, que si la vapeur était d'abord saturée, mais absolument pure de tout mélange d'eau liquide, la dilatation, sans addition ni soustraction de chaleur, donnerait nécessairement lieu à une condensation partielle de la vapeur, tandis que, la contraction élevant la température, la vapeur cesserait d'être à l'état de saturation et deviendrait *surchauffée*.

M. Regnault a fait sur plusieurs liquides, l'éther vinique, le sulfure de carbone, le chloroforme, le chlorure de carbone, etc. des expériences aussi précises, quoique moins étendues, que sur la vapeur d'eau, et il a déterminé, pour chacun d'eux, la chaleur spécifique et la chaleur totale de vaporisation en fonction des températures, de sorte que nous possédons, entre les limites de températures auxquelles il a opéré, les éléments à substituer dans la formule dont le signe indique le sens du phénomène. Le calcul fait sur les données relatives à l'éther vinique annonce que sa vapeur doit se comporter, aux températures comprises entre 0° et 100° centig. autrement que la vapeur d'eau; que la réduction du volume doit être suivie d'une précipitation de vapeur, et la dilatation d'une vaporisation d'éther liquide. Le même calcul, fait sur les éléments qui se rapportent au chloroforme et au chlorure de carbone, nous annonce que les vapeurs de ces liquides se comporteront comme la vapeur d'eau jusqu'à la température de 125° à 150° centigrades, et comme la vapeur d'éther, à des températures plus élevées. Des

expériences déjà anciennes de M. Hirn ont fait voir que les choses
se passent en réalité pour l'éther comme le calcul l'indique. Des
expériences toutes récentes de M. Hirn et de M. Cazin ont montré
qu'il en est de même pour le chloroforme et le chlorure de carbone,
dont les vapeurs offrent en effet un point d'inversion, à des températures voisines de celles que donne la formule. Il est impossible
de ne pas considérer ces résultats comme des preuves *à posteriori*
des principes fondamentaux de la théorie qui les a prédits et de
l'exactitude des expériences de l'illustre physicien qui peut en être
regardé comme le principal créateur.

La vapeur d'eau, au moment de son admission dans le cylindre
des machines ordinaires, est toujours saturée et chargée d'une
certaine quantité d'eau liquide. L'expansion qui a lieu, après la fermeture de la soupape d'admission, est accompagnée, d'après ce
qui vient d'être dit, d'une précipitation de vapeur. La quantité
d'eau entraînée par la vapeur introduite étant supposée connue,
la théorie permet de calculer : 1° les proportions relatives d'eau et
de vapeur qui existeront dans le mélange amené par l'expansion
à une température quelconque, si l'expansion a eu lieu sans addition ni soustraction de chaleur ; 2° le volume occupé alors par le
mélange, et la quantité de chaleur qu'il renferme, y compris celle
qui équivaut au travail intramoléculaire de vaporisation. Cette
quantité étant soustraite de celles que contenaient primitivement
la vapeur et l'eau admises, y compris la chaleur équivalente au
travail interne de vaporisation, la différence exprime la chaleur
convertie en travail mécanique développé et transmis au piston
mobile, durant la détente de la vapeur et fait connaître, par conséquent, ce travail lui-même. Dans les anciennes méthodes on admettait, pour l'évaluer, que la pression de la vapeur variait, pendant
la détente, soit en raison inverse du volume, suivant la loi de
Mariotte, soit en raison inverse d'une puissance du volume ayant
pour indice le rapport des deux chaleurs spécifiques, rapport auquel on attribuait la valeur trouvée pour les gaz permanents, soit

en considérant la vapeur comme se maintenant à l'état de saturation, sans aucune condensation. A ces trois hypothèses gratuites et
toutes également fausses, la théorie nouvelle substitue une méthode
fondée sur des expériences d'une extrême précision, et applicable
sûrement, pourvu que la vapeur reste constamment saturée.

On a fait, depuis plusieurs années, d'assez nombreuses tentatives pour alimenter les machines avec de la vapeur *surchauffée*,
c'est-à-dire qu'au lieu d'y introduire la vapeur directement à sa
sortie de la chaudière, on la chauffe préalablement hors du contact de l'eau jusqu'à 200° ou 240° centigrades, sa forme élastique demeurant toujours égale à celle qui existe dans la chaudière.
La vapeur admise se comporte alors comme un gaz dans le voisinage du point de liquéfaction. La surchauffe, telle qu'elle est pratiquée par M. Hirn au Logelbach, donne, d'après les expériences
faites sur la demande de M. Hirn par une commission déléguée
par la Société industrielle de Mulhouse, des résultats avantageux,
et procure notamment une grande économie de combustible. Les
expériences entreprises par ce savant et habile physicien ne sont
pas encore suffisantes pour établir la loi, extrêmement compliquée
sans doute, qui lie le volume, la pression et la température de
la vapeur dans le voisinage du point de saturation, et pour faire
connaître avec précision les variations de sa chaleur spécifique avec
la pression et la température. Le rapport de la commission de la
Société industrielle de Mulhouse n'a pas encore été rendu public.
Les éléments nous manquent donc pour établir la théorie complète
et sûre des machines à vapeur surchauffée.

La comparaison de la quantité de travail produite par une
machine à vapeur avec la quantité de chaleur que dégage le combustible brûlé dans le foyer de sa chaudière, semble d'abord défavorable aux machines à vapeur; car les plus parfaites n'utilisent
que 8 pour 100 de la chaleur produite dans le foyer. Mais il s'en
faut que la quantité de chaleur produite par le combustible puisse
être entièrement utilisée, et la théorie donne elle-même la mesure

de la fraction qui peut être convertie en travail. C'est à cette fraction, toujours assez petite, qu'il faut comparer le travail produit
pour avoir l'expression véritable du rendement. Théoriquement,
on peut concevoir la transformation en travail de toute la quantité de chaleur empruntée à une source; mais pour réaliser cette
transformation, il faudrait que le corps qui, par ses variations
successives de volume, dans une évolution complète et renversable,
fournit le travail extérieur, descendît au zéro absolu, ce qui est
impossible.

L'écart des températures extrêmes de la vapeur dans son passage à travers les machines à vapeur en limite le rendement maximum, et l'on ne dispose pas arbitrairement de ces températures,
pas plus qu'on ne peut augmenter à volonté la hauteur d'une
chute d'eau.

A ce point de vue, le seul juste, la machine à vapeur est sortie
du génie de Watt avec des caractères de perfection qu'il est impossible de méconnaître, bien que quelques-unes de ses conceptions
n'aient été largement introduites dans la pratique que depuis sa
mort. Aujourd'hui, ce n'est plus dans les modifications apportées
à l'emploi de la vapeur qu'il faut chercher les économies de combustible. C'est bien plutôt dans des dispositions nouvelles qui pré-
viendraient les énormes pertes de chaleur auxquelles donnent lieu
les foyers des chaudières. Le développement de l'industrie et l'épuisement des houillères rendent ces économies chaque jour plus dé-
sirables.

§ 4. APPLICATION DE LA THÉORIE MÉCANIQUE DE LA CHALEUR AUX SOLIDES ET AUX LIQUIDES.

C'est l'étude des gaz et des vapeurs qui a conduit à la découverte des principes de la nouvelle théorie de la chaleur. Mais ces
principes sont généraux et indépendants de la nature des systèmes
matériels soumis aux expériences; l'application de ces principes

aux solides et aux liquides a révélé des faits qui n'avaient pas encore été aperçus, et dont des observations très-précises ont ensuite constaté la réalité.

On avait depuis longtemps étudié les lois de la dilatation des solides et des liquides; on avait étudié aussi les lois de leur compressibilité et de leur élasticité, mais on n'avait pas rattaché entre eux ces deux ordres de phénomènes; la théorie de la chaleur les relie d'une manière très-directe.

Pour les gaz, les variations de volume sont si grandes que les observations étaient rendues faciles; aussi a-t-on reconnu de très-bonne heure, par exemple, qu'il ne fallait pas la même quantité de chaleur pour élever d'un degré la température d'un certain poids de gaz, lorsque son volume reste constant, ou lorsque son volume varie de manière que sa pression reste constante. De là les deux chaleurs spécifiques des gaz données dans tous les traités de physique. La théorie, comme nous l'avons vu, rend compte de cette différence: l'excès de chaleur nécessaire pour produire l'augmentation de volume sous pression constante est très-sensiblement équivalent au travail produit par cette augmentation même.

On n'avait pas constaté cette double chaleur spécifique pour les liquides et pour les solides; mais la théorie affirme que les mêmes phénomènes doivent se produire; un solide qui se dilate par suite de son échauffement, sous une pression constante, produit un travail extérieur qui consomme et fait disparaître une certaine quantité de chaleur. Il est donc certain qu'un corps quelconque, solide ou liquide, a, comme un gaz, une double chaleur spécifique.

La théorie donne la chaleur spécifique à volume constant, quand on connaît la chaleur spécifique à pression constante. Il suffit d'introduire dans les équations générales les résultats des observations touchant la dilatation et la compressibilité des corps. On trouve ainsi la différence des deux chaleurs spécifiques, les variations du volume et de la température, lorsque, sans introduire de chaleur extérieure, on fait varier la pression d'une quantité déterminée, ou encore les variations corrélatives de la pression et de la température, lorsque le volume reste constant.

Les lois de la dilatation des corps liquides et solides sont aujourd'hui connues avec une grande exactitude. Le coefficient de dilatation du mercure a été déterminé avec une grande précision par M. Regnault, qui a reconnu qu'il est légèrement croissant avec la température, en prenant pour type de la graduation uniforme les degrés du thermomètre à air. M. Regnault représente le coefficient du mercure par une formule à deux termes, dont l'un est constant, et l'autre renferme la température en facteur.

Pour l'eau, l'éther, l'alcool, les expériences de M. Kopp ont montré que le coefficient de dilatation peut être représenté par une fonction entière du second degré de la température; encore faut-il observer que les coefficients de cette fonction ne sont pas rigoureusement constants pour l'eau, et doivent être modifiés légèrement suivant que la température est supérieure ou inférieure à 25°.

Les lois de la compressibilité cubique des corps liquides, d'abord recherchées par OErsted, ont été de nouveau déterminées avec une précision remarquable par M. Regnault et par M. Grassi.

Enfin il est nécessaire de connaître la chaleur spécifique à volume constant et la densité du liquide. Ces nombres ont été déterminés par différents physiciens. On a en résumé tout ce qui est nécessaire pour calculer les diverses quantités que nous venons d'indiquer tout à l'heure. On pourra donc déterminer, pour le mercure, pour l'eau, pour l'éther, pour l'alcool, la mesure du travail moléculaire accompli par la chaleur pendant l'échauffement de ces liquides, et la mesure du travail extérieur correspondant aux variations du volume. Pour l'eau, on trouvera qu'au-dessous de la température qui correspond au maximum de densité, un accroissement de pression, sans addition ni soustraction de chaleur, entraîne à la fois une réduction du volume et un abaissement de la température; tandis qu'au-dessus de ce maximum de densité, les rapports des variations simultanées changeant de signes, une compression produit une élévation de température. Les résultats du calcul effectué pour l'eau sont pleinement confirmés par les nombreuses expériences de M. Joule.

Ce phénomène si curieux du maximum de densité de l'eau rentre donc dans les lois générales de la théorie de la chaleur, et ne présente plus pour ainsi dire d'anomalie. Longtemps on l'a cru isolé dans la nature; on a reconnu depuis que le bismuth présente une propriété toute semblable, et enfin les dilatations, de mieux en mieux observées, font voir qu'une foule de corps ont, comme le bismuth et l'eau, un maximum de densité.

L'étude des corps solides est moins avancée que celle des liquides. Le coefficient de dilatation cubique s'obtient facilement pour un corps homogène en prenant le triple du coefficient de dilatation linéaire; mais le coefficient de compressibilité cubique des solides n'a pas été déterminé directement par l'expérience. On a cherché à le déduire des lois de l'allongement linéaire des tiges. Poisson, comme nous l'avons dit dans notre précédent chapitre, a le premier traité, au moyen d'hypothèses sur l'équilibre intérieur des solides, la question de la contraction latérale qu'éprouve un prisme soumis à une extension. La loi qui ressortirait de ses calculs ne se vérifie pas, et Wertheim en a fait voir l'inexactitude. D'après Wertheim, l'accroissement proportionnel du volume de la tige allongée est le tiers de l'accroissement proportionnel de sa longueur; d'après Poisson, il en serait la moitié. Les expériences de Wertheim, interprétées conformément aux principes de la théorie de l'élasticité, conduisent à cette conclusion définitive, que la compressibilité cubique d'un solide est égale à sa compressibilité linéaire; tandis que Poisson déduisait de ses hypothèses une compressibilité cubique égale à une fois et demie la compressibilité linéaire. La loi de Wertheim, fondée sur l'expérience, paraît plus probable que la loi de Poisson, qui ne repose que sur des hypothèses. En adoptant donc cette mesure de la compressibilité cubique d'un solide, comme on connaît d'ailleurs la densité, la chaleur spécifique à pression constante, et le coefficient de dilatation, on pourra calculer tous les éléments nécessaires pour appliquer la théorie de la chaleur. Les résultats de ces calculs ne méritent cependant pas une parfaite confiance, puisqu'ils reposent sur des données dont quelques-unes n'ont pas été déterminées directement avec une précision süffisante. Toutefois la théorie se trouve entièrement confirmée par des expériences très-délicates, faites au moyen de la pile thermo-électrique, par un physicien suédois, M. Edlund, sur les variations de température qu'éprouve un fil métallique qu'on allonge, ou qu'on laisse se raccourcir, soit lentement, soit brusquement. Les résultats de ces expériences sont tout à fait conformes aux nouveaux principes. En opérant sur un corps très-dilatable, comme le caoutchouc, on peut rendre sensible le refroidissement correspondant à la période d'extension, le réchauffement qui se produit lorsque le corps revient sans vitesse à sa longueur première, et le réchauffement plus grand qui se manifeste si on le laisse se contracter subitement en l'abandonnant à sa seule élasticité.

Le passage de l'état solide à l'état liquide rentre encore dans les lois générales de la théorie mécanique de la chaleur. A la chaleur latente de l'ancienne physique, elle substitue le travail moléculaire de désagrégation des molécules. La chaleur communiquée au corps solide se partage en trois parts : l'une est équivalente au travail intramoléculaire qui éloigne les molécules les unes des autres et leur rend leur liberté; l'autre est convertie en travail extérieur; enfin la troisième, si l'on continue à échauffer le corps, reste à l'état de chaleur, et produit l'élévation de la température.

Pour l'eau, on sait qu'à égalité de poids, le volume de la glace est plus grand que le volume de l'eau liquide; le travail extérieur produit pendant la fusion de la glace est donc négatif, et représente une production de chaleur qui s'ajoute à la chaleur communiquée extérieurement à la glace, pour produire le travail interne de désagrégation. Il résulte de là qu'une pression extérieure exercée sur la glace en favorise la fusion, et qu'il faut de moins en moins de

chaleur extérieure pour fondre la glace, à mesure qu'on augmente
la pression sous laquelle la fusion s'effectue; en d'autres termes, la
pression abaisse le point de fusion. M. James Thomson a le premier
énoncé cette conséquence remarquable de la théorie, et M. William
Thomson l'a vérifiée par ses expériences. Un accroissement de
pression de huit atmosphères abaisse la température de fusion de
la glace de près de six centièmes de degré. Ce résultat s'accorde
parfaitement avec les calculs.

Pour définir rigoureusement le zéro du thermomètre centigrade,
il faudrait donc indiquer sous quelle pression la température de
fusion de la glace doit être observée; mais la variation de la pression a une si faible influence que cette précaution n'est pas indispensable.

§ 5. LA CHALEUR RAYONNANTE.

La chaleur peut se transmettre d'un corps à un autre sans
déplacement apparent des molécules matérielles, soit par conduc-
tibilité, soit par rayonnement. Dans le premier mode de transmission, tout se passe au contact : une molécule possédant une certaine quantité de chaleur, c'est-à-dire animée d'une certaine force
vive, cède une partie de cette chaleur ou de cette force vive aux
molécules voisines. La théorie nouvelle de la chaleur n'éprouve
aucun embarras pour expliquer un tel phénomène; car il rentre
dans les lois connues de la transmission du mouvement pendant le
choc des corps matériels, et depuis longtemps on a remarqué que les
lois de la communication de la chaleur sont identiques aux lois de
la communication du mouvement[1]; l'identité ainsi constatée confirme la théorie. Le second mode de transmission paraît beaucoup
plus difficile à faire rentrer dans les mêmes principes. La chaleur
rayonnante semble être en effet le fluide calorique lui-même s'é-
lançant dans le vide, indépendamment de toute matière qui puisse

---

[1] Sir Humphry Davy, *Éléments de philosophie chimique*, p. 94, 1812.

lui servir de soutien, et franchissant ainsi des espaces extrêmement grands, comme ceux qui séparent le soleil des planètes. Si la chaleur n'est qu'un mouvement particulier des molécules matérielles, un corps chaud, placé dans le vide, ne pourra transmettre aucune chaleur à un autre corps éloigné, faute d'un milieu qui leur serve d'intermédiaire, et qui puisse recevoir les vibrations de l'un pour les communiquer à l'autre. Le rayonnement étant d'une part un fait physique bien constaté, et de l'autre la théorie mécanique de la chaleur paraissant désormais solidement établie, on est conduit à admettre la présence, dans tout l'univers, d'un milieu capable de transmettre les vibrations calorifiques du soleil jusqu'à nous; l'éther, dont l'intervention est aujourd'hui invoquée pour l'explication de tous les phénomènes de l'optique, suffit pour jouer le rôle nécessaire à la transmission de la chaleur. Grâce à cette hypothèse, le rayonnement n'est qu'un cas particulier de la transmission par contact; les molécules de l'éther, de densité extrêmement faible, tiennent lieu des molécules des corps qui tombent sous nos perceptions directes.

L'observation du spectre solaire lie entre elles les deux radiations, la radiation calorifique et la radiation lumineuse, superposées dans tout rayon qui nous vient du soleil. A côté du spectre coloré, le seul que l'œil aperçoive, se placent deux autres spectres obscurs : l'un, voisin des rayons rouges, ne contient que des rayons de chaleur, et se révèle à la pile thermo-électrique; l'autre, voisin des rayons violets, ne renferme que des rayons chimiques qui, sans couleur ni chaleur, se manifestent en produisant certaines combinaisons. En réalité, un rayon solaire naturel se résout, par le passage dans le prisme, en une infinité de rayons, ayant chacun une longueur d'onde particulière, et dont une partie seulement agit sur l'œil; une autre partie est une source de chaleur; une troisième enfin possède un pouvoir chimique que rend bien sensible l'influence du soleil sur les matières colorantes et sur la végétation.

S'il en est ainsi, le rayonnement solaire communique, à chaque instant, sous forme de force vive, une certaine quantité de chaleur à l'éther au sein duquel le soleil est placé; et l'entretien de ce mouvement vibratoire suppose une perte continue de sa force vive interne ou de la chaleur propre de ses molécules. Comment se répare cette perte? L'hypothèse de Mayer[1], adoptée et développée par plusieurs physiciens, répond à cette question. On sait qu'une multitude de corps circulent autour du soleil et forment par leur amas la grande lentille que nous observons parfois à son lever ou à son coucher, et qui produit la *lumière zodiacale*. Chacun de ces corps est comme une petite planète, troublée dans son mouvement elliptique par l'influence de toutes les autres, et retardée dans sa marche par la résistance du milieu à travers lequel elle se déplace. Sa trajectoire, sous cette dernière influence, se resserre de plus en plus; il arrive un moment où elle pénètre dans l'atmosphère solaire; elle y échange, sous l'influence des résistances qu'elle subit, sa force vive de progression en une force vive moléculaire qui n'est autre chose que de la chaleur. La matière *chaotique* qui entoure le soleil possède donc, sous forme de mouvement, la réserve de chaleur destinée à maintenir pendant un temps très-long la température du foyer de notre monde. Laplace a proposé une hypothèse d'une grandeur et d'une simplicité admirables sur la formation de l'univers : le système solaire entier serait, d'après lui, le résultat de la condensation successive d'une nébuleuse; en s'opérant, cette condensation a produit une énorme quantité de chaleur, dont le soleil est aujourd'hui le principal dépositaire. L'hypothèse moderne de l'entretien de la chaleur solaire complète l'idée de Laplace, en montrant, dans la chute successive sur le soleil des corpuscules de la lentille zodiacale, la suite de la condensation de la nébuleuse, avec son caractère fondamental de transformation du mouvement en chaleur. On a pu calculer par les mêmes principes la réserve de chaleur que représentent les forces vives des planètes,

---

[1] *Beiträge zur Dynamik des Himmels*, 1848.

et qui se manifesterait si leurs mouvements de rotation et de translation cessaient par suite de leur chute sur le soleil autour duquel elles gravitent. Cette éventualité dans un temps indéfini n'est pas contraire aux nouveaux principes admis; car les planètes se mouvant au sein d'un fluide d'une densité finie, quoique très-petite, la résistance que ce fluide leur oppose est une cause de perturbation, dont l'effet est de réduire graduellement les dimensions des orbites, et qui doit finir, dans un temps extrêmement long, par précipiter sur le soleil tous les corps qui aujourd'hui circulent autour de lui. Le retard constaté dans les retours de certaines comètes, que leur faible densité expose plus particulièrement à cette action perturbatrice, montre clairement cette influence de la résistance du milieu.

La rotation de la terre elle-même, qu'on est habitué à regarder comme l'image la plus parfaite du mouvement uniforme, subit un ralentissement graduel extrêmement faible, qui provient d'une autre cause : il est dû à l'action de la lune sur les marées. Cet effet ne cessera que lorsque le refroidissement du globe aura amené la congélation totale des mers[1]. Nous sommes encore bien loin des conditions dans lesquelles pourrait s'accomplir ce dernier phénomène.

Ces longues périodes dépassent d'ailleurs de si loin la portée de notre esprit et la durée des temps que nous avons à apprécier d'ordinaire, qu'elles perdent pour nous toute signification précise. De telles inductions sur l'avenir du monde ne seraient entièrement admissibles que si les lois qui leur servent d'appui avaient été reconnues vraies d'une manière absolue et indépendamment de toutes limites. Or nos lois physiques sont de simples approximations, qui suffisent généralement quand nous les appliquons entre les limites où elles ont été observées, mais qui peuvent devenir de plus en plus fausses en dehors de ces limites. Au delà, la science fait défaut, et l'imagination seule travaille.

[1] M. Delaunay, Comptes rendus de l'Académie des sciences, 1865.

Telles sont les principales conséquences de la théorie mécanique de la chaleur, au point de vue de la constitution de l'univers. L'équivalence de la chaleur et du travail mécanique est le principe de toutes ces grandes hypothèses. Ce principe se vérifie universellement, car les diverses sources de travail mises par la nature à notre disposition sont presque exclusivement des transformations de la chaleur solaire. La végétation la fixe dans les plantes ; les plantes la transmettent aux animaux sous forme d'aliments, et aux foyers de nos machines sous forme de combustible. Elle devient force musculaire dans les uns, puissance mécanique dans les autres. La chaleur solaire produit seule l'énorme travail qui, dans l'atmosphère, s'accomplit sous nos yeux ; c'est elle qui élève les eaux destinées à retomber en pluie pour alimenter les fleuves ; c'est elle qui entretient indéfiniment la puissance motrice utilisée dans les chutes d'eau, et, à ce point de vue, la chaleur est encore le premier moteur des machines hydrauliques.

Il reste encore beaucoup à faire pour compléter la théorie mécanique de la chaleur. Si elle fournit une explication satisfaisante des propriétés principales des gaz et des vapeurs, quelques points essentiels, parmi lesquels la compressibilité de l'hydrogène croissant avec la pression, sont encore obscurs, et de nombreuses expériences restent à faire sur les propriétés des vapeurs dans le voisinage de la saturation. La notion de la température ne s'en dégage peut-être pas avec toute la clarté désirable. L'étude des lois de la chaleur rayonnante est moins avancée que celle des radiations lumineuses. L'équivalence de la chaleur et du travail mécanique et la transformation de l'une dans l'autre sont des faits désormais acquis à la science ; mais l'identité de la chaleur et de la force vive est une hypothèse qui échappe à toute démonstration.

Une théorie physique n'est que l'énoncé d'un petit nombre de principes et de faits généraux, dans lesquels les faits particuliers sont logiquement renfermés. On peut dire que la nouvelle manière d'envisager les phénomènes caloriques rend mieux compte que l'ancienne de l'ensemble des faits naturels, et s'accorde parfaitement avec ceux qui ont été observés avec le plus de précision; que c'est même sous l'inspiration des idées nouvelles que les expériences les plus remarquables sur les sujets qui s'y rattachent ont été entreprises et dirigées. Si la théorie nouvelle n'a encore amené aucun perfectionnement avéré aux machines à vapeur, et plus généralement aux machines caloriques, elle en laisse entrevoir de considérables et indique la voie par laquelle on pourra y arriver.

§ 6. MACHINES A VAPEUR.

L'idée fondamentale de la machine à vapeur consiste à employer la vapeur dans un cylindre pour obtenir le mouvement alternatif d'un piston. A ce point de vue, la machine à vapeur moderne remonte à Papin, et date, dans ses traits essentiels, de la fin du xviie siècle. Le cylindre de Papin lui servait à la fois de chaudière, de cylindre et de condenseur. Les perfectionnements successifs qui ont donné à la machine les qualités pratiques qu'elle possède se résument dans la séparation des diverses parties que Papin avait d'abord confondues. Savery et Newcomen commencent par séparer la chaudière du cylindre, en les réunissant par un tuyau muni d'un robinet; mais ils continuent à condenser la vapeur dans le cylindre, d'abord en l'entourant d'eau, ensuite en y faisant pénétrer, à la fin de la course du piston, une pluie d'eau froide. Leur machine rend déjà des services très-appréciés pour l'épuisement des mines. Mais Watt complète l'œuvre de ses devanciers par sa découverte du *principe de la paroi froide*, en vertu duquel la vapeur, pour se condenser, n'a besoin que d'être mise en libre communication avec une chambre à basse température, dans laquelle sa distillation s'opère. Il imagine le condenseur et crée ainsi le type définitif de la machine à vapeur. Préoccupé avant tout d'économiser le combustible, il découvre successivement l'influence de la détente, celle des hautes pressions, celle de la chemise de vapeur entourant le cylindre. Il substitue son parallélogramme articulé aux chaînes employées par Newcomen pour lier le piston au balancier, et donne ainsi le double effet à sa machine. Les anciennes pompes à feu n'avaient d'autre objet que de produire des mouvements alternatifs. Watt transforme ce mouvement du piston en un mouvement circulaire continu, et emprunte à l'arbre tournant le mouvement oscillatoire des organes de distribution. La machine à vapeur n'a guère reçu depuis que des perfectionnements de détail, dont quelques-uns avaient été prévus par Watt lui-même, mais n'avaient pu encore être appliqués, parce qu'ils supposaient une amélioration non encore obtenue dans certains procédés industriels.

La machine de Watt avait un cylindre à axe vertical, un balancier mettant en mouvement les diverses pompes de la machine, une bielle, une manivelle[1], par laquelle il remplaça bientôt son ancien engrenage planétaire. L'excentrique de l'arbre tournant commandait un grand tiroir ou tiroir en D, sur le frottement duquel la pression de la vapeur n'exerce qu'une faible influence, mais qui a l'inconvénient d'exiger deux garnitures d'un entretien difficile, et de communiquer constamment avec le condenseur par un long canal intérieur. La vitesse de la marche restait toujours assez faible.

Watt plaçait le cylindre verticalement, parce qu'il aurait craint l'usure inégale du piston et du cylindre, s'il les avait autrement dirigés. Les perfectionnements du travail des métaux et de la construction des pistons rendent aujourd'hui une telle crainte chimérique. Si l'on place horizontalement l'axe du cylindre, on peut supprimer le balancier, et l'on obtient la machine à action directe, qui occupe beaucoup moins de place, et où les efforts développés par l'inertie des pièces en mouvement sont beaucoup moins nuisibles. Ces machines sont donc propres aux grandes vitesses, et les locomotives en offrent une belle application.

---

[1] Arago attribue l'invention de la transmission par bielle et manivelle à Keane Fitzgerald. (*Philosoph. Transact.* 1758, p. 227.) Watt attendit, pour l'adopter, que l'idée fût tombée dans le domaine public par l'expiration du brevet de l'inventeur.

En même temps on substitue au tiroir de Watt, qui était trop lourd, le petit tiroir ou tiroir à coquille, qui supporte une pression considérable exercée par la vapeur motrice sur l'une de ses faces, et qui donne lieu à un espace nuisible plus grand qu'avec le tiroir en D, mais qui oppose de bien moindres forces d'inertie à un mouvement alternatif.

La machine à cylindre vertical a reçu de même, après Watt, quelques perfectionnements importants. Le premier est l'emploi simultané de deux cylindres, ce qui constitue la machine de Woolf. Cette disposition a pour résultat la création d'une détente fixe, poussée très-loin; elle permet en outre de comprimer la vapeur dans des espaces libres, de manière à la ramener à la pression de la chaudière, ce qui supprime en grande partie l'influence nuisible de ces espaces. C'est la disposition employée pour les machines du lac de Harlem, avec cette particularité, que le petit cylindre se trouve à l'intérieur du grand.

Le type des machines d'épuisement est la machine à simple effet de Cornouailles, qui se distingue par le degré d'économie qu'elle permet d'atteindre dans la consommation du combustible. Les bonnes machines de Cornouailles ne brûlent que 1 kilogramme de charbon par heure et par cheval, tandis que l'ancienne machine de Watt brûle jusqu'à 5 kilogrammes. Ce résultat, constaté dans le comté de Cornouailles, provient en partie de l'emploi qu'on y fait des charbons de la meilleure qualité. Mais il faut en rapporter le principal mérite aux dispositions particulières prises pour régler à volonté la détente, suivant le travail effectif que la machine doit accomplir. L'absence d'arbre tournant ne permet pas l'emploi des excentriques pour mettre en mouvement le mécanisme de la distribution. Le jeu de la soupape d'admission devant s'effectuer quand toute la machine est ramenée au repos, on a employé un appareil particulier, la cataracte, qui emprunte son mouvement à une poutrelle liée au piston, et qui le prolonge pendant un certain temps pour le transmettre à une tige dont le déplacement commande l'ouverture des soupapes. La cataracte est un corps de pompe au dedans duquel se meut un piston; elle est placée dans une bâche remplie d'eau. Quand on soulève le piston, l'eau afflue dans le corps de pompe par deux ouvertures, l'une garnie d'un robinet, l'autre d'une soupape. Quand au contraire le piston s'abaisse, la soupape du corps de pompe se ferme, et l'évacuation de l'eau ne peut plus s'opérer que par l'ouverture munie du robinet. On peut donc réduire à volonté cette ouverture, et par suite retarder l'ouverture des soupapes autant qu'on le veut. Le règlement de la position des tasseaux sur la poutrelle permet de même d'en régler la fermeture. Avec un tel appareil, on fixe arbitrairement la détente et le nombre de coups de piston par minute, d'après le travail demandé à la machine; on peut la faire marcher plus vite, par exemple, lorsque les eaux de la mine deviennent plus abondantes. Les autres types de machines sont loin de posséder une telle élasticité d'allure.

Les mécanismes à détente variable forment une des plus importantes améliorations récemment introduites dans la machine à vapeur. Un tiroir à coquille, garni de deux recouvrements extérieurs, donne une détente fixe lorsqu'il est mis en mouvement par un excentrique calé sur l'arbre de rotation. Si la détente est nulle, l'excentrique doit être calé à 90 degrés en avant de la manivelle; lorsqu'on veut produire une certaine détente, on doit donner à l'excentrique une avance angulaire dont le sinus soit égal au rapport du recouvrement extérieur du tiroir, à la somme de ce recouvrement et de la largeur de la lumière d'admission. La fraction de détente est alors exprimée par le carré du cosinus de cet angle d'avance. Dans la pratique, on doit augmenter légèrement l'avance angulaire, pour que la vapeur vienne remplir les espaces nuisibles avant le renversement du mouvement du piston, et qu'elle empêche le choc du piston contre le fond du cylindre. Un léger recouvrement intérieur retarde l'émission de la vapeur et augmente la compression dans les espaces libres. Dans les machines à grande vitesse, au contraire, on cherche à hâter l'émission comme l'admission, et l'on donne au tiroir un découvert intérieur très-petit. L'épure de M. Reech permet d'apprécier avec facilité ces diverses modifications. On doit aussi tenir compte des variations de longueur subies par les tiges de transmission, sous les efforts alternatifs de traction et de compression qu'elles ont à développer; de là la nécessité de donner au tiroir une avance linéaire dans les machines à grande vitesse.

La détente variable s'obtient généralement par une modification des appareils de la détente fixe. Pour les locomotives, on n'emploie plus aujourd'hui que la coulisse de Stephenson, qui relie entre eux les deux excentriques, l'un pour la marche en avant, l'autre pour la marche en arrière. La position du coulisseau qui commande la tige du tiroir se règle à volonté le long de la coulisse, et le mouvement qui résulte pour ce point des mouvements élémentaires des deux excentriques modifie la loi d'oscillations du tiroir, en en faisant varier la course. Cette solution, qui n'est qu'approximative, est d'une simplicité qui en a assuré le succès. La détente Meyer est employée pour les machines fixes; elle consiste essentiellement dans l'emploi d'un excentrique à ondes, qu'on peut déplacer à volonté, et qui imprime aux appareils distributeurs le mouvement voulu. La détente Farcot emploie un double appareil de distribution : un tiroir manœuvré par l'excentrique, et une glissière, mobile au-dessus du tiroir et formée de deux parties dont on peut faire varier l'écartement. La disposition des ouvertures et des parties pleines dans la glissière a pour effet de suspendre l'admission de la vapeur pendant certaines périodes de l'oscillation entière du piston, où le tiroir, pris isolément, découvrirait la lumière. On obtient ainsi une prolongation des effets que le tiroir permet de réaliser.

La réduction successive de la place occupée par une machine à vapeur a conduit à la création des cylindres oscillants, type imaginé par M. Cavé. C'est une machine à action directe, dans laquelle le piston et la bielle sont confondus : le piston s'attache directement au bouton de la manivelle. La vapeur entre dans le cylindre et en sort par des tuyaux qui aboutissent aux points autour desquels le cylindre a son mouvement de rotation.

A bord des petits bâtiments à aubes, où la place à donner à la machine est très-restreinte, les machines oscillantes sont fort employées. La machine à deux cylindres oscillants, avec une pompe à cylindre fixe entre les deux, forme le type connu sous le nom de *machine de Penn;* on la rencontre sur un grand nombre de petits bateaux à vapeur.

Les anciens bateaux à vapeur à aubes employaient une machine beaucoup plus volumineuse; c'était la machine de Watt à balancier; le balancier était seulement rejeté en bas de la machine, et la communication avec le piston était établie au moyen d'un parallélogramme articulé, d'une disposition particulière. Si ce type occupait beaucoup de place, il avait l'avantage de faciliter la surveillance et l'entretien des différentes parties de l'appareil. La création des bateaux à hélice, en introduisant dans le bâtiment un arbre tournant longitudinal, a forcé de faire pivoter d'un angle droit la machine, qui se trouve ainsi orientée dans le sens transversal au bâtiment. De là des types de plus en plus ramassés, et d'une inspection peu commode.

On a donné une inclinaison aux cylindres moteurs : la course des pistons doit être en général assez petite; la bielle est en même temps réduite à une faible longueur. Pour accroître la dimension de cette pièce, on a imaginé diverses dispositions.

Dans la *machine à fourreau,* de Penn, le cylindre moteur est évidé intérieurement par un second cylindre creux ou fourreau, dont la surface fait corps avec le piston; la tige du piston est articulée à un axe traversant le fourreau, et, dans le mouvement oscillatoire de la machine, la tige du piston, articulée directement à la manivelle de l'arbre tournant, peut prendre dans le vide du fourreau toutes les inclinaisons commandées par la liaison avec la manivelle. En face du cylindre est situé le condenseur; une tige, attachée au piston et traversant dans des boîtes à étoupes le couvercle du cylindre, met en mouvement la pompe de ce dernier appareil. Cette machine à fourreau est fort usitée dans la marine anglaise.

Les machines à bielle renversée, que l'on préfère dans la marine impériale, n'ont pas de fourreau; le piston du cylindre moteur transmet par des tiges droites le mouvement à un piston de moindre diamètre, mobile dans un cylindre sans couvercle. A ce second piston s'articule la bielle, qui revient sur la direction des tiges, pour s'articuler, à son autre extrémité, avec la manivelle de l'arbre tournant. Le condenseur entoure le cylindre auxiliaire; la pompe y suit le mouvement du piston moteur, auquel elle est rattachée par une tige rigide. Enfin le mécanisme de la distribution est mis en mouvement par l'intermédiaire d'une bielle renversée, dont le mouvement est emprunté à un arbre engrenant avec l'arbre principal.

Les machines à vapeur pour la navigation comprennent encore un grand nombre de types, qu'il serait inutile d'énumérer ici.

L'application de la vapeur à la traction sur les chemins de fer constitue le principal perfectionnement des machines à vapeur.

Cette application, abstraction faite de quelques essais antérieurs, date de 1829, et résulte de l'adoption, pour les machines locomotives, des chaudières tubulaires, récemment inventées par M. Séguin. La première locomotive, *la Fusée*, de Stephenson, pesait 4 tonnes et pouvait remorquer 12 tonnes, à la vitesse de 22 kilomètres 1/2 à l'heure : c'est là le point de départ. Aujourd'hui la théorie mécanique des locomotives est parfaitement connue, et l'on sait construire des machines d'une puissance déterminée et appropriées à tel ou tel usage. Il y a deux types principaux de locomotives : celles qui sont destinées à traîner, à une grande vitesse, de 70 à 100 kilomètres par exemple, un train composé d'un petit nombre de voitures; et celles qui sont destinées à tirer un train de marchandises très-lourd, à une faible vitesse, de 25 à 40 kilomètres. Entre ces deux types extrêmes se placent un nombre indéfini de types intermédiaires. D'ailleurs les déclivités du chemin introduisent dans la question un élément essentiel à considérer; les in-

clinaisons différentes demandent des types spéciaux de machines;
de même les courbes plus ou moins roides imposent aux machines
une plus ou moins grande flexibilité dans le plan horizontal.

On a augmenté graduellement, depuis 1830, le poids des machines, la surface de chauffe, la pression dans la chaudière, le
nombre des essieux moteurs. La répartition du poids entre les divers
essieux se règle avec une grande exactitude au moyen des ressorts
qui relient les roues au châssis sur lequel est attachée fixement la
machine. Ces ressorts ont une grande roideur; ils n'ont pas pour
objet, comme les ressorts des voitures, de rendre plus douces les
oscillations causées par des inégalités de la voie; la liaison entre les
pièces du mécanisme, dont les unes sont fixées au corps de la machine, et les autres, telles que les manivelles et les excentriques,
sont fixées aux roues, ne permettrait pas de laisser varier d'une
manière appréciable les positions relatives de ces deux groupes d'organes. Mais les ressorts des locomotives donnent le moyen de régler entre certaines limites le partage du poids total de la machine
entre les différents essieux, et de corriger dans une certaine mesure
les effets des oscillations prises par la machine par suite du mouvement du mécanisme : un essieu insuffisamment chargé est exposé
en effet à sortir de la voie. La répartition égale des pressions sur
les essieux est encore mieux assurée quand, au lieu d'attacher directement au corps de la machine toutes les extrémités des ressorts,
on emploie comme intermédiaires des balanciers qui réunissent l'un
à l'autre deux ressorts voisins, et qui s'attachent par un seul point
au corps de la machine. La limite admise aujourd'hui pour la pression sur un essieu moteur est fixée à 12 tonnes au maximum. Au
delà, le rail s'use et le bandage se creuse avec trop de rapidité. La
somme des poids portant sur les essieux moteurs forme le poids
contribuant à l'adhérence. La puissance utile de la machine ou
l'effort de traction maximum qu'elle peut exercer est limité au
sixième de ce poids lorsque le temps est sec, au dixième seulement
quand le temps est humide; de sorte que le poids total portant sur

les essieux moteurs doit en général être décuple de l'effort de traction que la machine est capable de développer.

Cet effort de traction se décompose en plusieurs parties : l'une est proportionnelle au poids du train, et dépend en outre de l'inclinaison de la voie sur l'horizon ; elle est enfin variable avec la vitesse. L'autre est la résistance de l'air ; elle contient en facteur la surface transversale du train et le carré de l'excès de la vitesse du train sur la vitesse du vent estimée parallèlement au chemin décrit ; elle est indépendante du poids traîné [1]. L'influence des courbes sur la traction est tellement difficile à apprécier rigoureusement, qu'on n'a pas pu encore la représenter dans une formule vraiment usuelle. On doit d'ailleurs la négliger dans deux cas : lorsque les courbes ont un très-grand rayon, et lorsque l'emploi d'un matériel spécial permet de franchir les courbes, de quelque rayon qu'elles soient, sans excès de résistance. En résumé, on peut faire usage, pour le calcul de l'effort de traction dans le mouvement uniforme d'un train donné, d'une formule empirique due à Windham Harding [2], dans laquelle on devra supposer nulle la vitesse du vent, pour se placer dans les conditions ordinaires de l'exploitation courante. Ainsi simplifiée, la formule de Harding donne des résultats un peu trop forts, mais comparables, en moyenne, à ceux que fournissent les observations dynamométriques répétées sur un grand nombre de trains.

La pression de la vapeur produite par la chaudière, graduellement accrue, a été longtemps limitée à sept atmosphères, puis s'est élevée à huit, à neuf, et dans quelques cas jusqu'à douze. On est arrêté dans cette augmentation par la résistance de la chaudière ; car la théorie mécanique de la chaleur montre qu'une machine utilise une fraction d'autant plus grande de la chaleur dépensée

---

[1] La composante normale de l'action du vent a aussi une influence sur la force de traction, parce qu'elle augmente le frottement des rebords des roues contre les rails. Mais il est presque impossible d'apprécier numériquement cet effet.

[2] M. Le Châtelier, *Chemins de fer d'Angleterre*, 1851.

dans le foyer, que les températures extrêmes entre l'admission et la condensation sont plus différentes. Ne pouvant diminuer la température de la condensation qui s'opère dans la cheminée des locomotives, il est donc naturel de chercher à élever le plus possible la température de la chaudière, c'est-à-dire la pression de la vapeur. Mais nous avons remarqué que la résistance d'une enveloppe ne croît pas uniformément avec les épaisseurs, lorsque celles-ci dépassent une faible limite. La boîte à feu, pressée extérieurement, se trouve de plus dans de mauvaises conditions de résistance. Pour accroître les pressions intérieures à partir de neuf atmosphères, il faudrait changer la matière des enveloppes. On l'a essayé en substituant l'acier fondu au fer; mais les résultats n'ont pas été satisfaisants. On avait parlé de pousser la pression jusqu'à seize atmosphères; mais c'est là une limite qu'on n'a pu atteindre jusqu'à présent.

La préférence donnée aux hautes pressions a excité et excite encore dans le public des craintes qui sont loin d'être fondées. Les chaudières à haute pression reçoivent une forme d'égale résistance, et sont soumises, avant l'emploi, à des essais qui permettent d'en apprécier parfaitement la solidité. Les chaudières à basse pression reçoivent en général des profils rentrants et anguleux, et ne sont d'ailleurs soumises à aucun essai préalable. Aussi une surchauffe accidentelle est sans danger dans les premières, tandis qu'elle déforme et fait crever les secondes. On peut ajouter que les fuites d'une chaudière à haute pression ne produisent pas de brûlures; on peut mettre impunément la main dans le jet de vapeur de la marmite de Papin. Les fuites d'une chaudière où la vapeur est à la pression atmosphérique donnent au contraire une petite quantité de vapeur, sortant sans vitesse, et conservant sa température de 100 degrés. On doit observer que, dans les machines marines, la pression de la vapeur n'est pas portée si haut que dans les machines alimentées par l'eau douce, et que les basses pressions y sont préférées par un grand nombre de constructeurs. La précipitation du sel marin est en effet de plus en plus abondante à mesure que la température augmente, et elle est à peu près complète vers 140 degrés. Une chaudière à haute pression, alimentée par l'eau de mer, est donc sujette à des incrustations qui en compromettent la résistance.

La pression sous laquelle s'opère la condensation dans le cylindre de la locomotive est assez difficile à évaluer; si une communication directe était établie avec l'atmosphère, et si le mouvement du piston était très-lent, la contre-pression qu'il subirait de la part de la vapeur condensée serait à peine supérieure à la pression atmosphérique. Mais c'est dans la cheminée, au sein des gaz encore chauds qui sortent des tubes de la chaudière, qu'on fait aboutir l'échappement, et le piston passe à chaque pulsation par des vitesses très-considérables. L'écart avec la pression atmosphérique est très-élevé, et c'est à deux atmosphères et demie, en définitive, qu'on estime ordinairement la contre-pression dans les locomotives [1].

La supériorité de la chaudière tubulaire se manifeste par la vitesse de production de la vapeur; il faut en effet que la chaudière soit en état de reproduire, sous la pression maximum, la quantité de vapeur qui se trouve dépensée, à chaque tour de roue, par les cylindres. Aussi l'invention des locomotives a-t-elle suivi de près l'invention des chaudières tubulaires, due à M. Marc Séguin (1828).

On appelle *surface de chauffe* la surface totale de la chaudière qui se trouve en contact à la fois avec l'eau et avec le feu, et qui contribue à la production de la vapeur. Cette surface comprend la surface du foyer, laquelle est vue directement par le feu, et peut être considérée comme possédant partout la même température, et la surface des tubes, à laquelle les gaz de la combustion viennent céder de la chaleur en subissant un abaissement graduel de température. Ces deux parties n'ont pas un égal pouvoir calorifique : la portion des tubes voisine de la boîte à fumée reçoit beaucoup

---

[1] M. Le Châtelier, *Chemins de fer d'Angleterre*, 1851. (*Annales des mines*.)

moins de chaleur que la portion la plus rapprochée du foyer, et
cette réduction est d'autant plus grande que le tube a plus de longueur. Aussi le perfectionnement des chaudières tubulaires consiste à la fois à réduire la longueur des tubes et à en augmenter
le nombre par une diminution convenable de leur diamètre. Les
constructeurs admettent ordinairement que la surface des tubes
doit être comptée pour le tiers seulement de son étendue, et que,
affectée de ce coefficient, elle devient comparable à la surface du
foyer. La somme obtenue en les ajoutant donne la *surface réduite*
de chauffe. Chaque mètre carré de surface réduite produit par
heure une quantité de vapeur qui varie de 120 à 160 kilogrammes;
la pression de la vapeur, la nature du combustible, la conduite du
feu, enfin la disposition de la chaudière, peuvent influer sur cette
vitesse de production. Faisons observer ici que tous les constructeurs ne sont pas d'accord sur la manière d'estimer la surface de
chauffe des tubes : car les uns prennent la surface intérieure, les
autres la surface extérieure, d'autres enfin une surface moyenne;
divergences qui sont loin d'être négligeables, lorsqu'il s'agit de
140 à 200 tubes ayant intérieurement un diamètre de 4 à 5 centimètres, avec une épaisseur de 2 millimètres à 2 millimètres ½.

Les phénomènes chimiques dont le foyer de la locomotive est
le théâtre sont très-complexes; ils ont été étudiés, il y a peu de
temps, par M. de Marsilly, ingénieur des mines[1], qui a analysé les
gaz produits par la combustion en différents points de leur parcours, et qui a fait sur la locomotive des recherches analogues à
celles d'Ebelmen sur les hauts fourneaux[2]. Ce travail a mis en évidence la liaison intime qui existe entre la marche de la combustion
et la quantité de chaleur produite. La question de la combustion
totale des parties solides du combustible, ou de la suppression de

---

[1] *Comptes rendus des séances de l'Académie des sciences,* 30 janvier 1865,
t. LX, p. 216.

[2] Ebelmen avait aussi entrepris, en
collaboration avec M. Sauvage, des expériences *sur la composition des gaz qui s'é-
chappent des locomotives.* (Voir ses *Travaux
scientifiques,* t. II, p. 598.)

la fumée s'y trouve entièrement élucidée; enfin les observations de M. de Marsilly montrent que, de tous les foyers, celui de la locomotive est jusqu'à présent le plus parfait au point de vue de la combustion comme au point de vue de l'utilisation de la chaleur produite.

La quantité de vapeur dépensée par les cylindres de la locomotive, et en général de toute machine à vapeur, varie avec le degré de détente; de sorte que, si l'on suppose constante par unité de temps la production de la vapeur dans la chaudière, la vitesse imprimée à la machine doit être d'autant plus grande que la détente est poussée plus loin ou que l'admission est plus courte. La vitesse normale de la machine, à une détente quelconque, peut être définie par la vitesse qui correspond à cette utilisation complète de la vapeur produite, sans abaissement de la pression dans la chaudière et sans perte de vapeur par les soupapes de sûreté.

Une machine locomotive étant donnée, on peut la classer parmi les machines où la vapeur possède une pression égale, au double point de vue de la force de traction et de la vitesse normale. La force de traction est proportionnelle au rapport du volume des cylindres au rayon de la roue motrice; la vitesse normale est proportionnelle à la surface réduite de chauffe, multipliée par l'inverse du précédent rapport; de sorte qu'une machine destinée à traîner des poids très-lourds ne peut posséder en même temps une grande vitesse; car la surface de chauffe ne peut croître, dans la pratique, aussi vite que le facteur par lequel on la multiplie diminue, et ce facteur est d'autant plus petit que la force de traction est plus grande.

La considération de la vitesse normale conduit à une mesure de l'influence des longues rampes sur l'exploitation d'un chemin de fer[1]. Cette influence est moindre en grande qu'en petite vitesse. Une rampe de 5 millimètres réduit le poids des trains dans la proportion

---

[1] *Chemins de fer de l'Autriche*, c. IV. (*Annales des mines*, 1866.)

de 528 à 1,000, en grande vitesse, et de 483 à 1,000 en petite. Pour une rampe de 10 millimètres, les coefficients de réduction deviennent 360 et 318; à 25, 183 et 158. La rampe la plus roide du réseau européen, qui atteint 35 millimètres, réduit le poids des trains dans le rapport de 138 et de 118 à 1,000. On voit donc quelle difficulté entraînent les fortes rampes pour l'exploitation. A la descente, les longues inclinaisons présentent des inconvénients d'un autre genre, mais aussi graves.

La pratique a définitivement condamné le système des machines fixes pour le remorquage sur les plans inclinés, du moins dans les limites d'inclinaison actuellement admises. Les perfectionnements successifs de la locomotive permettent de gravir des rampes qu'on regardait autrefois comme inabordables. La locomotive Engerth, construite pour le passage du Semmering, sur la ligne de Vienne à Trieste, est l'un des types les plus célèbres des locomotives de montagne. A l'origine, elle utilisait l'adhérence du tender, par une communication établie entre les roues du tender et celles de la machine. Cette disposition, qui donnait lieu à de grandes inégalités entre les pressions sur les divers essieux moteurs, a dû être réformée. La machine Engerth modifiée, seule employée aujourd'hui sur le Semmering, où la rampe s'élève à 28 millimètres, n'utilise pas l'adhérence du tender. D'autres types ont été imaginés depuis; l'un des plus remarquables est la locomotive à quatre cylindres, de M. Petiet, en service sur le chemin du Nord. La machine ne fonctionne ordinairement qu'avec deux cylindres; on ne fait agir la vapeur sur les deux autres que lorsqu'il y a des efforts énergiques à développer.

Le nombre des essieux moteurs a été porté à quatre dans les machines à marchandises, à cinq lorsque le tender est pourvu d'essieux moteurs, à six enfin, divisés en deux groupes composés chacun de trois essieux couplés, dans les machines à marchandises à quatre cylindres du chemin du Nord.

On a cherché aussi à faciliter le passage de la locomotive dans les courbes roides. Le problème à résoudre, pour y parvenir, est un problème de transmission de mouvement qui ne présente de difficultés spéciales que lorsque le nombre des essieux moteurs est très-grand. Car une locomotive où l'accouplement des roues ne comprendrait que deux essieux, par exemple, peut facilement recevoir toute la flexibilité nécessaire. Lorsqu'au contraire la transmission doit se faire entre des essieux très-éloignés les uns des autres, l'accouplement simple produirait un système trop rigide pour se prêter aux diverses inflexions de la voie dans le plan horizontal. L'ancienne machine Engerth a été la première solution de ce problème; elle passait dans les courbes de 190 mètres de rayon du chemin du Semmering; mais, comme nous l'avons dit, l'expérience en a fait rejeter les dispositions principales et a forcé de séparer le tender de la locomotive. Le type actuellement employé a quatre essieux moteurs pour les machines à marchandises, et seulement trois essieux pour les machines à voyageurs; un jeu de 20 millimètres dans le sens de l'axe, donné au quatrième essieu du premier type, suffit pour assurer le passage de la machine dans les courbes. Les types les plus connus des locomotives à grande puissance et à grande flexibilité sont les machines de M. Beugniot, le dernier système proposé par M. Rarchaërt, et la locomotive du chemin de fer d'Oravicza à Steierdorf; celle-ci passe dans des courbes de 113 mètres de rayon, et présente un exemple remarquable de l'emploi d'un faux essieu pour transmettre le mouvement des essieux de la locomotive à ceux du tender[1]. La machine Beugniot est en service sur le chemin de fer de Bologne à Pistoie, dans la traversée de l'Apennin ; elle doit sa flexibilité, non au déplacement angulaire des divers groupes d'essieux les uns par rapport aux autres, mais au déplacement longitudinal des essieux dans les boîtes à graisse et sous les coussinets de support; ce mouvement des essieux, régularisé par l'emploi de balanciers, permet aux roues de

---

[1] Objets exposés à Londres, en 1862, par la Société autrichienne. — Chemins de fer de l'Autriche. (An. des mines, 1866.) — Société des ingénieurs civils, 18 janv. 1867.

s'inscrire entre les rails d'une voie courbe, sans cesser d'avoir leurs plans parallèles.

Les machines Rarchaërt n'existent encore qu'en projet. Un premier type, decrit dans les Annales des ponts et chaussées et les Annales des mines[1], comprenait six essieux moteurs; l'inventeur a renoncé de lui-même à ce projet pour en présenter un autre beaucoup plus satisfaisant, dans lequel il réduit le nombre des essieux à quatre, distribués en deux groupes constituant chacun un chariot rattaché au bâti par une cheville ouvrière; la machine met en mouvement un faux essieu coudé, qui transmet son mouvement aux deux groupes d'essieux moteurs par l'intermédiaire d'un triangle formant une sorte de bielle triple, solution très-ingénieuse, qui a pour effet d'éviter tous les points morts. Cette machine pourrait passer dans des courbes d'un très-petit rayon. Il n'existe pas encore sur le réseau européen de courbes assez roides pour qu'il soit nécessaire d'y avoir recours.

Nous avons signalé, dans notre chapitre premier, la question de la stabilité des machines, sur laquelle nous ne reviendrons pas.

L'une des plus remarquables inventions de mécanique pratique, l'injecteur Giffard, a trouvé un emploi utile sur les locomotives : dans certains pays, par exemple en Russie, ce moyen simple d'alimentation présente un grand avantage, en ce qu'il n'est pas exposé, comme les pompes, à souffrir des effets de la gelée.

L'addition de freins aux locomotives a été un perfectionnement notable introduit dans leur construction. Les freins ordinaires consistent dans des sabots répartis sur un certain nombre de wagons, et exigeant chacun une manœuvre spéciale; le mécanicien commande le serrage des freins, mais il ne peut agir directement que sur les freins du tender. Plusieurs améliorations ont été réalisées en cette matière. On a créé d'abord les freins automoteurs, dont le frein Guérin est le type le plus recommandable; ces freins se

---

[1] Année 1863. Rapport de M. Couche.

serrent d'eux-mêmes dans toute l'étendue du train; des précautions spéciales permettent de faire reculer le train sans que le serrage des freins en résulte nécessairement. Le frein Didier est d'une autre nature; dans ce système, le frottement, au lieu de s'établir entre la roue et le rail, comme cela a lieu avec les freins ordinaires, est obtenu en faisant porter le wagon lui-même sur le rail, ce qui substitue au coefficient du frottement de fer sur fer le coefficient relatif au frottement de fer sur bois, qui est beaucoup plus fort. Le frein Molinos prend le rail comme dans un étau, et détermine un frottement énergique, qui est utilisé à la descente des rampes très-fortes qu'on peut qualifier plans inclinés. Enfin le système d'embrayage électrique de M. Achard met dans la main du mécanicien le pouvoir de serrer tous les freins d'un convoi, au moyen d'une transmission électrique. Tous les perfectionnements que nous venons de passer en revue ne sont encore que l'application des freins aux wagons, et non à la machine.

Longtemps on s'est contenté d'appliquer des freins aux roues du tender; quant à la machine, on n'avait d'autre moyen à employer que le renversement de la vapeur. Cette manœuvre, qui est la ressource habituelle dans les cas d'accidents imprévus, ne s'effectue pas sans grands efforts, ni même sans danger pour le mécanicien : elle expose à la rupture diverses pièces de transmission du mécanisme. L'installation de freins à sabots qui viennent s'appliquer sur les roues motrices de la machine a le même inconvénient à un degré moindre. Mais deux systèmes ont été récemment imaginés pour donner un moyen d'arrêt très-puissant, sans compromettre en aucune façon les organes du mouvement. Le premier, dû à M. de Bergue, et expérimenté sur le réseau de l'Ouest français, consiste à employer le mouvement des roues et l'oscillation des pistons pour comprimer de l'air dans une chambre particulière, avec laquelle le mécanicien met à un moment donné les cylindres en communication. On obtient ainsi un travail négatif, qui s'accroît très-rapidement avec le nombre de tours de roue et qui finit par user entièrement la force vive du train. L'autre système, expérimenté sur les lignes à pentes fortes du chemin du Nord de l'Espagne, est dû aux recherches de MM. Le Châtelier et Ricour. Il consiste à comprimer, pour obtenir le ralentissement, non pas de l'air, qui s'échauffe inutilement, mais la vapeur de la chaudière elle-même. A cet effet, la locomotive est munie d'un *tube d'inversion*, que l'on adapte à l'un des robinets réchauffeurs, et qui, après s'être bifurqué sous la boîte à fumée, se termine de part et d'autre aux conduits de l'échappement. On fait aboutir dans ce tuyau un autre tube, celui qui sert à purger le niveau d'eau. Pour marcher à contre-vapeur, le mécanicien ouvre les deux robinets du tube d'inversion, qui se remplit d'un mélange de vapeur et d'eau ; puis il renverse la marche des tiroirs ; le mouvement des roues continuant en vertu de la vitesse acquise, les pistons puisent dans les conduits d'échappement le mélange d'eau et de vapeur que le tube d'inversion y amène, et le refoulent dans la chaudière. La compression de ce mélange n'entraîne aucune élévation de température ; car, si la quantité d'eau est suffisante, la chaleur produite sera entièrement employée à la convertir en vapeur, et sera ainsi restituée à la machine. Par cet artifice, la descente d'une pente est utilisée pour la transformation en chaleur d'une portion du travail moteur produit par la gravité, de sorte que la locomotive accumule en descendant une pente un excès de puissance dont elle disposera pour gravir la rampe qui fait suite à la pente. Ce système est donc une application très-ingénieuse des principes de la théorie de la chaleur ; le travail est converti en chaleur quand il serait nuisible de le laisser se convertir en vitesse, et la chaleur est ensuite convertie en travail quand on peut l'utiliser pour la traction du train.

Telles sont les principales améliorations de la machine à vapeur. Il en est d'autres qui ont eu pour objet de la rendre légère, maniable, et qui en ont fait la locomobile, auxiliaire bien apprécié aujourd'hui pour les besoins de l'agriculture et des travaux publics. La locomobile est une machine à vapeur montée sur roues et

traînée par un cheval ; grâce à cet appareil, on peut transporter une
puissance de dix à douze chevaux au point où cette puissance peut
être le plus utilement employée. Cette création si utile, qui ne
remonte pas à plus d'une quinzaine d'années, a déjà rendu les plus
notables services.

La machine à vapeur à cylindrer les routes tient de la locomotive ; c'est une véritable locomotive à très-petite vitesse, où le mouvement des pistons se transmet à des cylindres compresseurs par
l'intermédiaire de chaînes. Ce mode de communication se prête très-
bien aux petites vitesses. La machine possède en général deux cylindres compresseurs dont le mécanicien peut modifier légèrement le
parallélisme. De cette variation résultent pour la machine des mouvements circulaires, au lieu de la tendance absolue des rouleaux
ordinaires à se mouvoir toujours en ligne droite ; on peut lui faire
décrire des courbes, qui suivent exactement les sinuosités d'une
chaussée. Le rouleau ordinaire, attelé de chevaux, a un inconvénient pour le cylindrage : les pieds des chevaux, agissant en avant
du rouleau, sur un empierrement qui n'est pas encore amené à sa
résistance définitive, déplacent les pierres et détériorent la forme
que l'on se propose de consolider. Aussi est-il prudent de multiplier le nombre des chevaux attelés, pour répartir l'effort total de
traction sur un plus grand nombre de points, et atténuer de cette
façon le mal produit en chacun d'eux. La machine à vapeur, marchant lentement sur un empierrement neuf, supprime complète-
ment ce défaut, et se prête bien mieux aux diverses nécessités de
la manœuvre. C'est de plus un appareil moins encombrant, sur
une route fréquentée, que le rouleau ordinaire avec son immense
attelage.

On a cherché à remplacer la vapeur d'eau dans les machines à
vapeur par d'autres vapeurs ou par des gaz. La machine du Trem-
bley, expérimentée dès 1840, et adoptée autrefois sur un bateau
qui faisait un service régulier entre Marseille et Alger, avait pour
moteur la vapeur d'eau et la vapeur d'éther. L'éther sulfurique

bout à une température de 37 degrés; la vapeur d'eau condensée conservait encore une température assez élevée pour réduire en vapeur l'éther, qui par son expansion ajoutait un certain travail au travail déjà produit. Cet essai n'a pas réussi, et les machines construites dans ce système ont été reconnues extrêmement dangereuses. La substitution du chloroforme à l'éther, proposée par M. Lafond, lieutenant de vaisseau, n'a pas eu de meilleurs résultats. Ces essais semblent d'ailleurs peu conformes aux vrais principes de la théorie mécanique de la chaleur, qui ne permet pas d'attacher une grande importance à la substitution d'un liquide à un autre, dès que les températures extrêmes entre lesquelles fonctionne la machine restent les mêmes.

La machine à air chaud, réalisée, vers 1852, par le capitaine Ericson, est très-remarquable au point de vue théorique, mais elle donne prise à certaines difficultés pratiques, qui en ont empêché le succès jusqu'ici. La principale difficulté est l'énorme volume que doivent occuper ces machines pour avoir une puissance déterminée.

Dans sa première machine, le capitaine Ericson plaçait un *régénérateur*, formé d'un grand nombre de toiles métalliques, sur le chemin de l'air échauffé qui sortait du cylindre moteur, quand le piston prenait son mouvement rétrograde. Le cylindre moteur était chauffé directement par le foyer. Il transmettait son mouvement à un *cylindre alimentaire*, véritable pompe, qui prenait l'air dans l'atmosphère et le comprimait dans un réservoir; de là, l'air venait sous le piston moteur en traversant les toiles métalliques, où il s'échauffait aux dépens de la chaleur abandonnée par l'air chaud précédemment expulsé.

Dans les nouvelles machines Ericson on a supprimé les toiles métalliques, et rejeté directement dans l'atmosphère l'air chaud qui a servi à pousser le piston au bout de sa course. Le piston alimentaire n'est pas relié directement au piston moteur comme dans la machine primitive. Cette machine est à simple effet, et ne peut se mettre d'elle-même en mouvement : le mécanicien doit donner au volant une certaine impulsion.

La machine à air de Franchot, qui parut en modèle à l'Exposition universelle de 1855, est dans des conditions théoriques très-remarquables[1]. Mais elle n'a pas encore été construite en grand. Elle consiste essentiellement en deux cylindres de même longueur, dont les diamètres sont égaux ou inégaux; ils sont tous deux maintenus à des températures constantes, mais différentes de l'un à l'autre. Leurs pistons mettent en mouvement un arbre tournant au moyen de manivelles à angle droit, et disposées de telle sorte que la manivelle correspondante au cylindre le plus chaud soit en avance sur la manivelle correspondante à l'autre cylindre. Les extrémités voisines des deux cylindres sont mises en communication mutuelle par des tubes qui donnent passage à l'air de l'un à l'autre; dans ces tubes sont placées des toiles métalliques sur lesquelles l'air chaud dépose une partie de sa chaleur quand il passe dans le cylindre froid, et auxquelles l'air froid emprunte au contraire de la chaleur dans le mouvement inverse. La discussion des circonstances du mouvement montre que cette machine exigerait des dimensions très-grandes, et que son allure serait peu régulière. On corrigerait ce dernier défaut en doublant le nombre des cylindres.

La machine à gaz d'éclairage, imaginée, dès le commencement de ce siècle, par un ingénieur des ponts et chaussées, nommé Lebon, est aujourd'hui bien connue sous le nom de *moteur Lenoir*.

Le moteur Lenoir est destiné à fournir dans de petits ateliers une faible puissance motrice. La machine à vapeur n'est pas dans de bonnes conditions de travail lorsque la puissance est très-faible; de plus elle est embarrassante, car elle exige une chaudière et un chauffeur, et doit être soumise à une certaine surveillance de l'Administration publique. Le moteur Lenoir n'a pas de chaudière; il

---

[1] M. Combes, *Principes de la théorie mécanique de la chaleur,* p. 62 et suiv.

est alimenté par un courant de gaz d'éclairage, mélangé d'air dans la proportion de 10 d'air pour 90 de gaz; une étincelle électrique, produite par une bobine de Ruhmkorff et excitée par l'appareil lui-même, met le feu à ce mélange, et la chaleur qui résulte de la combinaison est le vrai moteur de la machine. C'est le retour au cylindre de Papin, où tout était confondu, mais avec les procédés de la chimie moderne. Occupant peu de place et n'exigeant pour ainsi dire aucune surveillance, la machine Lenoir est de la plus grande utilité pour les ateliers de la petite industrie, et résout à sa manière ce problème économique et moral qui consiste à amener la force motrice dans le domicile même de l'ouvrier.

L'électricité peut servir à elle seule de puissance motrice; c'est un moteur encore bien cher, et dont les usages industriels sont par conséquent très-restreints; mais la précision des appareils qui ont l'électricité pour moteur les fait apprécier dans certaines industries spéciales, par exemple dans la fabrication des instruments d'optique et d'astronomie. Un grand constructeur d'instruments de précision, Froment, a construit une telle machine, mise en mouvement par la pile électrique, et dont l'allure conserve indéfiniment une parfaite régularité.

Résumons ce chapitre pour finir.

Nous avons vu d'abord comment la théorie mécanique de la chaleur, ébauchée par Sadi Carnot en 1824, était devenue, à la suite d'expériences précises des physiciens modernes, une des branches les plus importantes de la mécanique appliquée. Nous en avons montré les principaux résultats théoriques au point de vue des lois physiques des corps à l'état de gaz, de vapeurs, de solides et de liquides; les plus importantes conséquences relativement aux machines dont la chaleur est le moteur; enfin nous avons indiqué les inductions auxquelles elle conduit relativement à la constitution du système du monde.

Quittant ensuite la théorie pour examiner les questions pratiques, nous avons passé en revue les progrès de la machine à vapeur; nous avons montré les principaux perfectionnements des machines fixes, des machines pour la navigation, des locomotives, dont la création est tout à fait moderne; nous avons signalé la création des machines à gaz, et de celles qui sont mises en mouvement par l'électricité.

On cherche de tous côtés à introduire de nouveaux perfectionnements dans ces machines, déjà si puissantes et si utiles. Heureusement, la théorie indique mieux que par le passé la voie dans laquelle doivent être dirigées ces recherches : une plus complète utilisation du combustible brûlé dans les foyers, et l'écart le plus grand possible des températures extrêmes entre lesquelles la machine travaille, telles sont les deux conditions auxquelles doivent satisfaire les nouvelles inventions. Le progrès des machines à feu se résume pour ainsi dire tout entier en ces deux points. Les inventeurs ne doivent pas perdre de vue d'ailleurs que la nature du corps employé comme intermédiaire entre les deux sources calorifiques est sans influence sur la quantité de chaleur qui peut se convertir en travail, de même que le travail de la pesanteur dépend seulement du poids du corps et de la hauteur de sa chute, et non de sa nature particulière et de la trajectoire qu'il décrit[1].

---

[1] M. Combes, *Principes de la théorie mécanique de la chaleur,* p. 146.

TABLE DES MATIÈRES.

www.ingramcontent.com/pod-product-compliance
Lightning Source LLC
Chambersburg PA
CBHW070806270326
41927CB00010B/2311